OBRAS *escogidas*
de
AGUSTÍN DE HIPONA

TOMO I

OBRAS *escogidas*
de
AGUSTÍN DE HIPONA

TOMO I

· LA VERDADERA RELIGIÓN ·
· LA UTILIDAD DE CREER ·
· EL ENQUIRIDION ·

EDITOR:
Alfonso Ropero

editorial clie

EDITORIAL CLIE
Ferrocarril, 8
08232 VILADECAVALLS
(Barcelona) ESPAÑA
E-mail: clie@clie.es
www.clie.es

Editado por: Alfonso Ropero Berzosa

© 2017 por Editorial CLIE

OBRAS ESCOGIDAS DE AGUSTÍN DE HIPONA TOMO 1
ISBN: 978-84-945561-1-1
Depósito Legal: B 168326-2016
Teología cristiana
Historia
Referencia: 225001

ÍNDICE GENERAL

Prólogo
a la Colección
PATRÍSTICA

A la Iglesia del siglo XXI se le plantea un reto complejo y difícil: compaginar la inmutabilidad de su mensaje, sus raíces históricas y su proyección de futuro con las tendencias contemporáneas, las nuevas tecnologías y el relativismo del pensamiento actual. El hombre postmoderno presenta unas carencias morales y espirituales concretas que a la Iglesia corresponde llenar. No es casualidad que, en los inicios del tercer milenio, uno de los mayores *best-sellers* a nivel mundial, escrito por el filósofo neoyorquino Lou Marinoff, tenga un título tan significativo como *Más Platón y menos Prozac*; esto debería decirnos algo...

Si queremos que nuestro mensaje cristiano impacte en el entorno social del siglo XXI, necesitamos construir un puente entre los dos milenios que la turbulenta historia del pensamiento cristiano abarca. Urge recuperar las raíces históricas de nuestra fe y exponerlas en el entorno actual como garantía de un futuro esperanzador.

"La Iglesia cristiana –afirma el teólogo José Grau en su prólogo al libro *Historia, fe y Dios*– siempre ha fomentado y protegido su herencia histórica; porque ha encontrado en ella su más importante aliado, el apoyo científico a la autenticidad de su mensaje". Un solo documento del siglo II que haga referencia a los orígenes del cristianismo tiene más valor que cien mil páginas de apologética escritas en el siglo XXI. Un fragmento del Evangelio de Mateo garabateado sobre un pedacito de papiro da más credibilidad a la Escritura que todos los comentarios publicados a lo largo de los últimos cien años. Nuestra herencia histórica es fundamental a la hora de apoyar la credibilidad de la fe que predicamos y demostrar su impacto positivo en la sociedad.

Sucede, sin embargo –y es muy de lamentar– que en algunos círculos evangélicos parece como si el valioso patrimonio que la Iglesia cristiana tiene en su historia haya quedado en el olvido o incluso sea visto con cierto rechazo. Y con este falso concepto en mente, algunos tienden a prescindir de la herencia histórica común y, dando un «salto acrobático», se obstinan en querer demostrar un vínculo directo entre su grupo, iglesia o denominación y la Iglesia de los apóstoles...

¡Como si la actividad de Dios en este mundo, la obra del Espíritu Santo, se hubiera paralizado tras la muerte del último apóstol, hubiera permanecido inactiva durante casi dos mil años y regresara ahora con su grupo! Al contrario, el Espíritu de Dios, que obró poderosamente en el nacimiento de la Iglesia, ha continuado haciéndolo desde entonces, ininterrumpidamente, a través de grandes hombres de fe que mantuvieron siempre en alto, encendida y activa, la antorcha de la Luz verdadera.

Quienes deliberadamente hacen caso omiso a todo lo acaecido en la comunidad cristiana a lo largo de casi veinte siglos pasan por alto un hecho lógico y de sentido común: que si la Iglesia parte de Jesucristo como personaje histórico, ha de ser forzosamente, en sí misma, un organismo histórico. *Iglesia* e *Historia* van, pues, juntas y son inseparables por su propio carácter.

En definitiva, cualquier grupo religioso que se aferra a la idea de que entronca directamente con la Iglesia apostólica y no forma parte de la historia de la Iglesia, en vez de favorecer la imagen de su iglesia en particular ante la sociedad secular, y la imagen de la verdadera Iglesia en general, lo que hace es perjudicarla, pues toda colectividad que pierde sus raíces está en trance de perder su identidad y de ser considerada como una secta.

Nuestro deber como cristianos es, por tanto, asumir nuestra identidad histórica consciente y responsablemente. Sólo en la medida en que seamos capaces de asumir y establecer nuestra identidad histórica común, seremos capaces de progresar en el camino de una mayor unidad y cooperación entre las distintas iglesias, denominaciones y grupos de creyentes. Es preciso evitar la mutua descalificación de unos para con otros que tanto perjudica a la cohesión del Cuerpo de Cristo y el testimonio del Evangelio ante el mundo. Para ello, necesitamos conocer y valorar lo que fueron, hicieron y escribieron nuestros antepasados en la fe; descubrir la riqueza de nuestras fuentes comunes y beber en ellas, tanto en lo que respecta a doctrina cristiana como en el seguimiento práctico de Cristo.

La colección PATRÍSTICA nace como un intento para suplir esta necesidad. Pone al alcance de los cristianos del siglo XXI, lo mejor de la herencia histórica escrita del pensamiento cristiano desde mediados del siglo I.

La tarea no ha sido sencilla. Una de las dificultades que hemos enfrentado al poner en marcha el proyecto es que la mayor parte de las obras escritas por los grandes autores cristianos son obras extensas y densas, poco digeribles en el entorno actual del hombre postmoderno, corto de tiempo, poco dado a la reflexión filosófica y acostumbrado a la asimilación de conocimientos con un mínimo esfuerzo. Conscientes de esta realidad, hemos dispuesto los textos de manera innovadora para que, además de resultar asequibles, cumplan tres funciones prácticas:

1. Lectura rápida. Dos columnas paralelas al texto completo hacen posible que todos aquellos que no disponen de tiempo suficiente puedan, cuanto menos, conocer al autor, hacerse una idea clara de su línea de pensamiento y leer un resumen de sus mejores frases en pocos minutos.

2. Textos completos. El cuerpo central del libro incluye una versión del texto completo de cada autor, en un lenguaje actualizado, pero con absoluta fidelidad al original. Ello da acceso a la lectura seria y a la investigación profunda.

3. Índice de conceptos teológicos. Un completo índice temático de conceptos teológicos permite consultar con facilidad lo que cada autor opinaba sobre las principales cuestiones de la fe.

Nuestra oración es que el arduo esfuerzo realizado en la recopilación y publicación de estos tesoros de nuestra herencia histórica, teológica y espiritual se transforme, por la acción del Espíritu Santo, en un alimento sólido que contribuya a la madurez del discípulo de Cristo; que esta colección constituya un instrumento útil para la formación teológica, la pastoral y el crecimiento de la Iglesia.

Editorial CLIE

Eliseo Vila
Presidente

INTRODUCCIÓN:
AGUSTÍN,
UN HOMBRE PARA TODOS LOS TIEMPOS

El primer hombre moderno

A lo largo de la historia Agustín ha sido una atracción irresistible lo mismo para teólogos que para filósofos y modernamente para psicólogos. Casi desde el principio la Iglesia le tuvo por maestro y le contó entre sus maestros más destacados y consultados. Aquel hombre que tanto creía en la razón y la autoridad se convirtió en razón de autoridad y autoridad de razón para siglos venideros. Los reformadores protestantes del siglo XVI le citan con frecuencia y, en cierto modo, se consideran sus herederos espirituales e intérpretes adecuados. "Agustín –dice Lutero– me agrada más que todos los demás. Enseñó una doctrina pura, y sometió sus libros, con humildad cristiana, a la Sagrada Escritura. Todo Agustín está conmigo". Fundó monasterios, redactó reglas que hoy perviven en los institutos religiosos que llevan su nombre. Tuvo seguidores heterodoxos tan descollantes como el obispo holandés Cornelius Jansen o Jansenio (1585-1631), impulsor de un movimiento al que pertenecería Blas Pascal. Con razón se preguntaba el historiador protestante Adolfo von Harnack, "¿Dónde en toda la historia de la Iglesia occidental encontramos a un hombre cuya influencia sea comparable a la de san Agustín?".

Según el doctor Huber, Agustín es un fenómeno único en la historia cristiana. Ningún otro ha dejado rastros tan luminosos y fecundos de su existencia. Aunque nosotros encontremos entre ellos muchas mentes ricas y poderosas, en ninguno de ellos encontramos las fuerzas del carácter personal, la mente y el corazón de Agustín. Nadie lo sobrepasa en la riqueza de percepciones y la agudeza dialéctica de pensamientos, en el estudio a fondo y el fervor religioso, en la grandeza de objetivos y la energía de acción. Agustín, por lo tanto, marca la culminación de la edad patrística y ha sido reconocido como el primer padre de

> Agustín es un fenómeno único en la historia cristiana. De él dijo Lutero: "Agustín me agrada más que todos los demás. Enseñó una doctrina pura, y sometió sus libros, con humildad cristiana, a la Sagrada Escritura".

Su influencia sigue vigente. Apela por igual a la razón, a las emociones y a la voluntad, una fuente clara a la que muchos recurren después de sentirse cansados de un cristianismo superficial.

la Iglesia universal. Su carácter nos recuerda al apóstol Pablo en muchos aspectos, con quien él tiene también en común la experiencia de la conversión que le saca de sus errores y le pone al servicio del evangelio. Como Pablo, Agustín podría alardear de haber trabajado más abundantemente que todos los demás. Y como Pablo entre los apóstoles, Agustín determinó preeminentemente el desarrollo de cristianismo, y se hizo más de todo a todos para ganar algunos. Su exposición de la doctrina cristiana es como una fuente clara a la que muchos recurren después de sentirse cansados de un cristianismo superficial. En él se saborea el entendimiento fresco de la doctrina del evangelio. Maestro de naciones y épocas, no sólo dominó la Edad Media, sino la Reforma también. A él está unido lo mejor del pensamiento y de la teología cristianos, en cuanto él vive en estrecha relación la manifestación de Jesucristo en las Escrituras. "Agustín es el puente por el que pasa lo más notable del mundo antiguo al mundo nuevo que nace" (Philip Hughes).

No hay duda, Agustín fue el primer hombre de la modernidad, por eso su influencia sigue vigente. Agustín habla directamente al corazón, desde su propia experiencia de salvación y comunión con la divinidad. En él la religión pierde su carácter abstracto, formal, dogmático, para convertirse en vida, descubrimiento, realidad. Es el primer teólogo existencial del cristianismo.

En él la inteligencia de la fe, de la doctrina, es docta y cálida a la vez. Apela por igual a la razón, a las emociones y a la voluntad. Agustín descubre al hombre el tema vivo y apasionante de Dios, Dios como la realidad más íntima a nosotros que nosotros mismos; el Dios que llama al compromiso, porque en tal encuentro se halla la verdad. Pero, a la vez, el descubrimiento de Dios lleva al descubrimiento de uno mismo. La realidad de Dios nos realiza, por decirlo así.

El argumento de Agustín se coloca en línea con la parábola del hijo pródigo, relatada por Jesús. El hijo pródigo, se dice, entra en sí, despierta a su realidad más íntima, vuelve a Dios, primero como nostalgia, y después como abrazo, en el movimiento de la conversión.

El pecado es como miel de la que se abusa, uno queda preso de patas en él. Por eso, como dice Agustín, hay que imitar a las abejas, cuyas alas les sirven para elevar el vuelo tan pronto han sacado el néctar de la flor. La fe son las alas del alma que se eleva a Dios en el interior del alma. Porque en el interior habita la verdad.

"¡Tarde te amé, hermosura tan antigua y tan nueva, tarde te amé!, he aquí que tú estabas dentro de mí y yo fuera, y por fuera te buscaba; y deforme como era, me lanzaba sobre estas cosas hermosas que tu creaste. Tú estabas conmigo mas yo no estaba contigo. Me tenían lejos de ti las cosas que, si no estuviesen en ti, no serían. Tú me llamaste y clamaste, y rompiste mi sordera; brillante y resplandeciente y curaste mi ceguera; exhalaste tu perfume y respiré y suspiro por Ti; gusté de ti y siento hambre y sed, me tocaste y me abrasé en tu paz" (*Confesiones X,* 27, 38).

Reflexionando luego sobre estos episodios, Agustín formula la conclusión general de su búsqueda de la sabiduría. Engañado por el falso racionalismo de los maniqueos, había adoptado el lema "Entender para creer" (*Intelligo ut credam*), entendido en el sentido del rechazo de la fe a favor de la sola evidencia. Este método, lejos de solucionarle sus dudas, lo había dejado a las puertas del escepticismo propugnado por los filósofos Académicos.

Tras la experiencia de la conversión, y ante la luz que la fe cristiana ha arrojado sobre los mismos problemas que antes le parecían insolubles, formula el método correcto: "Creer para entender" (*Credo ut intelligam*). El hombre no puede salvarse a sí mismo, tampoco a nivel intelectual, pues la razón está herida y ha de ser sanada por la fe. Ha de comenzar por la fe en la autoridad de la Palabra de Dios, para que, sanada la inteligencia de los errores y el corazón del orgullo y la soberbia, pueda luego ejercitar su razón en la búsqueda de la verdad con la guía constante de la verdad revelada. Más aún, en la conversión al Evangelio, Dios libera al hombre de las ataduras del pecado y lo deja libre para encaminarse sin temor al encuentro de la verdad sobre Dios y sobre él mismo: San Agustín sabe por experiencia propia que los mayores obstáculos en el camino hacia la verdad no son de orden teórico, sino práctico, es decir, de orden moral.

Pero esa fe no es un salto en el vacío, un comienzo totalmente irracional, sino que está apoyada en motivos sólidos de credibilidad, que Agustín desarrolla largamente

Agustín descubre por experiencia propia que los mayores obstáculos en el camino hacia la verdad no son de orden teórico, sino práctico, es decir, de orden moral. Y así lo expresa en sus obras.

La verdadera religión plantea la búsqueda de la verdad trascendente. *La utilidad de creer* explica el asentimiento personal de la fe. *El Enquiridon: tratado de la fe, la esperanza y la caridad* cubre los aspectos dogmáticos y morales de esa fe revelada.

en muchas de sus obras posteriores a su conversión: las profecías del Antiguo Testamento que se realizan en Jesucristo, sus milagros, su doctrina, su incomparable personalidad, su Resurrección de entre los muertos, y la maravillosa expansión de la fe cristiana por todo el mundo conocido entonces. Así San Agustín termina por redondear su principio metodológico: "Entiende para creer, cree para entender".

Ofrecemos aquí tres obras reunidas de temática complementaria. En *De vera religione* (De la verdadera religión) plantea la búsqueda de la verdad trascendente, lo que hace que Agustín adopte un enfoque más filosófico; en *De*

Entrada principal de la ciudad romana
en África del norte de Sbeitla (actual Túnez)
y un templo capitolino,
construido bajo Antonino Pío hacia el 150 d.C.

utilitate credendi (De la utilidad de creer), explica el asentimiento personal a la fe, esa realidad maravillosa que se sitúa por encima de la ilusión y la necedad, es una obra más teológica; mientras que el *Enchiridion sive de fide, spe et caritate* (Tratado de la fe, la esperanza y la caridad), cubre los aspectos dogmáticos y morales de esa fe revelada y descubierta por la experiencia creyente, que se traduce en adoración al Dios verdadero, consistente en "la fe que obra por el amor" (Gá. 5:6), verdadero principio espiritual alrededor del cual gira todo su pensamiento, que aparece repetido una y otra vez.

En todas ellas Agustín trata las cuestiones más preocupantes del momento que renacen en el seno del cristianismo una y otra vez. La relación entre la fe y la razón, el primado de la verdad, el carácter del Antiguo Testamento, con sus muertes y venganzas, aparentemente enfrentado al del Nuevo, con su amor y perdón. El problema del mal y su origen. Pecado y libertad, gracia y salvación.

Frente a todo tipo de dualismos Agustín mantiene la creencia en la bondad de la creación conforme a la unidad de Dios, que es el supremo Bien, independientemente del cual nada existe. ¿Cómo, pues, ha podido empezar a manifestarse en el universo una voluntad mala, de la que proceden acciones perversas? ¿De dónde viene el mal?

El mal, responde Agustín, es un *defecto de ser*, es ser y no ser. Sólo Dios es. Todo lo que es creado tiene el ser pero no en el grado de perfección, que corresponde a Dios. La creatura, mudable a inferior, puede decaen a grados inferiores al que les es propio. Esta posibilidad de descenso es un defecto de ser —no un mal en sí—, que acaba en un defecto del bien, que es cuando la voluntad libre se desvía y se separa de su origen, así nace el *mal moral*. El alma deja a su Creador y se vuelve a las criaturas, como dice al apóstol Pablo (Ro. 1:25). Las cosas creadas son buenas, pero si se hace de ellas un fin se yerra, pues entonces se substituye el Bien supremo por un bien inferior, lo cual es pecado. El mal moral es debido al libre albedrío, que escogiendo entre los bienes hace mal su elección. De esa mala elección o desviación procede el *mal físico*, el dolor, la inquietud espiritual, las enfermedades. El mal físico es una *consecuencia* del mal moral y su merecido *castigo*, no en el sentido de *venganza* divina, sino de una corrección y purificación, pues por el dolor sabemos qué hay que evitar.

En ellas Agustín trata una de las cuestiones más preocupantes del momento que renace en el seno del cristianismo una y otra vez: la relación entre la fe y la razón.

Agustín nace en el año 354 en la ciudad de Tagaste, una colonia romana en el norte de África. Sus progenitores fueron Patricio, su padre, que era funcionario pagano, y su madre, Mónica, una creyente fervorosa llena de virtudes

Por su mala elección, el hombre ha perdido su *libertad*, dejándole el *libre albedrío*. Tal como se encuentra desde la caída puede conocer y desear el bien de la salvación, pero no puede realizarlo. Es preciso que Dios venga en su auxilio. Es lo que la Biblia llama *gracia*. Don gratuito de Dios e inmerecido. En la gracia, Dios se da a sí mismo en su Hijo por la salvación del mundo. Sin el amor de Dios no hay posibilidad de salvación, pues la gracia es el Buen Pastor que busca la oveja perdida. El hombre perdió su capacidad de participar de la naturaleza divina, pero es incapaz de recuperarla. Sólo Dios puede hacerlo y de hecho lo hace, por gracia, solamente por gracia. Todas estas y muchas otras son las fecundas ideas que Agustín va desgranando en sus escritos, que convierten su lectura en una asignatura pendiente para todos los amantes de la verdad.

Mapa orientativo de la situación geográfica de la ciudad de Hipona.

Nacimiento y conversión (354-386)

Agustín nació el 13 de noviembre del 354 en la ciudad de Tagaste, el moderno Souk Ahras, en Argelia, en el norte de África. Los romanos dominaban ese territorio desde la destrucción de Cartago, antigua colonia fenicia, quinientos años antes. Ésta fue reconstruido por Roma como la metrópoli del África romana. Rica una vez más, la vida transcurría plácidamente dada al negocio y el arte. Ricos senadores italianos mantuvieron estados enormes en África, que ellos raras veces veían, tan propio del latifundismo romano tardío en todas sus colonias. El cristianismo llegó a ser la religión dominante de África, y de allí se extendió a la Península Ibérica y muchos otros lugares. Sólo quedaron intactas las tribus nómadas beréberes, rebeldes ocasionales y refractarias a la cultura romana. Este *lapsus* misionero iba a obrar contra la Iglesia africana, cuando Mahoma comenzó a predicar el Islam y ganó para su fe todas aquellas tribus paganas descuidadas por el cristianismo, a cuyo asalto se iban a lanzar con una fuerza incontenible, hasta el punto de no dejar ni rastro de la gloria del cristianismo en aquellas tierras.

El latín era el idioma oficial, aunque todavía podía oírse hablar el beréber aborigen y el cartaginés o púnico, ya casi olvidado. Sin embargo el carácter seguía siendo africano, menos sofisticado y más agresivo que el romano, en especial en las regiones del interior de Numidia (Argelia actual), dentro de las franjas del norte del Sahara.

Tagaste era una ciudad bastante grande para tener su propio obispo, pero no suficiente como para contar con un centro de enseñanza. Sus padres, Patricio y Mónica, pertenecían a la clase media puesta en peligro económicamente. Patricio era un funcionario municipal y pagano de ideas que sólo aceptó el bautismo cristiano en su lecho de muerte, aproximadamente en el año 371; Mónica, por el contrario, era una creyente llena de virtudes y muy fervorosa que no dejaba de orar por la conversión de su esposo y de su hijo. Aunque pagano, Patricio no impidió para nada que Agustín recibiera una educación cristiana, matriculado por su madre entre los catecúmenos. Al parecer, tres ideas centrales se fijaron en su espíritu: una, la providencia divina; dos, la vida futura con sanciones terribles y, por último, Cristo el Salvador.

**La muerte
de su padre
en el
año 371
impacta
en su vida.
Comienza
a interesarse
por la
filosofía.
Le inquieta
especialmente
el problema
del origen
del mal,
que aparecerá
con
frecuencia
en sus
escritos.**

De la niñez de Agustín sólo sabemos lo que él nos cuenta en sus *memorias*, sumamente selectivas, que forman parte de las *Confesiones*. Se define a sí mismo como un niño bastante común, alegre y travieso, no amigo de la escuela, cuyos castigos teme; impaciente para ganar la aprobación de sus mayores, pero propenso a actos triviales de rebelión. Hasta los once años permanece en Tagaste estudiando en la escuela del pueblo.

Su padre utiliza su dinero de pequeño propietario para que se traslade a Madaura, ciudad situada a unos 25 kilómetros al sur de Tagaste, y complete allí sus estudios. Madura era la segunda ciudad más importante del África romana. Patricio, orgulloso del éxito de su hijo en las escuelas de Tagaste y Madaura determinó enviarle a Cartago para que completase su formación como abogado. Sólo había un obstáculo, el económico. Esa era la mísera realidad contra la que se se estrellaban las expectativas de otorgar a su hijo una educación brillante, que en aquella época consistía en gramática, retórica y literatura, pues de los abogados se pedía más la elocuencia que el estudio del derecho. Afortunadamente, gracias a la ayuda de un amigo o quizá familiar rico, Romaniano, lograron reunir a duras penas lo suficiente para enviarle a Cartago, ciudad grande y cosmopolita, capital administrativa del estado, en el año 370, donde Agustín sintió las seducciones propias de la gran ciudad, la vida alegre que se ofrecía a los jóvenes estudiantes, por lo general alborotadores. Sus preocupaciones fueron el teatro, los baños y el sexo. Al cumplir 17 años ya comparte su vida con una joven de su edad. Fruto de estas relaciones será su hijo Adeodato (dado por Dios). Esta mujer desconocida, de quien no dice su nombre, permaneció con él más de una década.

En el año 371 muere su padre. Ante este acontecimiento, el muchacho apasionado comienza a ser consciente del gran sacrificio que han realizado sus padres para que él se construya un futuro. Muchos empiezan a considerarle "un joven prodigio".

En el año 373 comenzó a leer el *Hortensio* de Cicerón, como parte del curso ordinario del plan de estudios. Esta obra, hoy perdida y de la que sólo conocemos los fragmentos citados por Agustín y otros escritores antiguos, era un *protreptico*, es decir, un tratado diseñado para inspirar en el lector un entusiasmo para la disciplina de filosofía. En Agustín produjo un efecto profundo, logró su cometido, despertando en él un intenso amor a la sabiduría. Desde entonces Agustín consideró la retórica simplemente como una profesión; ahora su corazón estaba en la filosofía. Ese mismo año, él y su amigo Honorato, a quien dirigirá su escrito *La utilidad de creer*, pasan a formar parte de la secta de los maniqueos. Puede parecernos sorprendente, pero como él mismo explica, los maniqueos se daban de sabios, cuya religión no consistía en la credulidad de la fe simple, sino en la autoridad y la ciencia con que decían dominar y responder todas las cuestiones.

El dualismo grosero del persa Mani (215-276) se había introducido en África apenas cincuenta años antes como un rival de cristianismo. Agustín mismo nos dice que él fue atraído por la promesa de una filosofía libre de credulidades y una explicación científica de naturaleza y sus fenómenos más misteriosos. Hasta en esto fue Agustín muy semejante a los jóvenes de hoy.

A Agustín le inquietaba el problema del origen de mal, cuyo intento de solución aparece con frecuencia en sus escritos. Lector voraz de toda la literatura maniquea, su afán proselitista le llevó a ganar para su nueva fe a su amigo Alipio y su mecenas Romaniano, que sufragaba los gastos de sus estudios.

La pertenencia de Agustín al maniqueísmo nunca fue completa, sin reservas, pese a los nueve años pasados en sus filas. Obedecía al interés de un hombre angustiado por la verdad, y hasta en sus períodos de más fervor, había algo que no terminaba de convencerle. Quizá por eso nunca pasó de oyente (*auditor*), el grado más bajo en la jerarquía. El maniqueísmo, que pretendía ser científico y racional, en el fondo no era más que un nuevo tipo de dogmatismo teosófico, y como sistema religioso dejaba mucho que desear.

Los argumentos de los maniqueos en la controversia con los católicos seguían siendo muy parecidos a los utilizados por el gnosticismo moderno: "Las Escrituras han sido falsificadas por la Iglesia." Pero, en su lugar, los maniqueos no ofrecían la ciencia mejor que prometían. De todo esto da cuenta en su escrito *La utilidad de creer* y también las *Confesiones*.

Acabados sus estudios, vuelve a Tagaste como profesor. Fascinado por las doctrinas del maniquísmo se une a sus filas. Su madre, al enterarse de que se ha hecho maniqueo, le echa de casa.

Se marcha de nuevo a Cartago a enseñar retórica. Escribe poesía y consigue algunos premios convirtiéndose en un erudito formidable y un magnífico orador. En el 383 consigue afincarse en Roma y abrir una escuela.

El regreso del hijo pródigo, de Rembrandt. Para Agustín la parábola del hijo pródigo constituye el ejemplo gráfico de la doctrina de la conversión.

Acabados sus estudios volvió a Tagaste para enseñar gramática. Tenía 19 años. Es un buen profesor y cuenta con buen número de alumnos. Su madre, al enterarse que se había hecho maniqueo le echó de casa. Se cree que se hospedó en el domicilio de su benefactor Romaniano. Pero,

aparte de este disgusto familiar, Tagaste le quedaba pequeño para sus ambiciones profesionales y cuando muere un
amigo suyo se marcha de nuevo a Cartago a enseñar retórica, ya que no puede soportar la pena de su ausencia. Todo
esto y el dolor que sintió por la pérdida de su amigo, lo
narra con todo lujo de detalles en sus *Confesiones*. Le acom-
pañan algunos de sus alumnos de Tagaste. En estos años
sigue leyendo mucho. También escribe poesía y en varios
certámenes consigue algunos premios. Aunque sólo tiene
26 años, publica su primer libro: *De Pulchro et Apto* (Lo
hermoso y lo adecuado), hoy perdido.

Siete años en la gran metrópoli africana hicieron del
joven profesor un erudito formidable y un magnífico
orador. La educación era entonces una empresa de mer-
cado libre, con cada profesor establecido por separado,
labrándose una reputación con la que atraerse los estudiantes, de cuyos honorarios dependía su sustento.
Agustín logró abrirse camino y prosperar, lograr fama y
dinero, hasta el punto de soñar con la capital del imperio.
Roma, la gran Roma, la meca de la vida intelectual y
política de entonces. El año 383 Agustín consigue afincarse
en Roma y abrir una escuela. Busca alumnos más formales
que los anteriores tenidos en Cartago y también desea
ganar más dinero. Pero, sobre todo, su aspiración es triun-
far en la capital del imperio.

Algunos amigos maniqueos le concertaron una cita
con el prefecto de la ciudad de Roma, un noble conserva-
dor llamado Simaco, que había sido procónsul de Cartago
y que buscaba un profesor de retórica para Milán, residencia de la corte imperial, que leyese ante el emperador los
elogios oficiales. Simaco era pagano, en Milán dominaba
la poderosa figura de su obispo Ambrosio, antiguo go-
bernador de Liguria y primo de Simaco. Éste, para hacer
un alarde de tolerancia religiosa, no quiso nombrar para
el cargo a uno de los suyos, un pagano, ni tampoco a un
católico, sino a un maniqueo. A Agustín le vino como
anillo al dedo.

Agustín llegó a Milán a fines de 384, tenía sólo treinta
años y se trataba de una ocupación privilegiada. Milán era
uno de los centros académicos más ilustres del mundo
latino. Los círculos católicos estaban compuestos por las
familias más pudientes de la ciudad. Agustín se llevó con
él a su mujer y a su hijo Adeodato. Su madre, escandali-

Un noble llamado Simaco, le consigue un puesto como profesor de retórica en Milán, uno de los centros académicos más ilustres del mundo latino. Allí entra en contacto con el obispo Ambrosio.

Los sermones de Ambrosio fueron respondiendo a sus inquietudes sobre el origen del mal. Mediante la lectura de las Escrituras, la luz penetra en su mente y tiene la certeza de que Jesucristo es el único camino a la verdad.

zada, le obligó a expulsarla de su lado y comenzó a buscar un mejor partido para él.

En Milán comenzó a visitar al obispo Ambrosio, atraído por su gentileza y oratoria, así como para complacer los deseos de su madre. Ambrosio era platónico. Según parece, Platón se había puesto de moda en los círculos católicos a través de las interpretaciones particulares de Plotino y Porfirio. La lectura de estos autores iba a despejar las dudas de Agustín para reencontrar el Dios católico de su infancia.

Durante tres años vivió el conflicto de sus obligaciones sociales y sus inquietudes religiosas. Durante un tiempo se entregó a la filosofía de los Académicos, con su escepticismo pesimista, del que le sacó la mencionada lectura de la filosofía neoplatónica. Apenas si leyó las obras de Platón directamente, en su lugar se centró en los escritos del célebre Plotino, egipcio de nacimiento y apóstol de la filosofía platónica como camino de salvación, de quien decía Hegel, que "toda su filosofía nos dirige hacia la virtud y hacia la contemplación intelectual de la eternidad". Plotino, por su parte, decía: "Trato de hacer que lo divino que hay en nosotros ascienda a lo divino que hay en el Universo".

Los sermones de Ambrosio contribuyeron a presentarle el cristianismo a una nueva luz intelectualmente respetable, que fueron respondiendo al problema apremiante del origen del mal y la responsabilidad humana en él. Aún le quedaba una objeción específica al cristianismo propia

Fachada de la catedral de Milán (siglos XIV-XVI).

de un hombre dedicado a las letras y la retórica: el estilo poco elegante y bárbaro de las Escrituras. Aquí otra vez Ambrosio, elegante y dueño de la palabra, mostró a Agustín cómo la exégesis cristiana, de corte alegorista, podía dar vida y significado a los textos sagrados. Ambrosio, pues, contribuyó a despejar sus problemas puramente intelectuales con el cristianismo, pero de momento poco más, ¿*poco* más?

Finalmente, mediante la lectura de las Escrituras Sagradas, la luz penetró su mente y tuvo la certeza de que Jesucristo era el único camino a la verdad y la salvación. En una entrevista con Simpliciano, que había sido el padre espiritual de Ambrosio, Agustín le hizo saber sus preocupaciones e inquietudes, y su aprecio por el famoso filósofo neoplatónico Victorino, antiguo profesor de retórica en la ciudad de Roma y convertido al cristianismo. Simpliciano le animó a seguir su ejemplo (*Confesiones*, VIII, II). Esta conversión preparó el camino para "el magnífico golpe de

A la edad de 33 años le golpea la gracia. Como Pablo en Damasco, estando en su jardín de Milán, escucha una voz del cielo que le dice: "Toma y lee". Lee Romanos 13:13, 14 y se disipan todas las tinieblas de sus dudas.

Antiguo grabado representando a Agustín
en el jardín de su casa en el momento de su conversión.

Se retira a la finca de un amigo donde se prepara para el bautismo, que recibe el sábado de Pascua, la noche del 24 al 25 de abril del año 387, de manos de Ambrosio.

gracia que, a la edad de treinta tres, lo golpeó en el jardín en Milán". Era el mes de septiembre del año 386. Había recibido una visita de un compatriota que se alegró mucho de ver en casa de Agustín las *Epístolas de Pablo*. Aprovechó para hablarle de los hechos sorprendentes de los ascetas de Egipto, en especial la vida de Antonio. Para entonces Agustín estaba cansado y aburrido de la vaciedad de una profesión sólo interesada por la apariencia y la riqueza. El desprecio de Antonio por las riquezas y glorias humanas contrastaba con sus bajos anhelos de gloria, fama y poder, conquistados al alto precio de falsearse a sí mismo.

Agustín queda impresionado por lo que oye y por lo que recuerda de las lecturas evangélicas. Como Pablo en el camino a Damasco, como Lutero en una torre alemana, Agustín siente en un momento que el poder de la transcendencia irrumpe en su vida mientras se retira a un huerto o jardín para poner orden en sus emociones. Si fue una voz del cielo en boca de niño o niña no lo sabe. "Toma y lee, toma y lee", escuchaba él. Se levantó de aquel sitio y a toda prisa volvió donde se encontraba su amigo Alipio, donde había dejado los escritos del apóstol Pablo. Tomó el libro, lo abrió al azar y leyó estas palabras: "No en glotonerías y borracheras, no en lechos y disoluciones, no en pendencias y envidia: Mas vestíos del Señor Jesucristo, y no hagáis caso de la carne en sus deseos" (Ro. 13:13-14). El rayo salvífico que a tantos mata para darles vida alcanzó a Agustín en aquel instante. Dios iba a por él directamente. Divina caza, encuentro glorioso. No quiso seguir leyendo, tampoco era necesario, "porque después de leer esta sentencia, como si me hubiera infundido en el corazón un rayo de luz clarísima, se disiparon enteramente todas las tinieblas de mis dudas" (*Confesiones* VIII, 13).

Poco después, aprovechando las vacaciones de la vendimia, Agustín dejó su posición académica alegando motivos de salud, para no molestar innecesariamente a los padres que le confiaban la enseñanza de sus hijos. "A la luz de tu mirada decidí evitar cualquier escándalo en mi ruptura; retiraría suavemente el ministerio de mi lengua de la feria de la charlatanería, no queriendo ya que criaturas que no se preocupaban ni de tu paz, y que sólo soñaban en locas falacias y en pleitos del foro, comprasen de mi boca armas para servir su insensatez. Por una feliz

casualidad, sólo me separaban algunos días de las vacaciones de la vendimia. Decidí aguantarlos con paciencia;
después me iría como de costumbre. Una vez que había
sido redimido por ti, ya no quería volver a venderme a mí
mismo" (*Conf*. IX, 2).

Se retiró a pasar el invierno a la finca de un amigo,
en un lugar llamado Casiciaco. Allí, en compañía de su
madre y de su hijo y de su hermano Navigio, algunos de
sus parientes y discípulos como Alipio, Trigecio y Licen-
cio, pasó los días preparándose para recibir el bautismo,
dedicado al estudio de la verdadera filosofía que, para él,
ahora era inseparable del cristianismo; sin dejar a un lado
su gusto por la literatura, en especial Virgilio, su autor
favorito, como se hace patente en la lectura de sus obras.
Allí escribió sus primeros *Diálogos* y *Soliloquios*, donde se
plantea el problema de la autoridad en filosofía, subya-
cente a sus investigaciones. El objeto de su filosofía, dirá
contra los Académicos, es dar a la autoridad el apoyo de
la razón, y la gran autoridad, la que que domina todo, y
de la que nunca se apartará, es la autoridad de Cristo.

En la primavera del 387 regresaron a Milán. Durante
cuarenta días se preparó para recibir el bautismo de
manos de Ambrosio, el sábado de Pascua, en la noche
del 24 al 25 de abril. Con él se bautizaron su hijo
Adeodato y su amigo Alipio. "Fuimos bautizados y huyó
de nosotros toda preocupación de la vida pasada" (*Conf*.
IX, 6). La atracción de Roma, el afán de riqueza y las
glorias del mundo académicos quedaron atrás, igual que
el matrimonio de conveniencias que su madre le había
preparado.

Agustín, su madre, su hijo y sus amigos decidieron
volver a casa, a Tagaste, donde aún tenían una pequeña
propiedad en la que poder vivir retirados, dedicados a la
oración y al estudio de la Escritura. Partieron para Ostia,
el puerto de Roma, no pudiendo embarcar de in- mediato
debido a que el puerto estaba bloqueado por las tropas
rebeldes de un general romano, Máximo, comandante en
jefe de las legiones de Britania, que cinco años antes se
había sublevado contra el emperador de Occidente y en
el 387 había cruzado los Alpes. El puerto de Ostia estuvo
ocupado por las fuerzas de Máximo hasta el 388, año en
que el emperador de Oriente, el hispano Teodosio el Grande, le salió al encuentro y lo mató en Aquilea.

De regreso a Tagaste, su madre, Mónica, se pone enferma, muere y es enterrada en Ostia, el puerto de Roma. Consumido por la pena, al llegar a Tagaste vende sus bienes, reparte su herencia entre los necesitados y funda un monasterio.

Aunque no se plantea entrar en el ministerio eclesial, estando en Hipona, la multitud irrumpe en la Iglesia en la que estaba orando y exige al obispo Valerio que le nombre presbítero.

Mónica se puso enferma y murió poco después. Allí mismo fue enterrada, confiada en la esperanza de la resurrección y reunión futura con sus hijos. El dolor que Agustín sintió por su pérdida está descrito en el libro IX de las *Confesiones*, un documento de singular valor. Consumido por la pena se dirige a Roma y aprovecha el tiempo para conocer a algunos eremitas, hasta que se levantó el bloqueo portuario.

Del monasterio al episcopado

Cuando por fin llega a Tagaste lo primero que hace es vender sus bienes y repartir su herencia entre los necesitados y fundar un *monasterio*, por llamar de alguna manera aquella casa donde va a convivir con los amigos que le han acompañado, entregados a la oración, el estudio y la ayuda al necesitado. Es digno de notar que, pese a ser de un carácter fuertemente individualista, Agustín no fue un anacoreta aislado, su visión de la vida religiosa pasaba por una comunidad de mentes y corazones afines. En todo momento buscó la compañía de gente congeniales a él. La idea que animaba a Agustín y sus compañeros era el ideal de vida comunitaria descrita en Hechos de los Apóstoles (4:32), sobre la primitiva comunidad de bienes de la Iglesia de Jerusalén. En ese primer año en Tagaste, en el 388, sufre la pérdida de su hijo Adeodato que vivía con él, muerto en plena juventud.

Por entonces Agustín no pensaba entrar en el ministerio eclesial. Ante todo buscaba aislamiento y tranquilidad para entregarse completamente a profundizar su comunión con Dios. Lejos de las ciudades en las que una elección era necesaria pasó tres años con sus compañeros, no sin que su presencia y su fama de hombre sabio dejara de extenderse en la comarca. Un día que se encontraba en Hipona (actual Annaba, Argelia), donde había acudido llamado por un amigo cuya salvación estaba en juego, la gente del pueblo irrumpió en la iglesia en la que se encontraba orando solicitando al obispo Valerio, que le nombrara presbítero. Con lágrimas en los ojos pidió que le dejasen volver con los suyos, a la soledad de su retiro. Sus ruegos no le valieron de nada. La Iglesia le necesitaba y era necesario que así se hiciese.

"Lo arrebataron y, como ocurre en tantos casos, lo presentaron a Valerio para que lo ordenasen, según lo exigían con clamor unánime y grandes deseos de todos, mientras él lloraba copiosamente" (Posidio, *Vida de Agustín*, 4. *Obras de San Agustín*, tomo I. BAC, Madrid 1946).

Fue ordenado presbítero el año 391, pero en línea de continuidad con su vida religiosa dedicada a la meditación pide tiempo para mejorar sus estudios bíblicos y solicita tener monjes amigos junto a sí. Valerio accede y le deja un jardín donde Agustín forma otro monasterio.

Su ministerio presbiteral se alarga cinco años, período admirablemente fructífero; Valerio le había conferido el raro privilegio de predicar a la asamblea, ya que era costumbre reservar aquel ministerio a los obispos. Agustín combatió la herejía, sobre todo el maniqueísmo, y su éxito fue prodigioso. Fortunato, uno de los grandes maestros maniqueos, a quien Agustín había desafiado en debate público, salió tan humillado por su derrota que abandonó Hipona.

El 8 de octubre del año 393 participó en el Concilio general de África, presidido por Aurelio, obispo de Cartago; a petición de los obispos se comprometió a entregar un discurso que, en su forma completa, se publicó como tratado: *De Fide et Symbolo*.

Anciano y temeroso de verse privado de la compañía de Agustín, Valerio obtuvo la autorización de Aurelio, el Primado de África, de asociar a Agustín con él como coadjutor u obispo auxiliar. Agustín comienza a llamarse "de Hipona". Un año después, en el 395, será consagrado obispo de la ciudad a los 42 años de edad. Hipona era uno de los puertos de primera categoría del África romana, con una población de 40.000 habitantes y era en su mayoría una ciudad católica cuando él se encargó de su pastorado, con reductos de donatistas, arrianos, maniqueos y paganos. Su congregación estaba compuesta por gente muy pobre del mar y del campo, pescadores, campesinos y comerciantes, con algunos miembros de cultura refinada.

Su ministerio pastoral es fructífero y brillante. Valerio le nombra coadjutor u obispo auxiliar, y un año después, en el 395, a la edad de 42 años, es consagrado como obispo de Hipona.

El pastor y obispo de Hipona

Lo primero que hizo Agustín después de ser consagrado obispo fue convertir su residencia episcopal en un monasterio donde llevó una vida de comunidad con su

En su nueva responsabilidad, desempeña todo tipo de funciones. Viaja, lee y escribe. Hacia el año 398 aparecen las *Confesiones*; dos años después, el *Tratado sobre la Trinidad*, y en el año 413 inicia la *Ciudad de Dios*.

clero, escuela de futuros obispos africanos, comprometidos a observar la pobreza y la castidad. Agustín entiende la pobreza como un consejo (*consilium*) y no como un mandamiento general (*praeceptum*). Un tema, por otra parte, extenso y conflictivo a lo largo de los siglos.

En su nueva responsabilidad tiene que desempeñar todo tipo de funciones: juez, administrador de los bienes eclesiales, pastor de almas, consejero... Pero su actividad como fundador de nuevas comunidades no decrece. Ve con alegría –aunque sin poder evitar la tristeza de su separación– cómo a sus mejores amigos "eunucos por el reino de los cielos", Alipio, Evodio, Posidio y Bonifacio se los llevan de obispos a otras ciudades africanas. Viaja, lee, escribe. Hacia el año 398 aparecen las *Confesiones*, dos años después comienza el *Tratado sobre la Trinidad*, en el 413 inicia la *Ciudad de Dios*. Se enfrenta también en una polémica seria con Donato y los donatistas. Pero las controversias sólo fueron una ocupación secundaria –necesaria porque amenazaban la unidad de la congregación– en relación a la más importante de ella, la adoración divina y la predicación de la Palabra de Dios.

Predicó con frecuencia, a veces durante cinco días consecutivos, sus sermones respiran un espíritu de caridad que conquistaba los corazones. "Predicaba la palabra de salvación con más entusiasmo, fervor y autoridad; no solo en una región, sino dondequiera le rogasen, acudía pronta y alegremente, con provecho y crecimiento de la Iglesia" (Posidio, *Vida*, 9). El domingo era el día grande los creyentes, la iglesia se llenaba de fieles que permanecían de pie en un culto que duraba por los menos dos horas. Han sobrevivido varios centenares de los sermones predicados en esas ocasiones, que muestran el cuidado, la solicitud y el tacto puesto en ellos para satisfacer las necesidades y la capacidad de su gente. "Dotado de gran inteligencia; poseedor de grandes conocimientos, tanto filosóficos como bíblicos, ejerciendo un extraordinario poder de discernimiento moral y espiritual, que llegaba hasta el más recóndito secreto del alma humana; excepcionalmente hábil en el uso de la argumentación; maestro del lenguaje; perfectamente instruido en el arte retórico, todos estos múltiples dones fueron instrumentos obedientes de una personalidad apisonada y potente, desarrollada hasta su madurez por una experiencia que, por la gracia de Dios, pasó desde la tragedia más honda, hasta el triunfo más completo" (A.E. Garvie, *Historia de la predicación cristiana*, p. 125. CLIE, Terrassa 1987).

Siempre preocupado de sus amigos –Agustín valoraba la amistad por encima de todo– mantuvo una larga relación epistolar con gente de Italia, Hispania y la Galia. Muchos de sus libros obedecen al pedido de algún amigo o conocido que solicita ser instruido por Agustín sobre alguna cuestión de la fe. Como obispo asistió a los concilios de Cartago en 398, 401, 407, 419 y de Mileve en 416 y 418, y junto a Aurelio de Cartago fue uno de los renovadores del catolicismo norteafricano. Murió apaciblemente a los 76 años, cuando Genserico cercaba Hipona, el 28 de agosto del año 430.

Hoy, gracias a su ingente obra teológica y espiritual, Agustín e Hipona parecen llenar todo el norte del África cristiana, como si no hubiera existido en su tiempo y en

Muere apaciblemente a los 76 años de edad, el 28 de agosto del año 430. Su ingente obra teológica y espiritual, consecuente con una vida llena en los frutos del Espíritu es un verdadero tesoro.

Pintura moderna representando la apoteosis de Agustín como doctor de la Iglesia.

Como teólogo es príncipe de la teología. Agustín combinó el poder creativo de un Tertuliano con el genio especulativo de Orígenes. Una de las canteras más fecundas de la sabiduría cristiana.

su área más obispo que Agustín y más diócesis que Hipona. Pero lo cierto es que en aquellos días se contaban más de quinientos obispos, entre donatistas y católicos. Si Agustín los superó a todos fue por la nobleza de su carácter moldeado en la escuela de Cristo, lo que, lamentablemente, no se puede decir del resto, según el testimonio de muchos autores. No siempre la profesión de fe en Cristo ha ido acompañada del debido seguimiento de una vida generosa en los frutos del Espíritu de Cristo.

La influencia de Agustín en el catolicismo y en el protestantismo

A poco que uno se adentre en la lectura de las obras de Agustín se da cuenta de que tenía el raro privilegio de poseer una mente extraordinariamente fértil y profunda, honrada y consecuente con sus principios, sin hablar del corazón humilde y amante que le caracterizaba. ¿Habría que decir, por ello, que alcanzó tan altas cimas intelectuales gracias a la simplicidad amante de su corazón? Sabemos que para Agustín el afecto, la voluntad, cuenta tanto o más que la razón y la lógica.

Como teólogo es príncipe de la teología, combinó el poder creativo de un Tertuliano con el genio especulativo de Orígenes. El filósofo y el teólogo se unieron en él para dotar al pensamiento cristianismo de una de las canteras más fecundas e inagotables de la sabiduría cristiana.

Doctor de la gracia enriqueció a la Iglesia con su doctrina, a la vez que la hizo debatirse con los temas problemáticos del pecado original, la libre voluntad y la predestinación de los elegidos. Esto no hacía sino seguir la senda marcada por el apóstol Pablo, buscando sujetarse a ello lo más posible.

Sus obras muestran un conocimiento extenso de la filosofía antigua, la poesía, y la historia, sagrada y secular. Se refiere a las personas más distinguidas de Grecia y de Roma; alude a Pitágoras, Platón, Aristóteles, Plotino, el Pórfido, Cicerón, Séneca, Horacio, Virgilio, etc. El griego no lo conoce bien, no lo domina, alimenta su conocimiento de los grandes autores griegos de traducciones latinas. Es probable que leyera a Plotino en griego, mientras la *Historia de Iglesia* de Eusebio la conocía sólo en la traducción latina de Rufino.

El hebreo no lo entendió en absoluto. Conoce la Biblia y la lee en latín, pero es un conocimiento extenso, exhaustivo, casi de memoria. Rara vez en sus comentarios y exégesis consulta la Septuaginta o el Nuevo Testamento griego, se conforma con una versión latina antigua, no muy exacta, y con la versión mejorada de Jerónimo, la Vulgata.

Católicos y protestantes consideran a Agustín el campeón de la verdad cristiana frente a los errores maniqueos, arrianos y pelagianos. Desarrolló el dogma niceno de la Trinidad, en oposición al triteísmo por una lado y al sabelianismo por otro. Su concepción del Filioque, que el Espíritu Santo es un don enviado por el Padre y el Hijo, le marginó de la Iglesia griega. En Cristología no aportó nada nuevo, no llegó a vivir lo suficiente como para ver los grandes conflictos cristológicos que habían de venir, que culminan en el Concilio Ecuménico de Calcedonia, celebrado veinte años después de su muerte, con la célebre fórmula: "dos naturalezas en una persona".

La Edad Media vive bajo el signo de Agustín. Místicos y escolásticos dependen de su autoridad por igual. Anselmo, Bernardo de Claraval, Tomás de Aquino y Buenaventura son sus más preclaros seguidores, hasta en lo que se apartan lo hacen tomando cuidadosa nota de lo dicho por Agustín.

Convencido de la institución divina de la jerarquía eclesial organizada episcopalmente se mantuvo al lado de la Iglesia católica frente a las herejías. Católica había pasado a conocerse la Iglesia que mantenía el Credo o Símbolo de Nicea. Los emperadores Graciano, Valentiniano II y Teodosio, que pertenecían a las provincias occidentales, eran católicos fervientes e impusieron en Occidente la ortodoxia de Nicea y la Iglesia de Roma sobre la Iglesia de Oriente. El 3 de agosto de 379, Graciano y Teodosio desterraron por decreto todas las herejías. Seis meses después, el 27 de febrero del 380, mediante otro decreto, afirmaron su designio de unificar la fe religiosa del imperio que debía ser la del concilio de Nicea y llamarse oficialmente Fe Católica. Amenazaron a las otras confesiones cristianas disidentes no sólo con la venganza divina, sino con las leyes estatales.

Agustín adoptó la doctrina de Cipriano de la iglesia, y la completó en el conflicto con los donatistas con las notas de unidad, santidad, universalidad, exclusividad, y

---

Católicos y protestantes consideran a Agustín un campeón de la verdad cristiana frente a los errores maniqueos, arrianos y pelagianos. Desarrolló el dogma niceno de la Trinidad.

Adoptó la doctrina de Cipriano en cuanto a la Iglesia, y en la controversia pelagiana afirmó la misma independencia hacia el Papa. Aunque aceptó su autoridad y se le atribuye la frase "Roma locuta est, causa finita est".

maternidad; relacionando la Iglesia real en el tiempo con la sucesión ininterrumpida del credo apostólico, frente a la multitud de sectas heréticas que pululaban en la época. En esta Iglesia episcopal él había encontrado la salvación al naufragio de su vida espiritual y del verdadero cristianismo; el fundamento firme para su pensamiento, la satisfacción para su corazón, y un campo inconmensurable para la amplia gama de sus poderes. No cree en la infalibilidad de la Iglesia porque está seguro de su corrección progresiva. En la controversia pelagiana Agustín afirmó la misma independencia hacia el papa Zósimo, que Cipriano antes de él había mostrado hacia el papa Esteban en la controversia sobre el bautismo herético. Sólo después que Roma condenara los errores de Pelagio, Agustín pudo declarar: "El caso es terminado, si sólo el error fuera también terminado", de donde viene la famosa frase que le atribuyen algunos apologistas católico-romanos: *Roma locuta est, causa finita est.* Pero lo cierto es que en aquellos días no se dio que un obispo, ni siquiera de una sede apostólica, estuviera por encima de un Concilio, aunque Roma daba signos de andar en esa dirección.

Agustín fue el primero en dar una definición clara y fija del sacramento, como un signo visible de gracia invisible, que descansa sobre la ciudad divina; pero no sabe nada del número siete, que es una promulgación bastante posterior. También se manifiesta abiertamente católico en la doctrina de bautismo, aunque en contradicción lógica con su doctrina de predestinación. Agustín mantuvo la necesidad de bautismo para la salvación en base a Juan 3:5, deduciendo de ello el dogma terrible de la condenación eterna de todos los infantes no bautizados, aunque él redujera su condición a una mera ausencia de dicha, sin sufrimiento real, germen de la imaginación escolástica sobre el *limbus infantum* y la distinción entre pena de daño (*pena damni*) y de sentido (*pena sensus*).

En la doctrina de la comunión santa o eucaristía está en línea con sus precursores Tertuliano y Cipriano, más cerca de la doctrina calvinista que de cualquier otra teoría de una presencia espiritual y la fruición del cuerpo de Cristo y la sangre. Con toda seguridad, Agustín no puede ser contado entre los que están a favor de la transustanciación. De hecho, fue la autoridad principal de Ratramno y Berengario en su oposición a este dogma.

Veneraba a María, pero nunca la llamó "Madre de Dios", ni la consideró libre del pecado original, sí del actual.

Al principio estuvo a favor de la libertad religiosa y de los métodos puramente espirituales de tratar con los herejes y equivocados, pero después afirmó el principio fatal de la coacción, basado en el texto de la parábola: "forzadles a entrar" (Lc. 14:23), prestando de este modo el gran peso de su autoridad al sistema de persecución civil, que desembocó en una represión sangrienta de la que él mismo se hubiera estremecido y escandalizado, pues nunca dejó de ser un hombre pacífico y razonable, cuya ilustre máxima personal era: "Nada se conquista sino por la verdad, y la victoria verdadera es el amor", que nos recuerda aquella otra máxima del apóstol Pablo: "Nada podemos contra la verdad, sino por la verdad" (2ª Co. 13:8).

Aunque el protestantismo ve en Agustín el padre del catolicismo sacramental, reconoce en él, sin embargo, el más evangélico de todos los padres, el incuestionable Doctor de la Gracia, en cuyo sentido se convierte en el primer precursor de la Reforma. Las iglesias luteranas y reformadas alguna vez le han concedido, sin falso escrúpulos, el apellido de Santo, y lo han reclamado como uno de los testimonios más cultos de la verdad y los ejemplos más asombrosos del maravilloso poder de gracia divina en la transformación de un pecador.

Es digno de notar que las doctrinas paulinas de Agustín, por las que se asemeja al protestantismo, son las más tardías y más maduras de su sistema. La controversia pelagiana, en la que Agustín desarrolló su antropología, marca la culminación de su carrera teológica y eclesiástica. Forman parte de sus últimos escritos. El paulinismo de Agustín, como historiadores y teólogos católicos admiten, nunca fue realmente asimilado por el sistema jerárquico y monástico del catolicismo, con su tendencia pelagianizante. El énfasis en la ascesis y los méritos dejaron en un segundo plano las doctrinas de la gracia, por otra parte, proclamadas en concilios y manuales de teología. El paulinismo siempre ha sido un huésped incómodo en el sistema católico jerarquizante y monástico.

Espiritualistas y reformadores, afanosos en simplificar y purificar el cristianismo, descargándolo del opresivo

Aunque sostiene posturas católicas respecto a los sacramentos, su concepto de la comunión o Eucaristía, está en línea con sus precursores, Tertuliano y Cipriano, muy cerca de la doctrina calvinista. Sus teorías sobre la predestinación fueron condenadas por el papa Inocencio X.

El
protestantismo
ve en
Agustín el
padre del
catolicismo
sacramental,
pero le
reconoce
como el más
evangélico
de todos los
padres, el
incuestionable
Doctor de la
Gracia,
precursor
de la
Reforma.

sistema jerárquico, proclamaron la vuelta a la sencillez de la Iglesia primitiva y de las Sagradas Escrituras. Hombres como Wyclif y Hus recurrieron al apóstol Pablo en primer lugar, y en segundo término a la prestigiosa autoridad de Agustín. Lutero, Zwinglio y Calvino le tuvieron en la más alta estima, así como Melanchton. Todos ellos adoptaron su negación de libre albedrío y su doctrina de predestinación, y a veces hasta fueron más allá de él en su negación del mérito humano, para resaltar la gracia de Dios y cortar la cabeza de Hiedra de la jactancia.

Agustín es el hombre religioso por excelencia. Para él, como para Lutero, Calvino y tantos otros tocados por la trascendencia, el sentimiento de dependencia incondicional de Dios, y del poder todopoderoso de su gracia para cumplir con la vocación a la que se sienten llamados, descansan por la fe en el decreto eterno, inalterable de Dios al que se aferran en las horas más oscuras. El sentido del pecado no les abate, sino por el contrario, les fortalece con el sentimiento de la gracia inmerecida. "En grandes hombres, y sólo en grandes hombres, grandes contraposiciones y verdades al parecer antagonistas viven juntas. Pequeñas mentes no pueden sostenerlos".

El sistema católico de iglesia, sacramental y sacerdotal, está en el conflicto con el cristianismo evangélico protestante de experiencia subjetiva, personal. La doctrina de regeneración universal bautismal, en particular, que presupone una llamada universal (al menos dentro de la iglesia), apenas puede, según los principios de la lógica, estar unida con la doctrina de una predestinación absoluta, que limita el decreto de salvación una parte de los bautizados.

Por una parte, Agustín supone que cada persona bautizada recibe el perdón de pecados por la operación del Espíritu Santo que obra en el interior y que acompaña el acto externo del sacramento, de modo que el bautizado pasa del estado de naturaleza al estado de gracia, convertido en hijo de Dios y heredero de la vida vida eterna. Por otra parte, Agustín hace depender todo del decreto de Dios que salva sólo un cierto número "de la masa de perdición", y hace perseverar a estos hasta el final. La regeneración y la elección, en Agustín, no coinciden, como en Calvino.

Paradójicamente, y condicionado por su controversia con los donatistas, Agustín cree que la regeneración puede existir sin la elección, asume que en realidad son muchos los nacidos en el reino de gracia sólo para caer luego. Calvino sostiene que en el caso del bautismo del no electo, se trata de una ceremonia desprovista de sentido. No hay efecto interior salvífico en la persona bautizada, se trata sólo de una ceremonia externa, que Agustín no puede aceptar. El sistema sacramental de iglesia introduce la tensión principal de la elección eterna en la regeneración bautismal; el sistema calvinista de predestinación sacrifica la virtud (*ex opere operato*) del sacramento a la elección; los sistemas luteranos y anglicanos altos buscan un punto medio de entendimiento, sin ser capaces de dar una solución teológica del problema satisfactoria. La Iglesia anglicana, sin embargo permite dos frentes, y sanciona uno sacramental en el servicio bautismal del *Libro de Oración Común*, y otro moderadamente calvinista en sus *Treinta y nueve Artículos*.

Dentro del catolicismo, el agustinianismo, que no es otro que el paulinismo, ha mantenido siempre una tensión entre los elementos jerárquicos y sacramentales con los evangélicos y espirituales.

Pese a su calidad de Doctor de la Gracia, la doctrina de Agustín sobre la predestinación fue indirectamente condenada por el papa Inocencio X en 1653, al condenar la obra del obispo Jansenio, como la doctrina de Lutero en este mismo punto fue rechazada en la Fórmula de Concordia.

Pero Agustín ha sido suficientemente católico debido a su alta estima del principio de autoridad de iglesia, que al mismo tiempo, le hacía tan libre y evangélico, preocupado como estaba no del sistema, sino de la vida de Cristo. El agustinismo, que no es otro que el paulinismo, ha mantenido siempre una tensión dentro de la Iglesia entre los elementos jerárquicos y sacramentales y los evangélicos y espirituales. Pablo-Agustín renacen en cada reacción contra las tendencias ritualistas, externar y mecánicas, manteniendo vivo el conocimiento profundo del pecado y la gracia, y un espíritu de piedad ferviente.

Estudiosos de Agustín aventuran la hipótesis que si él hubiera vivido en la época de la Reforma, con toda probabilidad hubiera tomado la delantera del movimiento evangélico contra el predominio pelagiano de la Iglesia me-dieval, aunque no siguiera a Lutero o Calvino, pues no obstante su afinidad, no debemos olvidar que existe una diferencia importante en sus concepciones sobre la Iglesia.

El catolicismo evangélico de Agustín pervive en el romanismo, con sus tendencias a la reforma y la espiritua-

Gracias a la posición privilegiada de Agustín en ambos sistemas, católico-romano y protestante-evangélico, su contribución teológica es semejante a una futura promesa de reconciliación en la autoridad de Cristo.

lidad interior. De hecho, como se ha escrito, el catolicismo es la fuerza del romanismo, mientras que el romanismo es la debilidad de catolicismo. El catolicismo produjo el jansenismo, el romanismo lo condenó. Roma nunca olvida y nunca aprende del todo, y no puede permitir ningún cambio de doctrina, excepto por vía de la adición –como hacían sus antecesores paganos con los dioses conquistados–, sin sacrificar su principio fundamental de infalibilidad.

Gracias a la posición privilegiada de Agustín en ambos sistemas, católico-romano y protestante-evangélico, su contribución teológica es semejante a una promesa de reconciliación futura de catolicismo y el protestantismo en una unidad más alta, conservando todas las verdades, perdiendo todos los errores, perdonando todos los pecados, olvidando todas las enemistades. Después de todo, la contradicción entre la autoridad y la libertad, lo objetivo y lo subjetivo, lo eclesial y lo personal, lo orgánico y lo individual, lo sacramental y lo experimental en la religión, no es absoluta. Todos estos elementos admiten una armonía última en el estado perfecto de la Iglesia sometida al señorío de Cristo, correspondiéndose a la unión en naturalezas divinas y humanas, que superan los límites de pensamiento finito y la comprensión lógica, y completamente son realizadas en la persona de Cristo. De hecho, son elementos que aparecen unidos en el sistema teológico del apóstol Pablo, quien tenía un alto concepto de la Iglesia, como el cuerpo místico de Cristo, "columna y baluarte de la verdad", con sus apóstoles, profetas, maestros y pastores (1ª Ti. 3:15; Ef. 4:11) y a la vez era el gran campeón de la libertad evangélica, la responsabilidad individual, y la unión personal del creyente con su Salvador. Creemos y tenemos la esperanza en una iglesia santa católica y apostólica, una comunión de santos, una multitud, un Pastor. Cristo es el centro común y vital de todos los creyentes; la armonía divina de todos los grupos discordantes, con su humanidad y credos y confesiones temporalmente condicionados. En Cristo, decía Pascal, uno de los discípulos más grandes y nobles de Agustín," en Cristo todas las contradicciones son solucionadas".

Agustín y el descubrimiento de la persona

En la relación de Agustín con la filosofía de Platón se da un fenómeno histórico curioso, pues el fundador de la Academia debió su supervivencia y popularidad en gran parte a Agustín, cristiano y maestro indiscutible de pensadores cristianos durante más de un milenio. En varios pasajes de sus escritos, y en especial en *La ciudad de Dios* (VIII, 3-12; XXII, 27), habla muy favorablemente de Platón, y también de Aristóteles, de lo que se aprovechó la escolástica de la Edad Media para acudir con profusión, primero a uno y luego al otro. Agustín era de algún modo al heredero filosófico de Platón y de la tradición neoplatónica, pero es, ante todo, un cristiano que no sacrifica su fe a la filosofía, sino que arroja sobre la razón la luz de la fe, a la vez que acude a la razón en confirmación de la fe. De hecho, la aceptación de la filosofía pla- tónica, como hizo notar Shirley J. Case, fue para él el gran paso hacia el retorno a la Iglesia católica de su niñez (*Los forjadores del cristianismo*, vol. I, p. 178. CLIE, Terrassa 1987).

Cuando surge una contradicción entre la fe y la filosofía, Agustín no duda en subordinar su filosofía a la religión, su razón a la fe, no por menosprecio de la filosofía, sino por prudencia. La razón última de la fe está en Dios cuya verdad revelada no pasa con el tiempo; la razón de la filosofía depende de las "edades del hombre", en temporal y perfectible. De hecho, es la fe la que espolea la razón para que no se rinda ni claudique ante nada inferior a la verdad. La verdad es el motor de búsqueda de Agustín, convencido de que puede ser encontrada en el encuentro con aquel que dice: "Yo soy la verdad" (Jn. 14:6). Pensador riguroso, Agustín es, ante todo, cristiano. Su método, ciertamente, era peligroso, al dejarse llevar por el deseo de armonizar ambas disciplinas, la filosofía y el dogma. Encontró con demasiada facilidad la verdad evangélica en el platonismo. Así lo dice en sus *Retractaciones*, reconociendo que no siempre evitaba este peligro. Por otra parte rechazó con firmeza teorías neoplatónicas que al principio le habían cautivado, pero que eran incompatibles con la fe. Así, por ejemplo, Agustín determina el platonismo con unos principios completamente nuevos, propios de la fe:

Para Agustín, Cristo es el centro común y vital de todos los creyentes, la armonía divina de todos los grupos discordantes. Pascal, uno de los discípulos más grandes y nobles de Agustín, afirmaba: "En Cristo todas las contradicciones son solucionadas".

Aunque profundo admirador y seguidor de Platón, que debe en gran parte su supervivencia histórica a Agustín, el Doctor de la Gracia no duda en subordinar la filosofía a la fe. Pensador riguroso, Agustín es, ante todo, cristiano.

a) El Dios personal del Evangelio sustituye al mundo de las Ideas y al Uno de Plotino.

b) La creación por medio del Verbo se pone en lugar de la participación de lo universal en las cosas por medio del demiurgo de corte emanacionista.

c) La creación de la nada de las almas sustituye la preexistencia de las mismas y sus múltiples encarnaciones.

d) La materia ha tenido un comienzo por la Palabra de Dios, no es eterna.

e) El hombre es creación de Dios, no un ser divino degradado.

El protestantismo biblista y liberal ha estado siempre demasiado ocupado con el *abuso* que la teología patrística y medieval pudo haber hecho del pensamiento griego, paganizando el cristianismo, en lugar de detenerse a observar, si no ocurrió más bien lo contrario, que, conforme al principio encarnacional de la teología de los primeros siglos, los primeros teólogos de la Iglesia *cristianizaron* el paganismo hasta donde les fue permitido por su fe, fecundando así lo mejor de la antigüedad con la semilla del Evangelio.

La principal contribución de Agustín a la historia del pensamiento, y la civilización, es la prominencia y el análisis de los conceptos filosóficos y psicológicos de "persona" y "personalidad". Estas ideas, tan vitales al hombre contemporáneo y tan queridas a la apologética y presentación racional del cristianismo, forman no sólo la doctrina teológica de Agustín sobre Dios, sino también su filosofía sobre el hombre en cuanto individuo frente a las grandes instituciones: Estado, familia, iglesia o religión. No hay duda que su concepto de persona ha sido un factor decisivo en la formación del mundo moderno y un gran servicio a la fe (cf. nuestra obra *Filosofía y cristianismo*, cap. VIII. CLIE, Terrassa 1997).

El pensamiento griego no había logrado elevarse al concepto de persona, para hacerlo era necesario dar un paso decisivo, que suponía volver a Aristóteles por encima de la autoridad de Platón desde la perspectiva aportada por el cristianismo y la doctrina central de la Encarnación de Dios en Cristo. El pensamiento reflexivo, teológico sobre el carácter y naturaleza de las *personas* divinas proporcionó al pensamiento occidental una filosofía de la persona humana de la que todavía somos deudores.

Los griegos no tenían ninguna palabra para "persona", tal como no tenían ninguna palabra para "la literatura" como tal; tenían términos solamente para sus varias subdivisiones, como la epopeya, el drama, la poesía lírica, la comedia y la tragedia. Tampoco tenían una palabra para "la historia", ya que en el griego *historia* significa más con exactitud una descripción diminuta y exacta de hechos, acerca de la naturaleza o el hombre, que conforman lo que llamamos la historia, es decir la unión de acontecimientos humanos en un modelo. Tampoco tienen una palabra distinta para lo que nosotros llamamos "la creación", tomada en su sentido filosófico y religioso. Sabemos que los griegos no tenían ninguna doctrina de creación, sí de duración eterna o temporal. Desde Platón y Aristóteles y también los estoicos, la materia ha sido considerada como increada. Gracias al concepto de la creación por un Dios todopoderoso, el judaísmo primero, el cristianismo después, pudieron llegar a una idea de la historia, que hace de la creación el primer acto del devenir humano.

Aristóteles había indicado el hecho que una persona es un ser intelectual dotado de razón, pero no define suficientemente a la persona como el cristiano entiende el término. El arte confirma esta diferencia, como ha hecho notar Paul Henry. Las formas artísticas plasman el estado y la visión espiritual de un pueblo. En Oriente medio antiguo, las estatuas representan al hombre esencialmente en términos de una función, sea como un rey o un sacerdote, un guerrero o un siervo. Son hombres los representados, pero principalmente en sus funciones. Para los griegos, el hombre es esencialmente una idea, una armonía de dimensiones perfectas, una canon de belleza, alrededor de la que ellos formaron su arquitectura. Por contraste, la personalidad de las estatuas medievales que se encuentran en los pórticos de las catedrales. Pedro es realmente Pedro, y Pablo es realmente Pablo. Pueden sostener una llave o una espada, pero cada uno de ellos es una personalidad característica, la profundidad poseída es espiritual y la riqueza inagotable.

Cuando la Iglesia cristiana tuvo que buscar términos que describieran correctamente la diversidad de perso-

Su principal contribución a la historia del pensamiento es el análisis de los conceptos filosóficos y psicológicos de "persona" y "personalidad". Un factor decisivo para la formación del mundo moderno y un gran servicio a la fe.

Los griegos no tenían ninguna palabra para "persona" y cuando los teólogos de la Iglesia cristiana tuvieron que describir correctamente la diversidad de personas de la naturaleza divina se vieron impedidos por esta carencia.

nas en la naturaleza divina, se vieron impedidos por la carencia de esto en el idioma griego. El único término accesible: *prosôpon*, significaba literalmente una máscara para ocultar la personalidad, lo cual no era nada apropiado para señalar la Persona divina, que, de ninguna forma, era apariencia, función, o parecer. La otra palabra era *hypostasis*, que venía a significar todo lo que *subsiste*, sonaba demasiado impersonal. La historia del dogma de la Trinidad está plagada de dificultades precisamente por lo inapropiado del lenguaje griego para expresar la riqueza de matices que los latinos encontraron en su término *persona*, de etimología dudosa, probablemente etrusca.

Ni Nicea ni Constantinopla, los Credos trinitarios por excelencia, pudieron emplear la palabra "persona" adecuadamente. Definían la realidad pero sin poder describirla. Tuvieron que contentarse con el término *hipóstasis* (esencia –*ousía*– substancia), pensada primariamente para las cosas. En el Testamento Nuevo, escrito en el griego, no hay ninguna palabra distinta para "persona". Ni siquiera en hebreo, aunque las relaciones de Dios y el hombre sean tan personales que Yahvé, el Señor de Historia, aparece dotado con cualidades humanas.

Mircea Eliade, investigador tan respetado en el campo de las religiones comparadas, dice en su *Tratado de historia de las religiones*, que "la distinción entre lo personal e impersonal no tiene ningún significado exacto en la representación arcaica mental del universo", porque el descubrimiento de la persona es un hecho reciente que se debe única y exclusivamente a la aportación cristiana.

La fe trinitaria, tan denostada en algunos círculos que la consideran una tergiversación del mensaje evangélico monoteísta, una especie de concesión al politeísmo pagano, representa realmente en la historia una apuesta por la novedad de la persona. Consciente e inconscientemente los defensores de la Trinidad estaban luchando por el concepto de "persona" que el cristianismo había alumbrado como algo nuevo y sorprendente, y que las fuerzas retrógradas se empeñaban en eliminar en base a argumentos racionales y tímidamente anclados en el pasado. El triunfo del dogma trinitario fue el triunfo de lo radicalmente nuevo del cristianismo.

Precisamente la noción de persona aparece en Agustín en un libro dedicado al dogma de Trinidad (*De*

Trinitate), en el que él refuta la negación arriana de la plena divinidad de Cristo. Para Arrio, Dios es la sustancia (*hypostasis*) sin accidentes ni cualidades. Todo lo que Él es o puede ser es la sustancia pura. No podía haber una confesión monoteísta más radical. El Hijo es engendrado (*genatos*) por el Padre no engendrado (*agenatos*), pero el engendrado es diferente del que engendra, por lo tanto el Hijo es de una sustancia diferente al Padre. No es uno con Dios en esencia. Agustín contesta que el Padre se relaciona en su sustancia entera con el Hijo y está en relación viva con el Hijo, no por accidente, sino por la profundidad misma de su sustancia.

Agustín descubre en la Trinidad una nueva base para los valores de la personalidad. Aquí la ruptura con el pasado fue radical, pero el tema es demasiado extenso y complejo para tratarlo en una introducción. Lo mejor que podemos hacer es remitir al lector interesado a las obras adecuadas que versan sobre él, sin olvidar la obra maestra de Charles N. Cochrane, *Cristianismo y cultura clásica*, cap. XI (FCE, México 1983, 2ª ed.), baste lo dicho hasta aquí como nota y apunte para futuras investigaciones.

Los Credos de Nicea y Constantinopla en su intento de definir la fe trinitaria no pudieron emplear la palabra "persona", tuvieron que contentarse con hipóstasis *(esencia-sustancia), pensada para las cosas.*

El anhelo de felicidad, puerta de acceso a Dios

Es reflexionando en las tormentosas cuestiones de la vida personal donde Agustín descubre el misterio de la vida, escondido en Dios. Pero antes de llegar a Dios, Agustín recurre al primer impulso vital que se ha convertido en el primer objeto de la filosofía en cuanto ésta dejó las cosas para centrarse en el hombre: el anhelo de felicidad. Todos los seres humanos sin excepción desean ser felices, antes de saber ni de creer nada saben y creen de su propio deseo de ser felices. La felicidad que encandila es la misma que rehuye, como dando a entender que no es posesión presente. La felicidad es como una atracción que lleva al hombre a la consideración de un más de este mundo. La pregunta por la felicidad es la pregunta por Dios, en cuya visión consiste la felicidad. Mientras tanto Dios se nos ofrece como fundamento e impulso de una vida que es lo más íntimo y propio de nuestro ser, el blanco hacia el que tiende nuestra vida, la meta de nuestro innegable anhelo de felicidad. Dios es el *pondus*, el peso, el centro gravita-

Agustín enfrenta este problema y descubre en la Trinidad una nueva base para los valores de la personalidad. El triunfo del dogma trinitario con su nuevo concepto de "persona" fue el triunfo de lo radicalmente nuevo del cristianismo.

torio íntimo, que nos atrae e impulsa en la búsqueda de la transcendencia. Por eso, la filosofía posterior, incluso la no cristiana, dirá con Ortega y Gasset, que la vida humana es un proyecto y el ser humano un ser proyectivo.

El anhelo de felicidad es la puerta de acceso a Dios en esta vida, nombrado por los hombres con diversos nombres. Desde un principio la teología bíblica deriva en antropología religiosa. El estudio del hombre se une y entrelaza en el estudio sobre Dios. A la vez que el estudio del hombre como *criatura* puede convertirse en clave del misterio divino. El punto central, del cual Agustín parte es la condición *creatural* del hombre. Éste no puede dar razón suficiente de su existencia: es por otro; Dios, en cambio, *es* por sí mismo. El hombre es limitación, temporalidad, inquietud, misterio que sólo encuentra su explicación en Dios. "En todo lo que era y ya no es, veo cierta muerte en lo que pasó y cierta vida en lo que es. *O Veritas quae vere es!* ¡Oh Verdad que verdaderamente eres!" (*Trac. in Joan* 38, 10).

El conocimiento del hombre está incluido en el conocimiento de Dios, toda vez que el ser del hombre ha sido dado, puesto por Dios. Creado a imagen y semejanza de su Creador, el hombre lleva en sus entrañas el misterio de su existencia. "Sabed ante todo que los filósofos en general perseguían todos una finalidad común –dice Agustín–; hubo entre ellos cinco partidos, cada uno con su particular doctrina. La aspiración de todos ellos en sus estudios, búsquedas, disputas y maneras de vida, era llegar a la vida feliz. Esta era la única causa de su filosofía, y juzgo que los filósofos van en esto de acuerdo con nosotros. Pues si os pregunto la razón de creer en Cristo y por qué os hicisteis cristianos, me responderéis todos unánimes en esta verdad: por la vida feliz" (*Sermón* 150, 4). Y continúa: "Por tanto, la que es digna de ser llamada por este nombre, no es más que la feliz. Y no será feliz si no es eterna. Esto, precisamente esto es lo que todo quieren, esto es lo que todos queremos: la verdad y la vida; mas ¿por dónde ir a la posesión de tan gran felicidad? Trazáronse los filósofos caminos sin camino; unos dijeron: ¡Por aquí! Otros, ¡Por ahí no, sino por allí! El camino fue para ellos una incógnita, porque Dios resiste a los soberbios; y aun para nosotros lo fuera de no haber venido el camino a nosotros. ¡Viajero desazonado! Tú no quieres venir al Camino, y el Camino vino a ti. ¿No buscabas por dónde ir? Yo soy el

Camino. Buscabas a adónde ir: Yo soy la Verdad y la Vida. Si va a él por él, no has de perderte. He aquí la doctrina de los cristianos, no digo comparable, sino incomparablemente superior a las doctrinas de estos filósofos: a la inmundicia de los epicúreos y al orgullo de los estoicos" (*Sermón* 150, 10).

Dios, escribe Agustín magistralmente, está más próximo a nosotros que nosotros mismos, por eso conocer a Dios es conocer al hombre y viceversa. En este sentido, Occidente vive del patrimonio legado por Agustín: "¡Y pensar que los hombres se van a admirar las cumbres de las montañas y las olas enormes del mar, el ancho curso de los ríos, las playas sinuosas del océano, las revoluciones de los astros, y que ni siquiera se fijan en ellos mismos!" (*Conf.* X, 8).

Todo conocimiento para Agustín, es interior y por, ende, autoconciencia. El escepticismo de los filósofos académicos obligó a Agustín a la búsqueda de la certeza y, en un golpe de intuición, descubrió, mucho antes que Descartes y en otro sentido que la duda ni el error son enemigas de la certeza, sino al contrario, porque el que duda o se equivoca o está cierto de que existe. Si no existiese no podría siquiera errar. La existencia es, por consiguiente, indudable y absolutamente verdadera. Desde este principio despliega Agustín todo su pensamiento.

La persona no tiene sólo la certeza de existir, sino que tiene también en sí misma el criterio de la verdad. Sólo tiene que despertar de su inercia, volver en sí y descubrir en su interior las verdades de las ideas y la misma verdad, de modo tal que la experiencia humana toda se convierte en una experiencia de conversión religiosa a la verdad, que es Dios, y que obra desde el interior: "No quieras salir de ti, vuelve a ti mismo, la verdad reside en el hombre interior" (*La religión verdadera* XXIX, 72). *In interiore homine habitat veritas*. Pero, ¿qué es lo que uno encuentra cuando entra en sí mismo y bucea en su interior?, ¿no es acaso la mutabilidad? ¿dónde está, pues, la verdad?

"Si encuentras que tu naturaleza es mutable", responde Agustín, "trasciéndete a ti mismo", pues la verdad que *está* en el interior no es igual a *ser* verdad en uno mismo. La verdad es sólo Dios: *ipsa Veritas Deus est*. Y si la verdad está en el interior, lo está en cuanto Dios está en nosotros, porque la verdad es la "forma" del Espíritu. La Verdad

Agustín parte del conocimiento del hombre y su anhelo de felicidad como puerta de acceso al conocimiento de Dios. Creado a imagen de su Creador, el hombre lleva en sus entrañas el misterio de Dios

"Dios –escribe Agustín– está más próximo a nosotros que nosotros de nosotros mismos. Por eso, conocer a Dios es conocer al hombre, y viceversa."

divina eterna y transcendental es el fundamento de la verdad humana inmanente, mutable y contingente.

Platón enseñaba que el alma conoce las ideas por el recuerdo de lo que había visto en su existencia anterior en el cielo. El cristianismo no puede admitir esta hipótesis. El alma es una creación original, no preexistente, que ve las ideas en cuanto Dios, *iluminando* sus facultades intelectivas, le permite llegar a intuirlas. Dios es la *verdad iluminante* que nunca se confunde con la *verdad iluminada*. Las ideas que tenemos son, pues, un vestigio de la presencia de Dios en nosotros, vestigio de que nos mueve a buscar, siempre a partir de nosotros pero trascendiéndonos, la Verdad absoluta. "Todos nuestros conocimientos tienden a un solo conocimiento: Dios Toda la vida del espíritu –sensación, sentido interno, percepción sensorial, razón, entendimiento, voluntad, deseos y amores–, desde el ínfimo grado de la actividad orgánica y vital, hasta el supremo de la pura contemplación beatificante, es movida, empujada y espoleada por un solo deseo y un solo amor, por una *presencia* primero confusa y casi inconsciente y luego cada vez más clara y más consciente: la presencia de Dios" (M.F. Sciacca, *San Agustín*, p. 221. Barcelona 1955).

Pero –y esto es el segundo elemento para tener presente– la interiorización es una cosa muy distinta de la inmanencia. La verdad que habita en nosotros es *superior a nosotros*, nos transciende infinitamente. Para Agustín el pensamiento descubre la presencia íntima de Dios en nosotros, pero no la crea, la *encuentra*. Y esta presencia de Dios en nosotros es *causada* por la existencia de Dios en sí, fuera de nosotros. Dios, por más que se encuentra en el espíritu humano, es distinto y superior al alma humana, a la que es trascendente, aún estando espiritualmente presente en ella.

Por eso el conocer no es el platónico *reconocer*, sino ser *iluminados* por el Verbo, el cual, efectivamente, "ilumina a todo hombre que viene a este mundo" (Jn. 1:9. Cf. Pedro Sala Villaret, *El Verbo de Dios*. CLIE, Terrassa 2000). La verdad se revela al hombre, se descubre, no se crea. La verdad, tiene un nombre, Jesucristo, que es la piedra fundamental del pensamiento de Agustín.

Tampoco se puede decir que conocemos a Dios en su esencia, a Dios en sí, sino que conocemos los efectos de Dios en nosotros (las ideas, la luz intelectual), y de los efectos nos remontamos a la causa, como argumenta el apóstol Pablo en Romanos 1:21-24. Al crearnos, Dios ha producido en nosotros un efecto, un deseo de eternidad en el corazón (Ec. 3:11), un *pondus* dirá Agustín, que nos mueve a buscarle transcendiéndonos mediante la fe, la esperanza y la caridad.

"¿Qué es lo que yo amo cuando os amo? –se pregunta Agustín–. No es hermosura corpórea, ni bondad transitoria, ni luz material agradable a estos ojos; no suaves melodías de cualesquiera canciones; no la gustosa fragancia de las flores, ungüentos o aromas; no la dulzura del maná, o la miel, ni finalmente deleite alguno que pertenezca al tacto o a otros sentidos del cuerpo.

"Nada de eso es lo que amo, cuando amo a mi Dios; y no obstante eso, amo una cierta luz, una cierta armonía, una cierta fragancia, un cierto manjar y un cierto deleite cuando amo a mi Dios, que es luz, melodía, fragancia, alimento y deleite de mi alma. Resplandece entonces en mi alma una luz que no ocupa lugar; se percibe un sonido que no lo arrebata el tiempo; se siente una fragancia que no la esparce el aire, se recibe gusto de un manjar que no se consume comiéndose; y se posee tan estrechamente un bien tan delicioso, que por más que se goce y se sacie el deseo, nunca puede dejarse por fastidio. Pues todo esto es lo que amo, cuando amo a mi Dios.

"Pero, ¿qué viene a ser esto? Yo pregunté a la tierra, y respondió: No soy eso; y cuantas cosas se contienen en la tierra me respondieron lo mismo. Pregunté al mar y a los abismos, y a todos los animales que viven en las aguas, y respondieron: No somos tu Dios, búscale más arriba de nosotros. Pregunté al aire que respiramos y respondió todo él con los que le habitan: Anaxímenes se engaña por-que no soy tu Dios. Pregunté al cielo, al sol, la luna y las estrellas, y me dijeron: Tampoco somos nosotros ese Dios que buscas. Entonces dije a todas las cosas que por todas partes rodean mis sentidos: Ya que todas vosotras me habéis dicho que no sois mi Dios, decidme por lo menos algo de él. Y con una gran voz clamaron todas: él es el que nos ha hecho.

"Estas preguntas que digo haber hecho a todas las criaturas, era sólo mirarlas yo atentamente y contemplarlas, y las respuestas que digo me daban ellas, era sólo presentárseme todas con la hermosura y orden que tienen en sí mismas." (*Conf.* X, cap. VI).

Si la verdad está en nuestro interior, lo está en cuanto Dios está en nosotros, porque la verdad es la "forma" del Espíritu que mora en nosotros.

Para Agustín, el razonamiento descubre la presencia íntima de Dios en nosotros. Pero no la crea, la *encuentra*. Por eso, conocer a Dios no es el platónico *reconocer*, sino ser *iluminados* por el Verbo.

"Tarde te amé, Dios mío, hermosura tan antigua y tan nueva, tarde te amé. Tú estabas dentro de mi alma, y yo distraído fuera, y allí mismo te buscaba; y perdiendo la hermosura de mi alma, me dejaba llevar de estas hermosas creaturas exteriores que Tú has creado. De donde deduzco que Tú estabas conmigo, y yo no estaba contigo; y me alejaban y tenían muy apartado de Ti aquellas mismas cosas que no tendrían ser, si no estuvieran en Ti. Pero Tú me llamaste y diste tales voces a mi alma, que cedió a tus voces mi sordera. Brilló tanto tu luz, fue tan grande tu resplandor, que ahuyentó mi ceguera. Hiciste que llegase hasta mí tu fragancia, y tomando aliento respiré con ella, y suspiro y anhelo ya por Ti. Me diste a gustar tu dulzura, y ha excitado en mi alma un hambre y sed muy viva. En fin, Señor, me tocaste y me encendí en deseos de abrazarte." (*Conf.* X, cap. XXVII, 38).

"Amor meus, pondus meus", amor mío, peso mío. Para Agustín, el amor es el peso (*pondus*) del corazón, que lo hace inclinarse en un sentido o en otro. El objeto tras el que corre el amor es siempre el bien, no en sentido moral, sino en sentido ontológico: lo bueno en general. La meta última de esa tendencia amorosa del hombre es la felicidad, es decir, la posesión del Bien Supremo, que es Dios mismo. "Nos hiciste, Señor, para Ti, y nuestro corazón está inquieto, hasta que descanse en Ti". Todos están de acuerdo en que quieren ser felices. Pero no están de acuerdo acerca de en qué consiste la felicidad: en los honores, los placeres, las riquezas, el poder, la fama, en Dios... San Agustín enseña que el amor suyo es neutro, y que puede ser bueno o malo según sea ordenado o desordenado (*Ordo amoris*). Y es ordenado o desordenado según se pliegue o no a las exigencias objetivas del orden real, ontológico de los bienes. Este orden consiste en la primacía absoluta de Dios, Bien Supremo, sobre todos los otros bienes, finitos y limitados. Es ordenado, entonces, el amor que ama a Dios sobre todas las cosas, y por él mismo, y a todo lo demás, en Dios, por Dios, según Dios, y, por lo tanto, de acuerdo con su Ley.

Es desordenado el amor que coloca por encima de Dios algún bien creado, al amarlo fuera o en contra de la ley de Dios. "Sirvamos más bien al Creador que a la criatura, sin desvanecernos con nuestros pensamientos; ésa es la perfecta religión" (*La verdadera religión*, X, 19). Pero el que ama con amor ordenado, y sólo él, tiene a la ley divina interiorizada en su corazón, grabada de tal manera que para él, y sólo para él, vale la famosa fórmula agustiniana: "Ama y haz lo que quieras" (*Dilige, et quod vis, fac*).

Y de esta filosofía y teología del amor Agustín hace el eje de su filosofía y teología de la historia, cuando en la *Ciudad de Dios*, una de sus obras más geniales, presenta toda la historia de la humanidad como la historia de la lucha entre dos ciudades, la Ciudad de Dios y la ciudad del mundo, y a esas dos ciudades como constituidas fundamentalmente por dos amores: "Dos amores hicieron dos ciudades: el amor de sí mismo hasta el desprecio de Dios, hizo la ciudad del mundo; el amor de Dios, hasta el desprecio de sí mismo, hizo la Ciudad de Dios" (*Ciudad de Dios*, XIV, 28).

Sin la gracia de Dios, el amor humano necesariamente termina inclinándose ilícitamente sobre el presente siglo, "honrando y dando culto a las criaturas antes que al Creador" (Ro. 1:25). Sólo la muerte de Jesucristo, Hijo de Dios, abre los ojos del hombre a la luz de su destino eterno y por la gracia, le hace "partícipe de la naturaleza divina" (2ª P. 1:4), hijo de Dios mediante la fe. "A todos los que le recibieron, a los que creen en su nombre, les dio potestad de ser hechos hijos de Dios, los cuales no son engendrados de sangre, ni de voluntad de carne, ni de voluntad de varón, sino de Dios" (Jn. 1:12, 13).

Agustín enseña que el amor suyo es neutro, que puede ser bueno o malo según sea ordenado o desordenado. Es ordenado el amor que ama a Dios por encima de todas las cosas.

ALFONSO ROPERO

Nota bibliográfica

Otras versiones de las obras de Agustín en edición bilingüe han sido magníficamente editadas desde el año 1946 por la editorial BAC.

La verdadera religión, La utilidad de creer y el *Enquiridion* corresponden al vol. IV. BAC, Madrid 1975, 3ª ed.

La verdadera religión. La utilidad de creer. Trad. Claudio Basevi, EUNSA, Pamplona 1986.

Libro I
La verdadera religión[1]

---

[1] Escrito probablemente en el año 390, dirigido a su amigo y benefactor Romaniano, con el fin de convertirle a la fe.

1

Creencia popular y filosófica

1. La norma de la vida buena y feliz está constituida por la verdadera religión, que honra a un Dios único de corazón y le reconoce como principio de todos los seres, que en Él tienen su origen y de Él reciben la virtud de su desarrollo y perfección. De aquí se desprende muy claramente el error de los pueblos que quisieron venerar a muchos dioses, en vez del único y verdadero, Señor de todos, porque sus sabios, llamados filósofos, tenían doctrinas divergentes aunque utilizaran los mismos templos comunes. Tanto el pueblo como a los sacerdotes conocían las distintas y y enfrentadas maneras de pensar sobre la naturaleza de los dioses, porque nadie se privaba de manifestar públicamente sus opiniones, esforzándose en convencer a los demás si podían. A pesar de esto, los filósofos juntamente con sus discípulos, divididos entre sí por diversas y contrarias opiniones, sin prohibición de nadie, acudían a los templos con toda libertad. No se pretende ahora declarar quién de ellos se acercó más a la verdad; aunque parece bastante claro, a mi entender, que ellos abrazaban públicamente unas creencias religiosas, conforme al sentir popular, y privadamente mantenían otras contrarias a sabiendas del mismo pueblo[2].

La norma de la vida buena y feliz está constituida por la verdadera religión, que honra a un Dios único de corazón y le reconoce como principio de todos los seres.

---

[2] "Los negadores de los dioses son legión" (Platón, *Diálogo sobre las leyes*, X). Jenófanes negó la concepción antropomórfica de la divinidad, por el Uno sin principio. Pitagóricos, platónicos, estoicos y neoplatónicos combatieron las ideas religiosas, pero respetando las costumbres populares.

2

Sócrates y su crítica de los dioses

A quienes
pensaban
que el
mundo
visible se
identifica
con el
Dios,
Sócrates
les ponía
ante los
ojos su
insensatez,
enseñando
que,
de ser así,
una piedra
cualquiera
del camino
merecería
los divinos
honores.

2. A pesar de todo, Sócrates se mostró, al parecer, más audaz que los demás, jurando por un perro cualquiera, por una piedra o el primer objeto que se le ofreciese a los ojos o a las manos en el momento de jurar. Según opino yo, entendía él que cualquiera obra de la naturaleza, como producida por disposición de la divina providencia, aventaja con mucho a todos los productos artificiales de los hombres, siendo más digna de honores divinos que las estatuas veneradas en los templos.[3] En realidad Sócrates no enseñaba que las piedras o el perro son dignos de la veneración de los sabios; pero quería hacer comprender a los ilustrados la inmensa hondura de la superstición en que se hallaban sumidos los hombres; y los que estaban por salir de ella habría que ponerles ante los ojos tal grado de abominación, para que, si se horrorizaban de caer en él, viesen cuánto más lamentable era yacer en el abismo, más hondo aún, del extravío de la multitud. Al mismo tiempo, a quienes pensaban que el mundo visible se identifica con el Dios supremo, les ponía ante los ojos su insensatez, enseñando, como consecuencia muy razonable, que una piedra cualquiera, como porción de la soberana deidad, bien merecía los divinos honores. Y si eso les repugnaba, entonces debían cambiar de ideas y buscar al Dios único, de quien nos constase que trasciende a nuestra mente y es el autor de las almas y de todo este mundo, como después Platón, quien es más ameno para ser leído que persuasivo para convencer. Pues no habían nacido ellos para cambiar la opinión de los pueblos y convertirlos al culto del verdadero Dios, dejando la veneración supersticiosa de los ídolos y la vanidad de este mundo. Y así, el mismo Sócrates adoraba a los ídolos con el pueblo, y, después de su condena y muerte, nadie se atrevió a jurar por un perro ni llamar Júpiter a una piedra cualquiera, si bien se dejó memoria de esto en los libros. No me toca a mí examinar por qué obraron de ese modo, si por temor a la severidad de las penas o por el conocimiento de alguna otra razón particular de aquellos tiempos.

---

[3] Sócrates señaló el contraste entre la filosofía y las creencias religiosas populares. Tres oscuros ciudadanos de Atenas le acusaron de ser impío de corromper a la juventud con sus enseñanzas. La justicia de entonces le condenó a morir envenenado.

3

Platón indica el camino

3. Pero, sin ánimo de ofender a todos esos que se aferran a la lectura de los libros de aquellos sabios, diré yo con plena seguridad que, ya en esta era cristiana, ya no cabe duda sobre la religión que se debe abrazar y sobre el verdadero camino que guía a la verdad y la felicidad. Porque si Platón viviese ahora y no evitase mis preguntas, o más bien, si algún discípulo suyo, después de recibir de sus labios la enseñanza de la siguiente doctrina, a saber, que la verdad no se capta con los ojos del cuerpo, sino con la mente purificada, y que toda alma con su posesión se vuelve feliz y perfecta; que a su conocimiento nada se opone tanto como la corrupción de las costumbres y las falsas imágenes corpóreas, que mediante los sentidos externos se imprimen en nosotros, originadas del mundo sensible, y engendran diversas opiniones y errores; que, por lo mismo, ante todo se debe sanar el alma, para contemplar el ejemplar inmutable de las cosas y la belleza incorruptible, absolutamente igual a sí misma, inextensa en el espacio e invariable en el tiempo, sino siempre la misma e idéntica en todos sus aspectos (esa belleza, cuya existencia los hombres niegan, aunque es la verdadera y la más excelsa); que las demás cosas están sometidas al nacimiento y muerte, al perpetuo cambio y caducidad y, con todo, en cuanto son, nos consta que han sido formadas por la verdad del Dios eterno y, entre todas, sólo le ha sido dado al alma racional e intelectual el privilegio de contemplar su eternidad y de participar y embellecerse con ella y merecer la vida eterna; pero, sin embargo, ella, dejándose llevar por el amor y el dolor de las cosas pasajeras, sumida en las costumbres de la presente vida y en los sentidos del cuerpo, se desvanece en sus quiméricas fantasías, ridiculiza a los que afirman la existencia del mundo invisible, que trasciende la imaginación y es objeto de la inteligencia pura; supongamos, digo, que Platón persuade a su discípulo de tales enseñanzas y éste le pregunta: ¿Creeríais digno de los honores supremos al hombre excelente y divino que divulgase en los pueblos estas verdades, aunque no pudiesen comprenderlas, o si, habiendo

Si Platón viviese ahora, y no evitase mis preguntas, reconocería que no hay hombre capaz de dar cima a semejante obra salvífica en *pro* de los mortales, a no ser que Dios mismo lo escogiera desde el alba de su existencia sin pasar por magisterio humano.

Por su Nombre y sus enseñanzas, muchos han derramado su sangre, han sido quemados en hogueras. Pese a ello, las iglesias se han multiplicado con más fertilidad y abundancia hasta en los pueblos bárbaros.

quienes las pudiesen comprender, se conservasen inmunes de los errores del vulgo, sin dejarse arrastrar por la fuerza de la opinión pública? Yo creo que Platón hubiera respondido que no hay hombre capaz de dar cima a semejante obra, a no ser que la omnipotencia y sabiduría de Dios escogiera a uno inmediatamente desde el alba de su existencia, sin pasarle por magisterio humano y, después de formarle con una luz interior desde la cuna, le adornase con tanta gracia, y le robusteciese con tal firmeza, y le encumbrase a tanta majestad, que despreciando cuanto los hombres malvados apetecen, y padeciendo todo cuanto para ellos es objeto de horror, y haciendo todo lo que ellos admiran, pudiera arrastrar a todo el mundo a una fe tan saludable con una atracción y fuerza irresistibles. Y sobre los honores divinos que se le deben, juzgaría superflua la pregunta, por ser fácil de comprender cuánto honor merece la sabiduría de Dios, con cuyo gobierno y dirección aquel hombre se hubiera hecho acreedor a una honra propia y sobrehumana por su obra salvífica en pro de los mortales.

El cristianismo ha logrado lo anteriormente imposible

4. Si todo esto es verdad; si se celebra con documentos y monumentos; si, partiendo de una nación en que se adoraba al único Dios, y donde convenía se hallase la cuna de su nacimiento, varones escogidos, enviados por todo el orbe, con sus ejemplos y palabras, avivaron incendios de amor divino; si, después de haber establecido sólidamente la doctrina, dejaron a sus sucesores una tierra iluminada con la fe; si, para no hablar de lo pasado, cuyo crédito puede esquivar cada uno, hoy mismo se anuncian a todas las razas y pueblos estas verdades: "Al principio era el Verbo, y el Verbo estaba con Dios, y el Verbo era Dios. Este era en el principio con Dios. Todas las cosas por él fueron hechas; y sin él nada de lo que es hecho, fue hecho (Jn. 1:1-3). A fin de curar el alma, para que perciba esa Palabra, la ame y la goce, y para que se vigorice la pupila de la mente con que se encare a tan poderosa luz, se dice a los avaros: "No os hagáis tesoros en la tierra, donde la polilla y el orín corrompe, y donde ladrones minan y hurtan; mas haceos tesoros en el cielo, donde ni

polilla ni orín corrompe, y donde ladrones no minan ni hurtan: Porque donde estuviere vuestro tesoro, allí estará vuestro corazón" (Mt. 6:19-21); se dice a los lujuriosos: "El que siembra para su carne, de la carne segará corrupción; mas el que siembra para el Espíritu, del Espíritu segará vida eterna" (Gá. 6:8); se dice a los soberbios: "Porque cualquiera que se ensalza, será humillado; y el que se humilla, será ensalzado" (Lc. 14:11); se dice a los iracundos: "A cualquiera que te hiriere en tu mejilla diestra, vuélvele también la otra" (Mt. 5:39); se dice a los que fomentan discordias: "Amad a vuestros enemigos" (Mt. 5:44); y a los supersticiosos: "El reino de Dios entre vosotros está" (Lc. 17:21); y a los curiosos: "No mirando nosotros a las cosas que se ven, sino a las que no se ven: porque las cosas que se ven son temporales, mas las que no se ven son eternas" (2ª Co. 4:18); finalmente, se dice a todos: "No améis al mundo, ni las cosas que están en el mundo. Si alguno ama al mundo, el amor del Padre no está en él. Porque todo lo que hay en el mundo, la concupiscencia de la carne, y la concupiscencia de los ojos y la soberbia de la vida, no es del Padre, mas es del mundo" (1ª Jn. 2:15, 16).

Y si esto es verdad, ¿por qué seguimos escudriñando los oráculos divinos en las entrañas de los animales muertos?

5. Si estas enseñanzas se leen a las gentes por todo el mundo y se oyen con sumo gusto y veneración; si después de tanta sangre esparcida, de tantas hogueras, de tantas cruces de martirio, las Iglesias se han multiplicado con más fertilidad y abundancia hasta en los pueblos bárbaros; si nadie se maravilla ya de tantos miles de jóvenes y vírgenes que, renunciando al matrimonio abrazan la vida casta, cosa que, habiendo hecho Platón, fue obligado, según se dice, a hacer un sacrifico a la diosa naturaleza para expiarla por tan grave falta, tanto temía Platón a la perversa opinión de su tiempo; sin embargo todas estas cosas se acogen ahora de tal modo que, si antes era algo inaudito el disputar sobre ellas, ahora lo es el ir contra ellas, si en todas las regiones del mundo habitable se enseñan los misterios cristianos a los que han hecho esta promesa y este empeño; si se exponen todos los días en las iglesias y son comentados por los sacerdotes; si golpean sus pechos los que se esfuerzan por seguirlos; si son tan sin número quienes emprenden esta forma de vida, que, dejando las riquezas y los honores del siglo, se van llenando las islas antes desiertas y la soledad de muchos lugares por la afluencia de hombres de todas clases, deseo-

¿Por qué preferimos llenar la boca con el sonoro nombre de Platón a llenar el corazón con la verdad de Cristo?

sos de consagrar su vida al soberano Señor; si, finalmente, por las ciudades y aldeas, por las calles y barrios y hasta por los campos y granjas privadas, tan manifiestamente se persuade y se anhela el retiro del mundo y la conversión al Dios único y verdadero, que diariamente el género humano, esparcido por doquiera, casi responde a una voz que tiene levantado el corazón, ¿por qué continuamos bostezando en la inutilidad de lo pasado y escudriñamos los oráculos divinos en las entrañas de los animales muertos?, ¿por qué en estos asuntos preferimos llenar la boca con el sonoro nombre de Platón a llenar el corazón con la verdad?

4

El cristianismo realiza las mejores esperanzas de los filósofos

6. Los que rechazan como inútil o malvado el menosprecio de este mundo sensible y la purificación del alma con la virtud, para sujetarla y ponerla al servicio del soberano Señor, deben ser refutados por otro medio, si es que vale la pena discutir con ellos. Pero quienes confiesan que debe seguirse el bien, reconozcan a Dios, prestándole sumisión, porque Él ha convencido de estas verdades a todos los pueblos del mundo. Sin duda, ellos lo harían también si fueran capaces, y, caso de no hacerlo, no podrían evitar el pecado de envidia. Ríndanse, pues, a Él, que ha obrado esta maravilla, y su curiosidad y vanagloria no les sirvan de obstáculo para reconocer la diferencia que hay entre las tímidas conjeturas de un reducido grupo de sabios y la salvación evidente y la reforma de los pueblos. Pues si volviesen a la vida los maestros de cuyo nombre se precian y hallasen las iglesias llenas y desiertos los templos de los ídolos y que el género humano ha recibido la vocación y, dejando la codicia de los bienes temporales y pasajeros, corre a la esperanza de la vida eterna y a los bienes espirituales y superiores, exclamarían quizás así, si es que fueron tan dignos como se dice: "Estas son las cosas que nosotros no nos atrevimos a enseñar a los pueblos, cediendo más bien a sus costumbres que atrayéndolos a nuestra fe y voluntad".

7. Luego si aquellos filósofos pudieran volver a la vida con nosotros, reconocerían, sin duda, la fuerza de la autoridad, que por vías tan fáciles ha obrado la salvación de los hombres y, cambiando algunas palabras y pensamientos, se harían cristianos, como se han hecho muchos platónicos modernos de nuestra época. Si no confesaran esto, negándose a hacerlo por obstinada soberbia y envidia, entonces no creo que hubieran sido capaces de elevar las alas del espíritu, cubiertas con semejante sordidez, hacia aquellas cosas que, según ellos mismos, debían apetecerse y procurarse. Porque ignoro si a tales varones sería impedimento el tercer vicio de la curiosidad, de consultar a los demonios, pues me parece demasiado pueril eso, aunque este vicio aparta de la salvación a muchos paganos en nuestros días.

Si volviesen a la vida los maestros de cuyo nombre se precian y hallasen las iglesias llenas y desiertos los templos de los ídolos, y que el género humano ha recibido la vocación y corre a la esperanza de la vida eterna y a los bienes espirituales y superiores, exclamarían quizás así: "Estas son las cosas que nosotros no nos atrevimos a enseñar a los pueblos, cediendo más bien a sus costumbres que atrayéndolos a nuestra fe y voluntad".

5

Dónde ha de buscarse la verdadera religión

Las innumerables herejías, separadas de la regla del cristianismo, certifican que no son admitidos a la participación de los sacramentos los que sobre Dios Padre y su Sabiduría y el divino Don profesan y propagan doctrinas contrarias a la verdad.

8. Pero, reaccione como quiera la soberbia de los filósofos, todos pueden fácilmente comprender que la religión no se ha de buscar en los que, participando de los mismos sagrados misterios que los pueblos y a la luz de éstos, se burlan en sus escuelas de la diversidad y contrariedad de opiniones sobre la naturaleza de los dioses y del soberano bien. Aun cuando la religión cristiana sólo hubiera extirpado este mal, a los ojos de todos sería digna de alabanzas que no se pueden expresar. Pues las innumerables herejías, separadas de la regla del cristianismo, certifican que no son admitidos a la participación de los sacramentos los que sobre Dios Padre y su Sabiduría y el divino Don profesan y propagan doctrinas y contrarias a la verdad. Porque se cree y se pone como fundamento de la salvación humana que la filosofía, que es amor a la sabiduría, y la religión son una misma cosa. Pero aquellos cuya doctrina rechazamos tampoco participan con nosotros de los sacramentos.

9. Esto es menos de extrañar cuando se trata de los que han querido seguir ritos y sacramentos distintos, como no sé qué herejes llamados ofitas[4] y los maniqueos[5] y algunos otros. Pero se debe advertir y evitar con más cuidado el contacto con aquellos que, conservando los mismos sacramentos, sin embargo, por su diversa manera de pensar y por haber querido defender sus errores con

---

[4] Los Ofitas adoraban a Cristo bajo la forma de la serpiente. Creían que el pan eucarístico queda consagrado cuando la serpiente lo lamía con su lengua.

[5] Entre los que Agustín pasó nueve años de su vida. Mani o Manes, el fundador, nació cerca de Babilonia en el 216, muerto mártir por su fe en Persia en el 277. Mani se consideraba el último de los grandes profetas después de Adán, Zoroastro, Buda y Jesucristo. Reunió elementos del mazdeismo con el cristianismo, así como otros de origen indio. El punto principal de esta sistema religioso consistía en su dualismo, la existencia eterna de dos elementos opuestos en lucha perpetua, el principio del Bien y de la Luz (Dios-Aura Mazda) y el principio del Mal y las Tinieblas (Materia-Aura). Se difundió ampliamente y llegó hasta la Edad Media, perviviendo en los cátaros.

obstinación en lugar de corregirlos con prudencia, han sido excluidos de la comunión católica y de la participación de sus sacramentos, y merecieron no sólo por su doctrina, sino también por su superstición, denominaciones y templos propios, como los fotinianos,[6] arrianos[7] y otros muchos.

Otra cuestión es cuando se trata de los autores de cismas. Pues podría la era del Señor soportar las pajas hasta el tiempo de la última ventilación si no hubieran cedido con excesiva ligereza al viento de la soberbia, separándose voluntariamente de nosotros.[8] En cuanto a los judíos, aunque se dirigen al Dios único y todopoderoso, esperando de Él sólo bienes temporales y materiales, por su presunción no quisieron reconocer en sus mismas Escrituras los principios del nuevo pueblo que surgió de orígenes humildes, y así se petrificaron en la imagen del hombre antiguo. Siendo, pues, esto así, la religión verdadera no ha de buscarse en la confusión del paganismo, ni en las impurezas de las herejías, ni en la languidez del cisma, ni en la ceguera de los judíos, sino en los que se llaman, en medio de toda esa gente, cristianos católicos ortodoxos; esto es, los custodios de la integridad y los amantes de la justicia.

La religión verdadera no ha de buscarse en la confusión del paganismo, ni en las impurezas de las herejías, ni en la languidez del cisma, ni en la ceguera de los judíos, sino en los que se llaman, en medio de toda esa gente, cristianos católicos ortodoxos; esto es, los custodios de la integridad y los amantes de la justicia.

---

[6] Seguidores de Fotino, obispo hereje de Sirmio. Negaban la distinción entre Dios Padre y el Verbo y afirmaban que Cristo fue sencillamente un nombre singular adoptado por Dios como hijo suyo por sus virtudes y por su bondad. Fotino fue condenado en varios Concilios provinciales y, sobre todo, en el Concilio de Antioquía del 345.

[7] Herejía bien conocida que negaba la consustancialidad de la segunda persona de la Trinidad, Cristo, el Verbo, con el Padre. Para los arrianos el Verbo era una creatura, hecho, no engendrado. El Cristo histórico era una manifestación del Verbo revestido de un cuerpo humano. Fueron condenados por los Concilios ecuménicos de Nicea (año 325) y de Constantinopla I (año 381).

[8] Cf. Mt. 3:12; Lc. 3:13: "Su aventador en su mano está, y aventará su era: y allegará su trigo en el alfolí, y quemará la paja en fuego que nunca se apagará".

6

La herejía es defecto de la carne

A unos, pues, invita, a otros elimina; a éstos desampara, a aquéllos se adelanta; sin embargo, a todos ofrece la posibilidad de recibir la gracia divina, aunque hayan de ser formados todavía, o reformados, o reunidos, o admitidos.

10. La Iglesia católica está sólida y extensamente esparcida por toda la redondez de la tierra, se sirve de todos los descarriados para su provecho y para la enmienda de ellos, cuando se avienen a dejar sus errores. Pues se aprovecha de los gentiles para materia de su transformación, de los herejes para la prueba de su doctrina, de los cismáticos para documento de su firmeza, de los judíos para realce de su hermosura. A unos, pues, invita, a otros elimina; a éstos desampara, a aquéllos se adelanta; sin embargo, a todos ofrece la posibilidad de recibir la gracia divina, aunque hayan de ser formados todavía, o reformados, o reunidos, o admitidos. A sus hijos carnales, quiero decir, a los que viven y sienten carnalmente, los tolera como bálago,[9] con que se protege mejor el grano de la era hasta que se vea limpio de su envoltura. Mas, como en dicha era cada cual es voluntariamente paja o grano, se sufre el pecado o el error de uno hasta que se levante algún acusador o defienda su opinión con pertinaz osadía. Los que son excomulgados, o se arrepienten y vuelven o, abusando de su libertad, se deslizan en la maldad, para aviso de nuestra diligencia, o fomentan discordias para ejercitar nuestra paciencia, o divulgan alguna herejía para prueba y estímulo de nuestra formación intelectual. He aquí los paraderos de los cristianos carnales, que no pudieron ser corregidos ni sufridos.

La Providencia en las herejías y el deber del fiel

11. Muchas veces permite también la divina Providencia que hombres justos sean desterrados de la Iglesia católica por causa de alguna sedición muy turbulenta de los carnales. Si sobrellevaren con paciencia tal injusticia, mirando por la paz de la Iglesia, sin introducir novedades cismáticas ni heréticas, enseñarán a los demás con qué

---

[9] Paja larga de los cereales.

verdadero afecto y sincera caridad debe servirse a Dios. El anhelo de estos hombres es el regreso a la Iglesia, pasada la tempestad, pero si no se les consiente volver, bien porque no ha cesado el temporal o bien porque su regreso enfurezca más a sus enemigos, se mantendrán en la firme voluntad de mirar por el bien de los mismos agitadores, a cuya sedición y turbulencia cedieron , defendiendo hasta morir, sin originar escisiones, y ayudando con su testimonio a mantener aquella fe que saben se predica en la Iglesia católica. A éstos corona secretamente el Padre, que ve hasta el interior más oculto. Rara parece esta clase de hombres, pero ejemplos no faltan, y aun son más de lo que puede creerse. Así, la divina Providencia se vale de todo género de hombres y de ejemplos para la salud de las almas y la formación del pueblo espiritual.

La divina Providencia se vale de todo género de hombres y de ejemplos para la salud de las almas y la formación del pueblo espiritual.

7

La catolicidad de la fe trinitaria

Rechazando a todos los que divorcian la filosofía de la religión y renuncian a la luz de los misterios en la investigación filosófica, así como a los que por soberbia se desviaron de la regla de la Iglesia, nosotros hemos de abrazar la religión cristiana y la comunión de la Iglesia que se llama católica o universal.

12. Queridísimo amigo Romaniano, habiéndote prometido hace algunos años escribirte acerca de mi sentir sobre la verdadera religión, he creído que ha llegado la hora oportuna, después de ver la urgencia de tus apremiantes preguntas, y, por el lazo de caridad que me une contigo, no puedo sufrir por más tiempo que andes fluctuando sin rumbo seguro. Rechazando a todos los que divorcian la filosofía de la religión y renuncian a la luz de los misterios en la investigación filosófica (que no son filósofos en su religión, ni religiosos en su filosofía), así como a los que por soberbia se desviaron de la regla de la Iglesia, siguiendo alguna perversa opinión o rencilla; rechazados igualmente los que no quisieron abrazar la luz de la divina revelación y la gracia del pueblo espiritual que se llama Nuevo Testamento, a todos los cuales someramente he aludido, nosotros hemos de abrazar la religión cristiana y la comunión de la Iglesia que se llama católica, no sólo por los suyos, sino también por los enemigos. Pues, quiéranlo o no, los mismos herejes y cismáticos, cuando hablan, no con sus sectarios, sino con los extraños, no llaman católica sino a la Iglesia católica. Pues no pueden hacerse entender si no se la distingue con ese nombre, con que todos la reconocen en el mundo[10].

13. El fundamento para seguir esta religión es la historia y la profecía, donde se descubre la dispensación temporal de la divina providencia en favor del género huma-

---

[10] "Uno de los grandes bienes aportados por el cristianismo es la armonía entre la razón y la fe. El cristianismo ha unificado a sabios e ignorantes, pues todos profesan una misma sabiduría, unas mismas creencias sobre la unidad de Dios, la providencia, el ser divino, la creación, origen, caída y redención del hombre, vida futura, curso sagrado de la historia, etc. Los más graves temas del pensamiento humano se iluminan con la luz de la revelación. Problemas ontológicos y religiosos se trenzan con las raíces mismas de la existencia humana, profundamente vivida. La fe salva de errores y consagra a la especulación filosófica, y éste le presta la ayuda de su reflexión para hacerla más razonable" (Victorino Capánaga, *Agustín de Hipona*, BAC, Madrid 1974). Cf. Alfonso Ropero, *Introducción de la filosofía, una perspectiva cristiana*. CLIE, Terrassa 1999.

no, para reformarlo y restablecerlo en la posesión de la vida eterna. Creyendo lo que ellas enseñan, la mente se irá purificando con un método de vida ajustado a los preceptos divinos y se habilitará para la percepción de las cosas espirituales, que ni son pasadas ni futuras, sino permanentes en el mismo ser, inmunes a toda contingencia temporal, a saber: el mismo y único Dios Padre, el Hijo y el Espíritu Santo. Conocida esta Trinidad, según es posible en la presente vida, ciertamente se ve que toda criatura intelectual, animada o corporal, de la misma Trinidad creadora recibe el ser en cuanto es, y tiene su forma, y es administrada con perfecto orden; mas no por esto vaya a entenderse que una porción de cada criatura hizo Dios, y otra el Hijo, y otra el Espíritu Santo, sino juntamente todas y cada una de las naturalezas las hizo el Padre por el Hijo en el don del Espíritu Santo. Pues toda cosa, o sustancia, o esencia, o naturaleza, o llámese con otro nombre más adecuado, reúne al mismo tiempo estas tres cosas: que es algo único, que difiere por su forma de las demás y que está dentro del orden universal.

Toda cosa, o sustancia, o esencia, o naturaleza, o llámese con otro nombre más adecuado, reúne al mismo tiempo estas tres cosas: que es algo único, que difiere por su forma de las demás y que está dentro del orden universal.

8

Provecho de las herejías para estudiar mejor la verdad

Muchos se despiertan del sopor por obra de los herejes, para ver la luz de Dios y gozar de su hermosura. Aprovechémonos, pues, también de los herejes, no para aprobar sus errores, sino para que, afirmando la disciplina católica contra sus insidias, nos hagamos más cauto y vigilantes.

14. Presupuesto lo dicho, aparecerá claro, según es asequible al hombre, cómo se hallan sujetas todas las cosas a su Dios y Señor por leyes necesarias, insuperables y justas. De donde resulta que las verdades que al principio creímos, abrazándolas sólo por la autoridad, en parte se hacen comprensibles hasta ver que son certísimas, en parte vemos que son posibles y cuán conveniente fue que se hiciesen, y nos dan lástima los que no las creen, prefiriendo burlarse de nuestra primera credulidad a seguirnos en nuestra fe. Pues ya aquella sacrosanta encarnación, y el parto de la Virgen, y la muerte del Hijo de Dios por nosotros, y la resurrección de los muertos, y la ascensión al cielo, y sentarse a la derecha del Padre, y la remisión de los pecados, y el juicio universal, y la resurrección de la carne, tras conocer la eternidad de Dios trino y la contingencia de la criatura, no sólo se creen, mas también se juzgan conformes a la misericordia que el soberano Dios manifiesta con los hombres.

15. Mas porque se dijo con grande verdad: "Porque preciso es que haya entre vosotros aun herejías, para que los que son probados se manifiesten entre vosotros" (1ª Co. 11:10). Aprovechemos también este beneficio de la divina Providencia. Porque los herejes salen de esos hombres que, aun estando dentro de la Iglesia, errarían igualmente. Mas cuando ya están fuera, aprovechan muchísimo, no con la doctrina de la verdad, que es ajena a ellos, sino estimulando a los carnales a indagarla y a los católicos espirituales a enseñarla.[11] Pues abundan en la Iglesia de Dios innumerables varones de virtud firme que pasan desapercibidos entre nosotros, mientras preferimos vivir entregados a la dulzura del sueño en las tinieblas de la ignorancia, más que contemplar la luz de la verdad. Por eso muchos se despiertan del sopor por obra de los herejes, para ver la luz de Dios y gozar de su hermosura. Aprovechémonos, pues, también de los herejes, no para aprobar sus errores, sino para que, afirmando la disciplina católica contra sus insidias, nos hagamos más cautos y vigilantes, aun cuando a ellos no podamos volverlos a la salud.

---

11 Cf. 1ª Co. 2:14, 15: "Mas el hombre animal no percibe las cosas que son del Espíritu de Dios, porque le son locura: y no las puede entender, porque se han de examinar espiritualmente. Empero el espiritual juzga todas las cosas; mas él no es juzgado de nadie".

9

El error de los maniqueos

16. Espero que, con la ayuda de Dios, este escrito, nacido de fines piadosos, servirá en los buenos lectores de preventivo contra todas las opiniones funestas y erróneas, no sólo contra una particular. Pero va muy principalmente dirigido contra los que admiten dos naturalezas o sustancias que luchan entre sí por rivalidad de cada uno de los principios. Por la molestia que traen ciertas cosas y por el deleite que producen otras, quieren que Dios sea el autor, no de las primeras, sino sólo de las segundas. Esclavizados por sus costumbres, prisioneros de los lazos carnales, sostienen que en un mismo cuerpo habitan dos almas: una divina, que, naturalmente, es como Dios; otra perteneciente a la raza de las tinieblas, a la que Dios ni engendró, ni hizo, ni produjo, ni rechazó, pero que tiene su vida, su tierra, sus animales, su reino, en fin, y su principio improductivo; mas en cierta ocasión se rebeló contra Dios, el cual, no teniendo qué hacer con él ni hallando el modo de acabar con su hostilidad, forzadamente le envió aquí a las almas buenas, juntamente con cierta porción de su sustancia, con cuya combinación y mezcla fingen que así se calmó un poco el enemigo, y fue fabricado el mundo.

17. No refuto ahora sus opiniones, pues en parte lo he hecho ya y en parte seguiré haciéndolo, según la voluntad de Dios; pero el fin de esta obra es demostrar, conforme a mi saber, con las razones que el Señor se dignare darme, cuán defendida está contra ellos la fe católica y cómo carecen de fuerza convincente los argumentos con que embaucan a algunos hombres para seguir su doctrina. Y en primer lugar quiero hacerte saber aquí, pues tú ya me conoces bien, que no estoy hablando en tono solemne para alejar de mí la sospecha de arrogancia; conviene saber que todo lo erróneo que pudiera hallarse en el presente escrito ha de atribuirse sólo a mí; en cambio, toda verdad y toda buena exposición pertenece a Dios, único dador de todos los bienes.

Este escrito, nacido de fines piadosos, servirá en los buenos lectores de preventivo contra todas las opiniones funestas y erróneas, muy principalmente dirigido contra los que admiten dos naturalezas o sustancias que luchan entre sí por rivalidad de cada uno de los principios.

10

Hay que comenzar por el Creador

Ahora,
pues,
sirvamos
más bien
al Creador
que a la
criatura,
sin
desvanecernos
con nuestros
pensamientos;
ésa es
la perfecta
religión.

18. Así, pues, ten por cosa cierta y segura que ningún error hubiera sido posible en materia religiosa si el hombre en vez de venerar como Dios al alma, o al cuerpo, o las ficciones de su fantasía, o juntamente dos cosas de las dichas, o todas a la vez; antes bien, conformándose sinceramente con las necesidades de la sociedad humana durante la vida presente, se hubiera alimentado con el pensamiento de los bienes eternos, adorando al Dios único, que, por ser inmutable, es principio de todo lo contingente. Mas que el alma pueda cambiar en los efectos, no según el lugar, sino según el tiempo, lo sabe cualquiera. Todos pueden notar también que los cuerpos cambian ya sea de lugar y tiempo. Los fantasmas[12] no son sino imágenes extraídas por los sentidos corporales de la forma de los cuerpos, las cuales es muy fácil depositarlas en la memoria tal como fueron recibidas, o dividirlas o multiplicarlas, o abreviarlas, o contraerlas o dilatarlas u ordenarlas o, desordenarlas, o figurarlas de algún modo por obra de la imaginación; pero resulta muy difícil evitarlos y guardarse de ellas en la investigación de la verdad.

19. Ahora, pues, sirvamos más bien al Creador que a la criatura, sin desvanecernos con nuestros pensamientos; ésa es la perfecta religión.[13] Uniéndonos al Creador, nece-

---

[12] Agustín habla frecuentemente de los "fantasmas", entendidos como *ídolos* y fuente de idolatría. La pasión del hombre tiende a arrancarle del núcleo más profundo de lo real, situándole en una perspectiva falsa para ver el mundo. "Todas las pasiones pecadoras crean sus mundos de fantasmas, violan y destruyen el sentimiento original de la realidad, hacen al hombre antirrealista o idealista en el sentido despectivo del vocablo. Toda pasión y todo vicio crean su mala imaginación, que entorpece la percepción del ser y falsea la perspectiva de las realidades" (Nicolás Berdiaef, *La destinación del hombre*. Barcelona 1947). Precisamente Francis Bacon (1561-1622) construyó su filosofía "científica" en torno a los ídolos que impiden el avance del conocimiento (Cf. Alfonso Ropero, *Introducción a la filosofía*, VI, 2. CLIE, Terrassa 1999).

[13] Cf. Ro. 1:21-24: "Porque habiendo conocido a Dios, no le glorificaron como a Dios, ni dieron gracias; antes se desvanecieron en sus discursos, y el necio corazón de ellos fue entenebrecido... Los cuales mudaron la verdad de Dios en mentira, honrando y sirviendo a las criaturas antes que al Creador".

sariamente participaremos de su eternidad. Mas como el alma, cubierta e impedida por sus pecados, no podría lograr por sí misma esta unión ni conservarla, no habiendo entre las cosas humanas ninguna escala para subir a las divinas, para que el hombre se esforzase en imitar a Dios, elevándose de la vida terrena, la inefable misericordia de Dios ayuda a los hombres en particular y al género humano en general a mantener el recuerdo de su primera y perfecta naturaleza mediante la dispensación de la divina Providencia, sirviéndose de una criatura mudable, pero que obedece a las leyes eternas. Esta es en nuestro tiempo la religión cristiana, y en conocerla y seguirla está la salvación segurísima y cierta.[14]

20. Se puede defender de muchas maneras contra los contradictores y descubrirla a los que la investigan, pues el mismo Dios omnipotente manifiesta la verdad por sí mismo, valiéndose de los ángeles buenos y de algunos hombres para ayudar a los que tienen recta voluntad a percibirla y contemplarla. Cada cual emplea para ello el método que le parece conveniente, según con quienes trata. Así, pues, yo, después de estudiar con detallado examen los datos de mi experiencia y la índole de los que combaten la verdad y la de los que la investigan; después de examinar lo que yo mismo he sido, sea cuando la combatía, o cuando la buscaba, he creído razonable seguir este método: todo lo que hallares ser verdadero, consérvalo y atribúyelo a la Iglesia católica; lo falso deséchalo, y perdóname a mí, que soy hombre; lo dudoso admítelo hasta que la razón te aconseje o la autoridad te obligue a tenerlo como verdad o como cosa que siempre se debe creer. Atiende, pues, a los razonamientos que vienen con diligencia y piedad, según te sea posible; pues a tales ayuda Dios.[15]

Después de examinar lo que yo mismo he sido, sea cuando la combatía, o cuando la buscaba, he creído razonable seguir este método: todo lo que hallares ser verdadero, consérvalo y atribúyelo a la Iglesia católica; lo falso deséchalo, y perdóname a mí, que soy hombre; lo dudoso admítelo hasta que la razón te aconseje o la autoridad te obligue a tenerlo como verdad o como cosa que siempre se debe creer.

---

[14] "Lo que ahora se llama religión cristiana estaba entre los antiguos, no faltó desde el comienzo del género humano, hasta que vino Cristo en carne, de donde la verdadera religión que ya existía, comenzó a llamarse cristiana (Hch. 11:26)... Por eso dije: *Esta es en nuestro tiempo la religión cristina*, no porque no existiera en tiempos anteriores, sino porque posteriormente recibió este nombre" (Agustín, *Retractaciones*, I, 13,3).

[15] "Esto no debe entenderse como si sólo a los tales ayudase Dios, pues también ayuda a los que no son tales para que lo sean, esto es, para que diligente y piadosamente busquen; les ayuda para que hallen la verdad" (*Retractaciones*, I, 13,4).

11

Origen de la vida y de la muerte

Todo cuerpo posee como cierta armonía de forma, sin el cual no existiría. Luego el Creador de los cuerpos es el principio de toda armonía y forma increada y la más bella de todas.

21. Ningún ser vivo hay que no venga de Dios, porque Él es, de cierto, la suma vida, la fuente misma de la vida. Ningún ser vivo, en cuanto tal, es malo, sino en cuanto tiende a la muerte; y la muerte de la vida no es más que perversión o *nequitia* (iniquidad), que recibe su nombre de *nequiquam*, que nada es; con razón los hombres muy malvados son *nequissimi*, hombres de nada. La vida, pues, desviándose, por una traición voluntaria, del que la creó, de cuyo ser disfrutaba, y queriendo, contra la ley divina, gozar de los cuerpos, a los cuales Dios la antepuso, tiende a la nada: tal es la maldad o la corrupción; no porque el cuerpo sea nada pues también él tiene su cohesión de partes, sin la cual no puede existir. Luego también es autor del cuerpo el que es fundamento de toda unión. Todo cuerpo posee como cierta armonía de forma, sin el cual no existiría. Luego el Creador de los cuerpos es el principio de toda armonía y forma increada y la más bella de todas. Los cuerpos poseen igualmente su forma o especie, sin la cual no serían lo que son. Si, pues, se indaga quién los hizo, búsquese al que es hermosísimo entre todos, pues toda hermosura deriva de Él. Y ¿quién es éste, sino el Dios único, la verdad única, la salud de todas las cosas, la primera y soberana esencia, de que procede todo lo que es en cuanto tiene ser, pues todo lo que es, en cuanto que es, es bueno?

22. La muerte no procede de Dios. "No fue Dios quien hizo la muerte ni se recrea en la destrucción de los vivientes" (Sabiduría 1:13); por ser suma esencia, da el ser a todo lo que es, de donde recibe el nombre de esencia. Mas la muerte precipita en el no ser a todo lo que muere, en cuanto muere. Pues si las cosas mortales o corruptibles perdieran por entero su ser, llegarían a ser nada; pero la medida de su muerte viene de cuanto menoscaba su participación en el ser; o dicho más brevemente, tanto más mueren cuanto menos son. Es así que todo cuerpo es menos que una vida cualquiera, pues por poca forma que le quede, dura en el ser por la vida, sea la que gobierna a todo ser animado, o la que dirige la naturaleza del universo. Luego el cuerpo está más próximo a la muerte, esto es, a la nada. Por ello el ser vivo que por el goce corporal abandona a Dios tiende a la nada, y en esto consiste su malicia o *nequicia*.

12

Caída en Adán y restauración en Cristo

23. Así la vida se hace terrena y carnal, y se llama también carne y tierra, y mientras permanece en tal estado, no poseerá el reino de Dios,[16] siéndole arrebatado de las manos lo que ama. Porque ama lo que vale menos que la vida, por ser cuerpo; y por causa de este desorden, el objeto amado se hace corruptible, para que, deslizándose, abandone a su amante, porque él también, amándolo, abandonó a Dios y despreció el mandato de quien le dijo: Come esto y no aquello (Gn. 2:16, 17). Desde entonces se ve arrastrado por el dolor, pues al amar las cosas inferiores, vuelve al orden por la miseria de los placeres y por las penas del infierno. Pues ¿qué es el dolor llamado corporal sino la pérdida repentina de la salud, en la parte que, por abuso del alma, quedó sujeta a la corrupción? Y ¿en qué consiste el dolor del alma sino en carecer de las cosas mudables de que disfrutaba o esperaba disfrutar? Y a esto se reduce igualmente lo que llamamos mal: al pecado y a su castigo.

24. Pero si, mientras vive el alma en este estadio de la vida, vence las codicias, que ella misma levantó contra sí con el goce de las cosas perecederas, y cree que Dios la ayuda con su gracia para vencerlas, sometiéndose a Él con la mente y la buena voluntad, sin duda alguna será reparada, y volverá de la disipación de tantas cosas transitorias al abrazo del único ser inmutable, reformada por la Sabiduría increada que todo lo forma, y gozará de Dios en el Espíritu Santo, que es el Don divino. Así, el hombre se convertirá en un ser espiritual, juzgando todas las cosas, para que él no sea juzgado de nadie,[17] amando al Señor y Dios suyo con todo su corazón, toda su alma, toda su mente, y a su prójimo como a sí mismo, no carnalmente. Porque a sí mismo se ama espiritualmente el que ama a Dios con todo lo que en él vive. Pues en estos preceptos se encierran la Ley y los Profetas.[18]

A sí mismo se ama espiritualmente el que ama a Dios con todo lo que en él vive. Pues en estos preceptos se encierran la Ley y los Profetas.

---

[16] Cf. 1ª Corintios 15:50: "Esto digo, hermanos: que la carne y la sangre no pueden heredar el reino de Dios".

[17] Cf. 1ª Corintios 2:15; "El espiritual juzga todas las cosas; mas él no es juzgado de nadie".

[18] Cf. Mateo 22:37-40: "Jesús le dijo: Amarás al Señor tu Dios de todo tu corazón, y de toda tu alma, y de toda tu mente. Este es el primero

El cuerpo florecerá de juventud por el alma, y ella por la Verdad inconmutable, que es el Hijo de Dios; y así la misma gloria corporal, en última instancia, será obra del Hijo de Dios.

25. De lo dicho se deduce que después de la muerte corporal, que es la deuda del primer pecado, a su tiempo, y según su orden, este cuerpo será restituido a su primitiva incorruptibilidad, que poseerá no por sí mismo, sino por virtud del alma, afianzada en Dios. La cual tampoco recobra su firmeza por sí misma, sino por el favor de Dios, que constituye su gozo y, por lo mismo, logrará más vigor que el cuerpo. Este florecerá de juventud por el alma, y ella por la Verdad inconmutable, que es el Hijo de Dios; y así la misma gloria corporal, en última instancia, será obra del Hijo de Dios, porque todas las cosas fueron hechas por Él (Jn. 1:3). Asimismo, con el Don otorgado al alma, es decir, el Espíritu Santo, no sólo el alma, a quien se da, será salva, dichosa y santa, sino el mismo cuerpo quedará revestido de vida gloriosa y en su orden será purísimo. Pues Él dijo: "Purificad lo interno y lo externo quedará limpio" (Mt. 23:26). Dice también el Apóstol: "Vivificará vuestros cuerpos mortales por el Espíritu Santo, que mora y vive en vosotros" (Ro. 8:11). Abolido, pues, el pecado, desaparecerá también su pena; y ¿dónde está el mal? ¿Dónde está, ¡oh muerte!, tu victoria? ¿Dónde está, oh muerte, tu aguijón? (1ª Co. 15:54). Porque el ser vence a la nada, y así "la muerte será absorbida por la victoria" (1ª Co. 15:54).

---

y el grande mandamiento. Y el segundo es semejante a éste: Amarás a tu prójimo como a ti mismo. De estos dos mandamientos depende toda la ley y los profetas".

13

Apartarse de Dios es el mal

26. A los glorificados ya no causará daño alguno el ángel malo, que se llama diablo, porque tampoco él, como ángel, es malo, sino por haberse pervertido voluntariamente. Pues hemos de confesar que los ángeles son también, por naturaleza, mudables si sólo a Dios le conviene la esencia inmutable; mas por aquella voluntad con que aman a Dios más que a sí mismos permanecen firmes y estables en Él y gozan de su majestad, sometiéndose únicamente a él con gratísima adhesión. Pero el otro ángel, amándose a sí mismo más que a Dios, no quiso mantenerse sumiso, y se hinchó por la soberbia y, separándose de la soberana esencia, se arruinó; y por eso quedó disminuido en su primitivo ser, por querer gozar de lo que era menos, alzándose con su poder contra el de Dios. Porque entonces, aunque no era soberano ser, poseía una naturaleza más excelente, cuando gozaba del sumo Bien, que es Dios sólo. Ahora bien, todo cuanto sufre menoscabo en los bienes de su naturaleza es malo no por el ser que le queda, sino por el que perdió, pues por ser menos de lo que antes era camina hacia la muerte. ¿Qué maravilla es, pues, que del defecto venga la penuria, y de la penuria la envidia, por la que el diablo es diablo?

Pero el otro ángel, que se llama diablo, amándose a sí mismo más que a Dios, no quiso mantenerse sumiso, y se hinchó por la soberbia y, separándose de la soberana esencia, se arruinó; y por eso quedó disminuido en su primitivo ser.

14

El pecado es un mal voluntario

Hasta tal punto el pecado es un mal voluntario, que de ningún modo sería pecado si no tuviese su principio en la voluntad; si el mal no es obra de la voluntad, absolutamente nadie debe ser reprendido o amonestado, y con la supresión de todo esto recibe un golpe mortal la ley cristiana y toda disciplina religiosa. Luego a la voluntad debe atribuirse la comisión del pecado.

27. Si el defecto que llamamos pecado nos asaltase como una fiebre, contra nuestra la voluntad, con razón parecería injusta la pena que acompaña al pecador, y recibe el nombre de condenación. Sin embargo, hasta tal punto el pecado es un mal voluntario, que de ningún modo sería pecado si no tuviese su principio en la voluntad; esta afirmación goza de tal evidencia, que sobre ella están acordes los pocos sabios y los muchos ignorantes que hay en el mundo. Por lo cual, o ha de negarse la existencia del pecado o confesar que se comete voluntariamente. Y tampoco, si se mira bien, niega la existencia del pecado quien admite su corrección por la penitencia y el perdón que se concede al arrepentido, y que la perseverancia en el pecar justamente se condena por la ley de Dios. En fin, si el mal no es obra de la voluntad, absolutamente nadie debe ser reprendido o amonestado, y con la supresión de todo esto recibe un golpe mortal la ley cristiana y toda disciplina religiosa. Luego a la voluntad debe atribuirse la comisión del pecado. Y como no hay duda sobre la existencia del pecado, tampoco la habrá sobre que el alma está dotada del libre albedrío de la voluntad. Pues juzgó Dios que así serían mejores sus servidores si liberalmente le servían, cosa imposible de lograrse mediante un servicio forzado y no libre.

28. Luego libremente sirven a Dios los ángeles, lo cual redunda en provecho de ellos, no de Dios, pues Él no necesita de bien ajeno por ser Él bien sumo por sí mismo. En cuanto a lo que Él ha engendrado tiene su misma sustancia, porque no es efecto, sino fruto de la generación. Mas las cosas que han sido hechas necesitan de su bien, o sea, del sumo bien o suma esencia. Ellas pierden parte de su ser cuando por el pecado se mueven menos hacia Él; con todo, no se separan absolutamente de Él, porque se reducirían a la nada. Lo que para el alma son los afectos, son los lugares para los cuerpos; porque aquélla se mueve por la voluntad, éstos por el espacio. Y en lo que se refiere a la tentación del hombre por el ángel malo, no faltó allí el libre consentimiento de la voluntad mala, pues si hubiera pecado por fuerza, no sería reo de ningún delito de pecado.

15

El dolor por el pecado nos encamina al arrepentimiento

29. En lo relativo al cuerpo humano, que antes de la caída fue muy excelente en su género y degeneró después de pecar en enfermizo y mortal, aun siendo justo castigo de la culpa, destaca más la clemencia que la severidad del Señor. Porque a través del dolor se nos amonesta cuánto nos conviene levantar nuestro amor de los placeres terrenos a la eterna esencia de la verdad. Y aquí se hermanan bien la hermosura de la justicia y la gracia de la benignidad, pues por habernos dejado engañar con la dulzura de los bienes inferiores, nos sirve de escarmiento la amargura del castigo. Porque de tal manera ha moderado la divina Providencia el rigor de sus castigos, que aun con la carga de este cuerpo deleznable pudiésemos caminar hacia la justicia y renunciando a toda soberbia, convertirnos al único verdadero Dios, sin confiar en nosotros mismos y poniéndonos sólo en sus manos, para que Él nos gobierne y defienda. Así, con su dirección, el hombre de buena voluntad convierte las molestias de la vida presente en instrumento de fortaleza; en la abundancia de los placeres y bienes materiales muestra y robustece su templanza; en las tentaciones afina su prudencia para que no sólo no se deje caer en ellas, sino se haga más despierto y ardiente para el amor de la verdad, la única que no engaña.

A través del dolor se nos amonesta acerca de cuánto nos conviene levantar nuestro amor de los placeres terrenos a la eterna esencia de la verdad.

16

Mediante la naturaleza perfecta el Verbo salva la naturaleza caída

Dios se mostró entre los hombres con naturaleza de verdadero hombre, pues convenía se tomase la naturaleza que sería redimida. Y para que ningún sexo se creyera despreciado por el Creador, se humanizó en forma de varón, naciendo de mujer.

30. Pero como Dios, por todos los medios, atiende a la salvación de las almas, según la oportunidad de los tiempos que con admirable sabiduría ordena y dispone –de este tema o no se debe hablar o ha de hacerse entre personas piadosas y adelantadas–, ningún otro plan se ajustó mejor al provecho del género humano que el que realizó la misma Sabiduría de Dios, esto es, el Hijo unigénito, consustancial y coeterno con Él cuando se dignó tomar íntegramente al hombre en su perfección, haciéndose carne y habitando entre nosotros (Jn. 1:14). Pues así manifestó a los hombres *carnales*, ineptos para la contemplación intelectual de la verdad y entregados a los sentidos corporales, qué excelso lugar ocupa entre las criaturas la naturaleza humana, pues no sólo apareció visiblemente –y eso podía haberlo hecho tomando algún cuerpo etéreo, ajustado y proporcionado a nuestra capacidad–, sino que se mostró entre los hombres con naturaleza de verdadero hombre, pues convenía se tomase la naturaleza que sería redimida. Y para que ningún sexo se creyera despreciado por el Creador, se humanó en forma de varón, naciendo de mujer.

31. Nada obró con violencia, sino todo con dulzura y consejo. Pues, pasada la antigua esclavitud, había alumbrado el tiempo de la libertad y oportuna y saludablemente se persuadía al hombre sobre la libertad que tenía desde que salió de las manos del Creador. Obrando milagros se granjeó la fe en sí mismo como Dios, y con la Pasión, la fe en la humanidad que ostentaba. Así, hablando a la multitud, como Dios, no reconoció a su madre, cuya llegada le anunciaron (Mt. 12:46 ss.) y, no obstante eso, como enseña el Evangelio, siendo niño vivió sometido a sus padres (Lc. 2:51). Por su doctrina se mostró como Dios; por el desarrollo de su edades, como hombre. Igualmente, para convertir el agua en vino dijo: "Retírate de mí, mujer; ¿que nos va a ti y a mí en esto? No ha venido aún mi hora" (Jn. 2:4). Y cuando llegó la hora de morir como hombre, viendo a su madre desde la cruz, se la confió al discípulo

predilecto (Jn. 19:26-27). Los pueblos apetecían con perniciosos afán las riquezas, como satélites de los deleites; Él quiso ser pobre.[19] Eran ávidos de honores y mandos: Él no permitió que le hicieran rey. Apreciaban como un tesoro la fecundidad carnal: Él no buscó matrimonio ni prole. Con grandísima soberbia esquivaban los ultrajes: Él soportó toda clase de ellos. Tenían por insufribles las injurias; pues ¿qué mayor injusticia que ser condenado el justo y el inocente? Huían del dolor físico: Él fue flagelado y atormentado. Temían morir: Él fue condenado a muerte. Consideraban la cruz como ignominiosísimo género de muerte: Él fue crucificado. Con su desprendimiento destruyó el valor de las cosas, cuya avidez fue causa de nuestra mala vida. Alejó con su Pasión todo lo que a nosotros, con el deseo de evitarlo, nos desviaba del estudio de la verdad. Pues ningún pecado puede cometerse sino por apetecer las cosas que Él aborreció o querer evitar las que Él sufrió.

32. Toda su vida terrena, como hombre, cuya naturaleza se dignó tomar, fue disciplina de las costumbres. Y con su resurrección de entre los muertos mostró bien que de la naturaleza humana nada perece, porque todo lo salva Dios, y cómo todas las cosas sirven a su Creador, o para castigo de los pecados, o para la liberación del hombre, y cuán fácilmente sirve el cuerpo al alma si ésta se somete a Dios. Cuando se realiza esto, no sólo ninguna sustancia es mal –cosa absolutamente imposible–, pero ni siquiera la afecta el mal que procede del pecado y del castigo del mismo. Tal es la doctrina cristiana de la naturaleza, digna de fe plena para los cristianos poco instruidos, y para los doctos, limpia de todo error.

> Con su desprendimiento destruyó el valor de las cosas, cuya avidez fue causa de nuestra mala vida. Alejó con su Pasión todo lo que a nosotros, con el deseo de evitarlo, nos desviaba del estudio de la verdad. Pues ningún pecado puede cometerse sino por apetecer las cosas que Él aborreció o querer evitar las que Él sufrió.

---

[19] Cf. Mt. 8:20: "Y Jesús le dijo: Las zorras tienen cavernas, y las aves del cielo nidos; mas el Hijo del hombre no tiene donde recueste su cabeza".

17

La libre relación entre el Antiguo y el Nuevo Testamento

Ahora la piedad comienza por el temor y se perfecciona en la caridad, antes el pueblo, oprimido por el temor durante el tiempo de la servidumbre de la antigua ley, andaba cargado con muchos sacramentos. Les era necesario eso para desear la gracia de Dios, cuya venida cantaban los profetas.

33. Ahora bien: el mismo método con que se enseña toda la doctrina, unas veces clarísimo, otras, por analogías en los dichos, hechos y sacramentos, muy acomodado para la instrucción y ejercicio del alma, ¿no se ajusta acaso a las leyes de la disciplina racional? Pues la exposición de los misterios se refiere a las cosas muy claramente expresadas. Y si todo se hubiese dicho de suerte que con suma facilidad se entendiera, no habría aliciente para la esforzada investigación de la verdad, ni su hallazgo sería de regalo. Si los signos de la verdad se dieran en las Escrituras, pero no en los sacramentos, no se armonizarían plenamente el pensamiento y la acción. Mas como ahora la piedad comienza por el temor y se perfecciona en la caridad,[20] antes el pueblo, oprimido por el temor durante el tiempo de la servidumbre de la antigua ley, andaba cargado con muchos sacramentos. Les era necesario eso para desear la gracia de Dios, cuya venida cantaban los profetas. Y así, llegado el tiempo de la gracia, la misma Sabiduría de Dios encarnada, por la cual fuimos llamados a la libertad, estableció sólo algunos sacramentos muy saludables, con que se mantuviese unida la comunidad del pueblo cristiano, esto es, de la multitud libre bajo el Dios único. Pues muchas de las cosas impuestas al pueblo hebreo, esto es, a la multitud oprimida por el pavor del Dios único, sin ser ya normas de acción, han quedado para alimento e ilustración de la fe y de la exégesis. Así ahora, sin obligarnos servilmente, nos ayudan a formarnos como espíritus libres.

34. Quienquiera, pues, que no admita que ambos Testamentos pueden venir de un mismo Dios, apoyándose en que nuestro pueblo no se halla ligado a los mismos sacramentos a que estuvieron o todavía siguen sometidos los judíos, podrá también considerar como un imposible el que un justísimo padre de familia mande una cosa a los

---

[20] Cf. Sal. 2:11: "Servid al Señor con temor, y alegraos con temblor".

que juzga dignos de una servidumbre más dura y otra diversa a los que se ha dignado adoptar por hijos. Y si se objeta con los preceptos morales, porque tuvieron menos fuerza en la ley y la tienen mayor en el Evangelio y, por lo mismo, se rechaza su común origen de un mismo Dios, quienes así piensan pueden también extrañarse de que un médico propine unos remedios por medio de sus practicantes a los más débiles y ordene otros por sí mismo para los más fuertes con el fin de reparar o conseguir la salud. Pues así como el arte de la medicina, permaneciendo inalterable varía los remedios según el diagnóstico de los enfermos, porque lo que cambia es el estado de salud, así la divina Providencia, siendo en sí misma inmutable, socorre de varias formas a la criatura frágil, y, según la variedad de las enfermedades, receta o prohíbe diversos remedios, siempre con la mira puesta en dar vigor y fortaleza a las cosas defectibles, esto es, a las que tienden a la nada, sacándolas del vicio, que es principio de muerte, y de la misma muerte a la integridad de su naturaleza y esencia.

La divina Providencia, siendo en sí misma inmutable, socorre de varias formas a la criatura frágil, y, según la variedad de las enfermedades, receta o prohíbe diversos remedios, siempre con la mira puesta en dar vigor y fortaleza a las cosas defectibles.

18

Todo procede de Dios de la nada

Todo lo que es ha de tener necesariamente cierta forma o especie, por insignificante que sea, y aun siendo un minúsculo bien, siempre será bien y procederá de Dios. Es así que todo bien o es Dios o procede de Él. Luego aun la mínima especie viene de Dios.

35. Pero me objetas: ¿Por qué desfallecen las criaturas? Porque son mudables. ¿Por qué son mudables? Porque no poseen el ser perfecto. ¿Por qué no poseen la suma perfección del ser? Por ser inferiores al que las creó. ¿Quién las creó? El Ser absolutamente perfecto. ¿Quién es Él? Dios, inmutable Trinidad, pues con infinita sabiduría las hizo y con suma benignidad las conserva. ¿Para qué las hizo? Para que fuesen. Todo ser, en cualquier grado que se halle, es bueno, porque el sumo Bien es el sumo Ser. ¿De qué las hizo? De la nada.[21] Todo lo que es ha de tener necesariamente cierta forma o especie, por insignificante que sea, y aun siendo un minúsculo bien, siempre será bien y procederá de Dios. Y por ser la suma Especie el sumo bien, también la más pequeña forma o especie será también el bien más pequeño. Es así que todo bien o es Dios o procede de Él. Luego aun la mínima especie viene de Dios. Lo que se afirma de la especie puede extenderse igualmente a la forma, pues con razón en las alabanzas el término *especiosísimo* equivale a *hermosísimo*. Hizo, pues, Dios todas las cosas de lo que carece de especie y forma, y eso de la nada. Pues lo que, en comparación con lo perfecto, se llama informe, si tiene alguna forma, aunque tenue e incipiente, no es todavía la nada, y por esta causa, en cuanto es, también procede de Dios.

36. Por lo cual, es preciso suponer que si el mundo fue formado de alguna materia informe, ésta fue sacada total-

---

[21] La doctrina de la creación "de la nada" es típicamente cristiana, desconocida y rechazada por el pensamiento natural griego: "De la nada nada se hace". Con la noción "ex nihilo" –*de la nada*–, Agustín se opone a su propia formación neoplatónica que enseñaba la "emanación", o derivación de las cosas de la propia realidad divina. Tampoco se trata de mera "fabricación" del mundo a partir de una materia, es propiamente "llamar" a la existencia o "poner" en la existencia desde la *nada*. Entendiendo esa nada a la luz de la potencia creadora de Dios. A la tesis naturalista *ex nihilo nihil fit* –de la nada nada se hace– corresponde la tesis cristiana: *ex nihilo omne ens qua ens fit* –de la nada se hace todo ente en cuanto ente– (cf. Julián Marías, *Antropología metafísica*, cp. IV "La creación y la nada").

mente de la nada. Pues lo que no está formado aún y, sin embargo, de algún modo se ha incoado para recibir su formación, es susceptible de forma gracias al beneficio del Creador. Porque es un bien el estar ya formado, y algún relieve de bien la misma capacidad de forma; luego el mismo autor de los bienes, dador de toda forma, es el fundamento de la posibilidad de su forma. Y así, todo lo que es, en cuanto es, y todo lo que no es, en cuanto puede ser, tiene de Dios su forma o su posibilidad. Dicho de otro modo: todo lo formado, en cuanto está formado, y todo lo que no está formado, en cuanto es formable, halla su fundamento en Dios. Sin embargo, ninguna cosa puede lograr la integridad de su naturaleza si a su modo no es sana o íntegra. Luego la sanidad o conservación de su integridad viene del autor de todo bien. Es así que Dios es principio de todo bien; luego lo es igualmente de toda sanidad o conservación de la integridad.

Todo lo formado, en cuanto está formado, y todo lo que no está formado, en cuanto es formable, halla su fundamento en Dios.

19

Vicio es lo que causa daño

Sólo Dios es el único Bien que no puede malearse. Los demás bienes proceden de Él y pueden corromperse por sí mismos, pues por sí mismos nada son.

37. Así, pues, los que tienen abiertos los ojos de la mente, y no turbios o cegados con el pernicioso afán de la victoria, fácilmente ven que todas las cosas que se vician y mueren son buenas, aun cuando el vicio y la muerte sean malos. El vicio y la muerte no causarían daño alguno si no privasen de algún elemento sano. En efecto, el vicio no sería tal si no dañase. Así como el vicio perjudica a la salud, que todos consideran buena, del mismo modo son buenas las cosas que el vicio destruye; mas las cosas que se oponen al vicio son dañadas. De ahí que las cosas que pueden ser viciadas son buenas, y se vician porque son bienes limitados. Por ser bienes proceden de Dios; por ser limitados, no son lo mismo que Dios. Sólo Dios es el único Bien que no puede malearse. Los demás bienes proceden de Él y pueden corromperse por sí mismos, pues por sí mismos nada son; y por Él en parte no se vician y en parte los viciados recobran la sanidad.

20

El vicio no es sustancia, sino acto

38. El primer vicio de la criatura racional es la voluntad de ir contra lo que exige la suma c íntima verdad. Así
el hombre fue expulsado del paraíso a este siglo, pasando
de los bienes eternos a los temporales, de los abundantes
a los escasos, de la firmeza a la flaqueza; no fue arrojado,
pues, del bien sustancial al mal sustancial, porque ninguna
sustancia es mal, sino del bien eterno al bien temporal, del
bien espiritual al bien carnal, del bien inteligible al bien
sensible, del sumo Bien al ínfimo. Existe entonces cierto
bien que, al ser amado por el hombre, es pecado, porque
está en un orden inferior a él; por lo cual el mismo pecado
es el mal, no el objeto que se ama con pecaminosa afición.
No era malo el árbol que, según la Escritura, estaba plantado en medio del paraíso (Gn. 3:3), sino la transgresión
del divino precepto, que miró por consecuencia el castigo,
y por eso, de tocar el árbol prohibido contra el divino
mandato (Gn. 2:17), sino el discernimiento del bien y del
mal; pues enredándose el alma en su propio pecado, al
recibir la paga del castigo, se percató de la diferencia que
hay entre el mandato, que no quiso guardar, y el pecado
cometido; y de esta suerte, el mal que no había aprendido
a evitar, lo conoció por la experiencia; y el bien, menos-
preciado por soberbia, lo ama después con más ardor,
comparándolo con el mal.

39. Así pues, el vicio del alma es el acto, y la dificultad
procedente de él es la pena que padece: a esto se reduce
todo el mal. El hacer o el padecer no es sustancia; luego
no es sustancia el mal. Por ejemplo, ni el agua es mala ni
el animal que vive en el aire, porque son sustancias ambas
cosas; el mal es la precipitación voluntaria del ave en el
agua y la sumersión mortal que padece la que allí se
precipita. El estilete de hierro, para escribir por una parte
y borrar por la otra, está muy bien hecho y, a su manera,
es hermoso y adaptado a nuestro uso. Mas si alguien
quiere escribir por la parte con que se borra y borrar por
la que se escribe, de ningún modo hace malo el instrumento: su acción es lo que justamente se reprende; y si la
corrige, ¿dónde estará el mal? Si alguien repentinamente

Existe cierto bien que, al ser amado por el hombre, es pecado, porque está en un orden inferior a él; por lo cual el mismo pecado es el mal, no el objeto que se ama con pecaminosa afición. No era malo el árbol que, según la Escritura, estaba plantado en medio del paraíso (Gn. 3:3), sino la transgresión del divino precepto.

El mal es la superstición de servir a la criatura en vez de al Creador, y desaparecerá cuando el alma, reconociendo al Creador, se le sometiese únicamente a El y viere que todas las demás cosas están sujetas a ella por Él.

mira de frente al sol del mediodía, sus ojos, heridos por los rayos, se ciegan. ¿Son acaso malos por eso el sol o los ojos? De ninguna manera, porque son sustancias; el mal está en mirar imprudentemente y en la turbación que se sigue; pero ella desaparecerá después que los ojos hayan descansado y se dirijan a una luz conveniente. Tampoco la luz corporal, al venerarse como si fuera la luz mental de la sabiduría, es mal. El mal es la superstición de servir a la criatura en vez del Creador, y desaparecerá cuando el alma, reconociendo al Creador, se le sometiese únicamente a El y viere que todas las demás cosas están sujetas a ella por Él.

40. Así toda criatura corporal, cuando es poseída por alguien que ama a Dios, es un bien, aunque muy pequeño, y, en su género, hermoso, porque lleva impresa una forma o especie; en cambio, cuando es amada por un alma negligente en el servicio divino, ni aun entonces se convierte en mal, sino, siendo malo el desorden con que la ama, es ocasión de suplicio para el amante, y lo cautiva con sus miserias y lo embauca con sus falaces deleites, porque ni permanecen ni satisfacen, sino atormentan. Pues, al sucederse, según su orden, la hermosa variedad de los tiempos, abandona a su amante la hermosura deseada, y se sustrae a sus sentidos con dolor y lo agita con ilusiones, hasta el punto de creerla soberana, siendo la más menguada de todas por su naturaleza corpórea; y al pasar con pernicioso deleite carnal por los volubles sentidos, cuando manipula algunas imágenes, piensa que entiende, ilusionada con la sombra de sus fantasmas. Pero si alguna vez, sin respetar las disposiciones de la divina Providencia, mas creyendo observarlas, se esfuerza por ir contra la corriente de los apetitos sensuales, no sale de las imágenes de las cosas visibles y se forja vanamente con la imaginación inmensos espacios llenos de esta luz, que ve circunscrita por límites determinados; y se promete para sí como futura habitación esa hermosura, sin reparar en que le tiraniza la concupiscencia de los ojos, y quiere irse fuera de este mundo, pero llevándoselo consigo y pensando que no es él, porque extiende hasta el infinito su parte más espléndida. Lo cual no sólo puede hacerse fácilmente con la luz, sino también con el agua, y hasta con el vino, con la miel, con el oro y la plata; finalmente, con la carne, la sangre y los huesos de cualquier animal y otras cosas

por el estilo. Pues no hay cosa material que, vista una vez, no pueda figurarse innumerables veces o, hallándola encerrada en brevísimo espacio, no pueda dilatarse por inconmensurables extensiones con la fuerza de la imaginación. Pero es muy fácil abominar de la carne y muy difícil poseer una sabiduría libre de sabor carnal.[22]

Es muy fácil abominar de la carne y muy difícil poseer una sabiduría libre de sabor carnal.

---

[22] Cf. Ro. 8:5: "Porque los que viven conforme a la carne, de las cosas que son de la carne se ocupan; mas los que conforme al espíritu, de las cosas del espíritu".

21

Los sentidos dispersan la unidad con Dios

La morada terrestre oprime la mente disipada, porque el mundo de las hermosuras materiales fluye con la arrebatada corriente del tiempo.

41. Por esta perversidad del hombre, resultado del pecado y su castigo, toda la naturaleza corpórea se convierte en lo que dice Salomón: "Vanidad de vanidades, todo vanidad. ¿Qué provecho saca el hombre de todo por cuanto se afana debajo del sol?" (Ec. 1:2, 3). Con razón añade: De los *vanidosos*, porque si se quita a éstos, seguidores de lo ínfimo, como si fuera lo más valioso, los cuerpos no podrían ser considerados algo vano, sino que, en su orden, lucirían su hermosura sin engaño, aun siendo de inferior categoría. Pues la variedad multiforme de las hermosuras temporales, actuando sobre los sentidos, arrancó al hombre caído de la unidad de Dios, con un tumulto de afectos efímeros: de aquí se ha originado una abundancia trabajosa y, por decirlo así, una copiosa penuria, mientras corre en pos de esto y lo otro y todo se le escapa de las manos. Así, desde el tiempo de la cosecha del trigo, del vino y del aceite, se derramó en un tropel de cosas, separándose del que permanece eternamente, es decir, del Ser inmutable y único, en cuyo seguimiento no hay error y cuya posesión no acarrea amargura alguna. Antes bien, traerá como resultado la redención del cuerpo, cuando será vestido de gloriosa inmortalidad. Mientras tanto, la materia corruptible sofoca el alma, y la morada terrestre oprime la mente disipada,[23] porque el mundo de las hermosuras materiales fluye con la arrebatada corriente del tiempo. Pues él ocupa la grada ínfima y no puede abarcarlo todo simultáneamente, sino que con el ir y venir de unas y otras se completa el número de las formas corporales, reduciéndolo a unidad de belleza.

---

[23] Cf. Sabiduría 9:15: "Un cuerpo corruptible agobia el alma y esta tienda de tierra abruma el espíritu lleno de preocupaciones".

22

El mal no está en lo fugaz, sino en el amor a lo fugaz

42. Todo esto no es malo porque pasa –que las cosas pasen no las hace necesariamente malas–, pues también el verso en su género es bello, aunque ni dos sílabas en él suenan a la vez, pues la segunda suena después de la primera; y así ordenadamente se llega hasta el fin, de modo que al pronunciarse la última, enlazándose con las pasadas, pero sin sonar juntamente con ellas, acaba la hermosura y la armonía métrica. Sin embargo, el mismo arte con que está labrado el verso trasciende todo tiempo, de modo que su belleza no se extiende según las medidas temporales, sino abraza a la vez todos los elementos con que se compone el verso, el cual no lo tiene todo junto, sino según un orden de sucesión de lo anterior y posterior; y, sin embargo, es hermoso, porque revela los últimos vestigios de aquella belleza que el mismo arte atesora fija e invariablemente.

43. Como muchos de gusto pervertido aman más el verso que el arte que con él se construye, por buscar más el halago del oído que el de la inteligencia, de igual modo no pocos se desviven por lo temporal, dejando a un lado a la divina Providencia, que forma y dirige los tiempos;[24] y, en el amor a lo fugaz, no quieren que pase lo que aman,[25] y son tan insensatos como si alguien en el recitado de una poesía famosa quisiera estar oyendo siempre la misma sílaba. En verdad que no hay tales aberraciones en los

Como muchos de gusto pervertido aman más el verso que el arte que con él se construye, por buscar más el halago del oído que el de la inteligencia, de igual modo no pocos se desviven por lo temporal, dejando a un lado a la divina Providencia, que forma y dirige los tiempos.

---

[24] Cf. Salmo 31:15: "En tu mano están mis tiempos". Job 24:1: "No son ocultos los tiempos al Todopoderoso".

[25] Cf. el siguiente poema de Gustavo Adolfo Bécquer, *Rimas* LXIV:

Como guarda el avaro su tesoro,
    guardaba mi dolor:
yo quería probar que hay algo eterno
a la que eterno me juró su amor.

Mas hoy le llamo en vano, y oigo al tiempo
    que le agotó, decir:
"¡Ah, barro miserable, eternamente
    no podrás ni aun sufrir!"

Por causa de nuestra condena somos parte en la evolución de los siglos. El poema se canta según reglas conocidas por nosotros; el tiempo se verifica con nuestra laboriosa aportación y sufrimiento.

aficionados a la poesía; pero el mundo rebosa de los que estiman así las cosas temporales. La razón es porque todos pueden fácilmente oír el verso y la poesía íntegra; por el contrario, nadie puede abarcar el orden de los siglos. Añádase también que nosotros no formamos parte del verso, mientras por causa de nuestra condena somos parte en la evolución de los siglos. El poema se canta según reglas conocidas por nosotros; el tiempo se verifica con nuestra laboriosa aportación y sufrimiento. A ningún vencido le agradan los juegos agonísticos, sin embargo de ser interesantes por su derrota; y hay aquí igualmente como cierta imitación de la verdad. Tales espectáculos del mundo se nos prohíben para que, seducidos por las sombras de las cosas, no dejemos las realidades superiores que en ellas se vislumbran. Así, la creación y gobierno de este universo repugnan sólo a los impíos y condenados; pero, aun con todas sus miserias, agrada a muchos, que fueron vencedores en la tierra o son ahora espectadores seguros en el cielo, pues nada justo desagrada a los justos.[26]

---

[26] Cf. Tit. 1:15: "Todas las cosas son limpias a los limpios".

23

Ninguna sustancia o forma es mal

44. Por las razones antedichas, como toda alma racional es infeliz por sus pecados o dichosa por sus buenas obras, y como los seres privados de razón se someten al más poderoso, u obedecen al mejor, o ejercitan al que lucha, o darían al condenado; por otra parte, estando el cuerpo al servicio del alma, según lo consienten sus méritos o el orden de las cosas, no hay otro mal en toda la naturaleza sino el que se comete por culpa de cada uno. Pues, en verdad, cuando el alma, regenerada por la gracia de Dios y restaurada íntegramente en su ser, y sumisa a su único Creador, juntamente con el cuerpo, restablecido en su primitiva inmortalidad, empiece no a ser poseída por el mundo, sino a dominar al mundo, no habrá ningún mal para ella, porque esta hermosura inferior, sujeta a vicisitudes temporales, que se verificaba con su servidumbre, se realizará después bajo su soberanía, y habrá, según está escrito: "Un cielo nuevo y una tierra nueva" (Ap. 21:1), sin ningún trabajo para las almas, antes bien, reinando ellas en el universo. Pues "todo es vuestro", dice el Apóstol, "y vosotros de Cristo, y Cristo de Dios" (1ª Co. 3:22). Y en otra parte: "La cabeza de la mujer es el varón; la cabeza del varón, Cristo, y cabeza de Cristo, Dios" (1ª Co. 11:3). Mas como el vicio del alma no es su naturaleza, sino aquello que le hace daño, a saber, el pecado y su castigo, se deduce de ahí que ninguna naturaleza, o mejor dicho, ninguna sustancia o esencia es mal. El universo no se mancha ni deforma por los pecados y penas del alma, pues la sustancia racional libre de pecado y obediente a Dios domina a las demás cosas, que se le sujetan. Y si el hombre peca ocupa entonces el lugar que conviene a su estado; de modo que todas las cosas, por virtud de Dios, Creador y Moderador universal, lucen con decoro. La hermosura del universo resulta irreprochable por estas tres cosas: la condenación de los culpables, las pruebas del justo, la perfección de los bienaventurados.

No hay otro mal en toda la naturaleza sino el que se comete por culpa de cada uno. Cuando el alma, regenerada por la gracia de Dios y restaurada íntegramente en su ser empiece no a ser poseída por el mundo, sino a dominar al mundo, no habrá ningún mal para ella, porque esta hermosura inferior se realizará después bajo su soberanía, y habrá, según está escrito: "Un cielo nuevo y una tierra nueva".

24

Razón y autoridad
en el camino de salvación

Como caímos en las cosas temporales y por su amor estamos impedidos de conocer las eternas, debe emplearse primero cierta medicina temporal, que invita a la salvación, no a los que saben, sino a los creyentes.

45. Por lo cual también en el tratamiento con que la divina Providencia e inefable bondad mira a la curación de las almas luce muchísimo la belleza en sus grados y perfección. Pues en él se emplean dos medios: la autoridad y la razón.[27] La primera exige fe y dispone al hombre para la razón. La segunda guía al conocimiento e intelección, aunque la autoridad no está totalmente desprovista de razón, puesto que se debe examinar a quién se debe creer;[28] aunque por otro lado, la verdad conocida por la evidencia posea una autoridad suprema. Pero como caímos en las cosas temporales y por su amor estamos impedidos de conocer las eternas, no según el orden de la naturaleza y la excelencia, sino por razón del mismo tiempo, debe emplearse primero cierta medicina temporal, que invita a la salvación, no a los que saben, sino a los creyentes. Pues en el lugar en que ha caído uno, allí debe hacer hincapié para levantarse. Luego en las mismas formas carnales, que nos detienen, hay que apoyarse para conocer las que pertenecen a un orden invisible.[29] Llamo formas carnales a las que pueden percibiese con el cuerpo, esto es, con los ojos, oídos y demás sentidos orgánicos. A estas formas carnales, pues, han de adherirse forzosamente por el amor los niños; son también casi necesarias en la adolescencia, y con el avance de la edad dejan de serlo.

---

[27] La razón tiene un papel soteriológico en el pensamiento de Agustín: considera las "credenciales" del mensaje cristiano y penetra en su contenido, que es labor de la teología. La caída en pecado no ha destruido la razón sustancialmente en su naturaleza sino en su función.

[28] Cf. 1ª Tesalonicenses 5:21: "Examinadlo todo; retened lo bueno". 1ªJn. 4:1: "Amados, no creáis a todo espíritu, sino probad los espíritus si son de Dios; porque muchos falsos profetas son salidos en el mundo".

[29] Aquí apunta Agustín el *principio de analogía*, tan fecundo en el pensamiento cristiano. Es preciso apoyarse en las cosas materiales para elevarse a las del espíritu. El mundo no es malo sino que, en cuando creación de Dios, ofrece vestigios de su buen Creador.

25

La fe, el principio de la unidad

46. La divina Providencia no sólo atiende al bien de cada uno de los hombres en privado, sino también públicamente a todo el género humano, lo que en el interior de cada uno acontece lo saben Dios y los favorecidos de Él. Lo que se ha hecho con el género humano lo quiso transmitir por la historia y la profecía. Mas para conocer los hechos temporales, pasados o futuros, la fe es más necesaria que el razonamiento, y tarea nuestra es examinar a qué hombres o libros se debe dar crédito para adorar públicamente a Dios, en lo cual sólo consiste la salvación.

Primero de todo, debe discutirse lo siguiente: ¿a quién hemos de creer con más razón: a los que nos invitan al culto politeísta o a quienes proclaman el culto de un solo Dios? ¿Quién duda que hemos de seguir a los que profesan la religión monoteísta, sabiendo que aun los adoradores de los muchos dioses están igualmente de acuerdo sobre la única soberanía del Señor y moderador de todas las cosas? Ciertamente, por la unidad comienza la numeración; luego hemos de preferir a los que afirman el culto de Dios, soberano, único y verdadero. Si entre ellos no nos alumbra la evidencia de la verdad, habrá que buscarla en otra parte. Pues lo mismo que en la naturaleza tiene mayor fuerza la autoridad que reduce a unidad la muchedumbre de las cosas y, en el mismo género humano, su valor está en la concordia del consentimiento, esto es, en sentir una misma cosa, igualmente en la religión debe considerarse mayor y más digna de fe la autoridad de los que invitan a la adoración del Uno.

47. Examinemos, en segundo lugar, las disensiones que han surgido entre los hombres sobre el culto del Dios único. A nosotros nos consta que nuestros padres, para elevarse en la escala de la fe, por la que se asciende de lo temporal a lo eterno, obraron movidos por la fuerza de los milagros visibles (y no podían obrar de otra manera), y, gracias a ellos, ya no son necesarios a sus descendientes. Pues como la Iglesia católica está difundida y arraigada en todo el mundo, no quiso Dios se prolongasen los milagros hasta nuestro tiempo, para evitar que el alma se aferrase

Para conocer los hechos temporales, pasados o futuros, la fe es más necesaria que el razonamiento, y tarea nuestra es examinar a qué hombres o libros se debe dar crédito para adorar públicamente a Dios, en lo cual sólo consiste la salvación.

Una vez que el alma se purifica y conoce la verdad claramente, no es necesario rendirse a ninguna autoridad humana. Mas a este grado de elevación no conduce la soberbia, sin la cual no habría herejes, cismáticos...

siempre a lo visible, ni el género humano se entibiase por la costumbre de ver lo que con su novedad despertó tanto su entusiasmo; ya no nos conviene, pues, dudar que se ha de creer a los que, cuando. predicaban cosas asequibles a muy pocos, pudieron persuadir a los pueblos que ellos poseían la verdad que debía abrazarse.[30] Ahora es preciso averiguar a qué autoridad conviene someterse mientras somos ineptos para dar alcance a las cosas divinas e invisibles; pero, una vez que el alma se purifica y conoce la verdad claramente, no es necesario rendirse a ninguna autoridad humana. Mas a este grado de elevación no conduce la soberbia, sin la cual no habría herejes, cismáticos, judíos ni idólatras. Y si faltasen éstos, durante el tiempo en que el pueblo cristiano camina a la madurez de la perfección que le ha sido prometida, con mucha más pereza indagaría la verdad.

---

[30] "Ya en nuestros tiempos, cuando se imponen las manos a los bautizados, no reciben éstos con el Espíritu Santo el don de lenguas; ni tampoco ahora se curan los enfermos al pasar la sombra de los predicadores de Cristo; lo mismo se puede decir de otros milagros que evidentemente cesaron después. Mas no se ha de interpretar lo dicho como si ahora hubiéramos de creer que no se hace ningún milagro en nombre de Cristo. Pues yo mismo, cuando escribí este libro, ya sabía que un ciego había recobrado su vista en Milán por virtud de los cuerpos de los santos mártires de la misma ciudad, y conocía otros milagros de los muchos que también en estos tiempos nuestros se realizan, de modo que ni podemos conocerlos todos ni enumerar los conocidos" (*Retr.* I, 13, 7).

26

Las edades del hombre viejo

48. Ved, pues, cómo la divina Providencia administra los remedios a los que por su culpa merecieron el castigo de la muerte. En primer lugar se atiende a las condiciones naturales e instrucción del recién nacido. Su primera edad, la infancia, se consagra a los cuidados corporales, para quedar sepultada enteramente en el olvido, logrado el crecimiento. Sigue la infancia, de la que conservamos alguna memoria. Viene después la adolescencia, y en ella el hombre es capaz de engendrar por naturaleza y ser padre de familia. A la adolescencia sigue la juventud, que ha de emplearse en los oficios públicos y ser reprimida por las leyes. Durante ella, una más severa prohibición de los pecados y el castigo del transgresor, a quien servilmente cohíbe, produce en los ánimos carnales unos ardores más vivos de la concupiscencia y multiplica los pecados que se cometen. Pues doblemente peca el que comete un mal que está prohibido. Pasadas las fatigas de la juventud, se concede algún reposo a la ancianidad. De aquí pasa ya a la muerte, se trata de una edad más caduca y decrépita, sujeta a las enfermedades y flaquezas. Tal es la vida del hombre carnal, esclavo de la codicia de las cosas temporales. Se le llama el hombre viejo, exterior y terreno (Ro. 6:6), aun cuando logre lo que el vulgo llama la felicidad, viviendo en una sociedad también terrena, bien constituida bajo el gobierno de los monarcas o príncipes, o regida por leyes, o por todas esas cosas a la vez; pues de otro modo no puede establecerse bien un pueblo, aun el que pone su ideal en la prosperidad terrena, porque él también tiene su grado de hermosura.

La divina Providencia administra los remedios a los que por su culpa merecieron el castigo de la muerte.

Las edades del hombre nuevo

49. Muchos siguen íntegramente, desde la cuna hasta el sepulcro, este género de vida del hombre, a quien acabamos de escribir, y que hemos llamado viejo, exterior y terreno, ya guarde alguna clase de moderación que le es propia, o vaya más allá de lo que exige una justicia servil. En otros, pese a haber comenzado necesariamente por

En otros, pese a haber comenzado necesariamente por este estilo de vida, se produce un segundo nacimiento, y eliminan y acaban todas sus etapas con el vigor espiritual y el crecimiento en la sabiduría, sometiéndolas a leyes divinas hasta la total renovación después de la muerte.

este estilo de vida, se produce un segundo nacimiento, y eliminan y acaban todas sus etapas con el vigor espiritual y el crecimiento en la sabiduría, sometiéndolas a leyes divinas hasta la total renovación después de la muerte. Este se llama el hombre nuevo, el interior y celestial (Ef. 4:24), que tiene también, a su manera, algunas edades espirituales, que no se cuentan por años, sino por los progresos que el espíritu realiza.

La primera se amamanta en el regazo de la provechosa historia, que nutre con sus ejemplos. En la segunda, olvidándose de lo humano, se encamina a lo divino y, saltando del regazo de la autoridad de los hombres, se esfuerza con la razón para cumplir la ley soberana y eterna. En la tercera, más afianzada y dominadora del apetito sensual con la fuerza de la razón, disfruta interiormente de cierto goce conyugal, porque se espiritualiza la porción inferior y se abraza la pudorosa continencia, amando por sí misma la rectitud del vivir y aborreciendo el mal, aunque todos lo permitieran. En la cuarta, todo lo anterior se asegura y ordena, y luce el vigor del varón perfecto, fuerte y dispuesto para sufrir todas las persecuciones y para sostener y quebrar en sí todas las tempestades y marejadas de este mundo.[31] La quinta es apacible y tranquila de todo punto, y se recrea en las riquezas y abundancia del reino inalterable de la soberana e inefable sabiduría. La sexta trae la transformación completa en la vida eterna y, con el total olvido de lo temporal, opera el tránsito a la forma perfecta, que fue hecha a imagen y semejanza de Dios. La séptima es el descanso eterno y la bienaventuranza perpetua, que ya no admite edades. Pues así como el fin del hombre viejo es la muerte, el del nuevo es la vida eterna. Pues aquel es el hombre del pecado, este el de la justicia.

---

[31] Cf. Efesios 4:13: "Hasta que todos lleguemos a la unidad de la fe y del conocimiento del Hijo de Dios, a un varón perfecto, a la medida de la edad de la plenitud de Cristo".

27

Evolución histórica
del viejo y nuevo hombre
en la tierra

50. Es evidente que esos dos hombres poseen la característica de que una persona puede vivir según el primero de ellos, es decir, según el hombre viejo y terreno, durante toda esta vida; pero nadie puede realizar el hombre nuevo y celestial con exclusión del viejo, puesto que el nuevo viene del viejo y con él ha de convivir hasta la muerte, aunque uno vaya decayendo, mientras el otro progresa. Del mismo, guardando la debida proporción, todo el género humano, cuya vida desde Adán hasta el fin de este siglo se asimila a la de un solo individuo, se halla regido por las leyes de la divina Providencia, y aparece distribuido en dos clases. Una comprende la masa de los impíos, que llevan impresa la imagen del hombre terrenal desde el principio del siglo hasta el fin.[32] La otra clase formada por el pueblo consagrado al culto del Dios único, que desde Adán hasta San Juan Bautista cumple en su vida terrena cierta justicia, inspirada en el temor servil. Su historia se llama Antiguo Testamento. Es la historia de la promesa de un reino que parece temporal, pero esta historia no es otra cosa que la figura del pueblo nuevo y del Nuevo Testamento que promete el reino de los cielos. La vida temporal de este pueblo comienza, entre tanto, con la venida humilde del Salvador y corre hasta el día del juicio, en que aparecerá con gloria. Después de este juicio, acabado el hombre viejo, vendrá la definitiva renovación, que promete una vida angélica: Porque no todos resucitaremos, pero todos seremos transformados.[33] Resurgirá, pues, el pueblo santo, para dejar los restos del hombre viejo y revestirse de la gloria del nuevo. Resucitará también el pueblo de los impíos, que desde el principio hasta el fin sostuvo al

Todo el género humano, cuya vida desde Adán hasta el fin de este siglo se asimila a la de un solo individuo, se halla regido por las leyes de la divina Providencia, y aparece distribuido en dos clases. Una comprende la masa de los impíos, que llevan impresa la imagen del hombre terrenal desde el principio del siglo hasta el fin. La otra clase formada por el pueblo consagrado al culto del Dios único.

---

[32] Cf. 1ª Corintios 15:49: "Y como trajimos la imagen del terreno, traeremos también la imagen del celestial".

[33] "He aquí, os digo un misterio: Todos ciertamente no dormiremos, mas todos seremos transformados" (1ª Co. 15:51, RV).

Los que leen atentamente las divinas Escrituras, hallan estas diferencias de edades, sin espantarse de la cizaña y de la paja.

hombre viejo, para ser precipitado en la segunda muerte (Ap. 20:14, 21:8). Los que leen atentamente las divinas Escrituras, hallan estas diferencias de edades, sin espantarse de la cizaña y de la paja (Mt. 13:18). Porque los impíos existen para el bien de los santos, y los pecadores para los justos, para que, en comparación con ellos, se levanten con más gozo al logro de su perfección.

28

Madurez e inmadurez en doctrina

51. Mas los que en los tiempos del pueblo terrenal merecieron la gracia de la iluminación del hombre interior, ayudaron temporalmente al género humano, mostrándole lo que exigía cada época y anunciando con la profecía lo que no era oportuno manifestar aún; así aparecen los patriarcas y los profetas a los ojos de quienes no se abandonan a las burlas pueriles, sino tratan con diligencia y respeto este maravilloso y grande misterio en el que se unen cosas divinas y humanas.[34] Idéntica providencia veo que usan con muchísima cautela en los tiempos del pueblo nuevo insignes y espirituales varones, discípulos de la Iglesia católica: no suministran al pueblo lo que a su juicio no debe servirse, por no ser tiempo oportuno; en cambio, generosamente y con empeño amamantan con leche a los muchos débiles que lo desean (He, 5:12); con los pocos sabios que hay, ellos toman manjares fuertes. Comunican los secretos de la sabiduría a los perfectos, mas a los carnales y débiles, aunque hombres nuevos, pero párvulos, ocultan algunas cosas, sin engaño de nadie.[35] Pues ellos no buscan vanos honores y alabanzas vacías, sino miran al provecho de aquellos en cuya compañía les tocó vivir durante esta vida. Tal es la ley de la divina Providencia: que ninguno reciba ayuda de los superiores para conocer y merecer la gracia de Dios si él, a su vez, no presta socorro a los inferiores, con afecto desinteresado, para lograr el mismo fin. De esta suerte, aun después del pecado que contrajo nuestra naturaleza por culpa del primer hombre, el género humano ha llegado a ser la gloria y ornamento de este mundo, y tal es sobre él la acción de la divina Providencia que el remedio inefable aplicado a nuestra corrupción ha cambiado la deformidad de nuestros vicios en no sé qué nuevo género especial de hermosura.

No suministran al pueblo lo que a su juicio no debe servirse, por no ser tiempo oportuno; en cambio, generosamente y con empeño amamantan con leche a los muchos débiles que lo desean con los pocos sabios que hay, ellos toman manjares fuertes. Comunican los secretos de la sabiduría a los perfectos, mas a los carnales y débiles, aunque hombres nuevos, pero párvulos, ocultan algunas cosas, sin engaño de nadie.

---

[34] Los maniqueos rechazaban todo el Antiguo Testamento porque, según ellos, los patriarcas habían llevado una vida temporal, error del que salió Agustín gracias a las predicaciones de Ambrosio, obispo de Milán, y su interpretación alegórica del Antiguo Testamento, tradicional en el cristianismo desde los días del apóstol Pablo.

[35] Cf. 1ª Corintios 2:6: "Hablamos sabiduría de Dios entre perfectos; y sabiduría, no de este siglo, ni de los príncipes de este siglo, que se deshacen".

29

El Dios invisible es contemplado en las cosas visibles

Como nadie pone en duda que los animales irracionales también viven y sienten, la superioridad del hombre no consiste en la sensibilidad, sino en la razón.

52. Ya que a nuestro parecer hemos hablado bastante del beneficio de la autoridad, veamos cómo la razón puede progresar, escalando de lo visible a lo invisible de lo temporal a lo eterno. Porque no es vano e inútil ejercicio el de la contemplación del cielo, del orden de las estrellas, del resplandor de la luz, de las sucesiones de los días y noches, de los cursos mensuales de la luna, de la cuádruple división de las estaciones del año, de acuerdo con los cuatro elementos; de la fecundidad de las semillas, que producen tanta variedad de especies y formas, guardando todas ellas en su género su modo propio y su naturaleza.[36] La contemplación de estas cosas no ha de ser motivo de una vana y volandera curiosidad, sino escala para subir a lo inmortal y siempre duradero. Pues accesible es a nuestra observación la naturaleza del principio vital, con que siente todo lo dicho, el cual, por dar la vida al cuerpo, forzosamente ha de ser superior a él. Pues no toda masa corporal, aunque brillante con la luz visible, ha de estimarse mucho si carece de vida, pues, por la ley natural toda sustancia viva aventaja a toda sustancia muerta.

La racionalidad es superior a la sensibilidad

53. Mas como nadie pone en duda que los animales irracionales también viven y sienten, la superioridad del hombre no consiste en la sensibilidad, sino en la razón. En efecto, muchas bestias poseen mayor agudeza visual que

---

[36] Conforme a la mentalidad de su época, Agustín atribuye a las *semina* o semillas, una fuerza poderosa, productora de especies e individuos en cada especie. Estas *semillas* son algo mucho más complicado que las semillas físicas, son los principios organizadores y causales de las transformaciones materiales. Para los platónicos toda producción de los seres materiales se debe a los *lógoi spermatikói* o razones seminales, últimos componentes aplicados a los seres concretos. A cada individuo corresponde una razón seminal o chispa de la razón universal que lo hace existir.

los hombres, y con los demás sentidos corporales llegan también más pronto a los cuerpos; mas el juzgar de los cuerpos no es propio del que solamente tiene sentidos, sino también del que usa de razón; nosotros las aventajamos en lo que a ellas les falta. Es una verdad facilísima de comprender que el que juzga es superior a la cosa juzgada. La razón no sólo juzga los objetos sensibles, sino también los sentidos; por ejemplo, juzga por qué en el agua debe aparecer quebrado el remo recto y por qué los sentidos han de percibirlo necesariamente así; pues la mirada de los ojos podrá comunicarnos una impresión de este género, pero de ningún modo puede emitir un juicio sobre ella. De todo esto resulta evidente que, así como la vida sensitiva es superior al cuerpo, la racional supera a las dos.

Es una verdad facilísima de comprender que el que juzga es superior a la cosa juzgada. La razón no sólo juzga los objetos sensibles, sino también los sentidos.

30

El sentido interior

Por arte entiendo no lo que es fruto de la experiencia, sino de la comprensión racional. En estos casos una especie de instinto natural nos dirige en los juicios estéticos.

54. Así, pues, dado que el alma racional juzga según sus propias normas, ninguna naturaleza le aventaja. Mas, por otra parte, siendo patente su mutabilidad, pues a veces es instruida, a veces ignorante, y tanto mejor juzga, cuanto más instruida es, y tanto más instruida se halla, cuanto más participa de algún arte, ciencia o sabiduría, indaguemos la esencia del mismo arte. Por arte entiendo no lo que es fruto de la experiencia, sino de la comprensión racional.[37] Pues no tiene importancia el saber que con la masa de cal y arena se adhieren mejor las piedras que con una pellada de arcilla, ni tampoco interesa estudiar el porqué, cuando se construye un edificio suntuoso, se busca la correspondencia entre las partes iguales, y que las desiguales vayan en medio de las iguales, aunque este último género de sensibilidad se acerque más a la racionalidad y a la verdad. En cambio hay que averiguar por qué, al colocar dos ventanas una al lado de otra, nos produce una sensación de molestia que una de ellas sea mayor o menor que la la otra, cuando había posibilidad de que fueran iguales; si al contrario, están una sobre otra y aún si las dos difieren de la mitad, no nos ofende tanto aquella desproporción; y hemos de indagar por qué no nos importa tanto la desigualdad mayor o menor de una de ellas, porque son dos. En cambio, cuando son tres, parece exigir el sentido que no sean desiguales o que entre la mayor y la menor haya una intermedia que exceda la menor en la misma medida que es rebasada por la mayor. En estos casos una especie de instinto natural nos dirige en los juicios estéticos. A este propósito es importante notar que las cosas que no nos disgustan, consideradas aisladamente, cuando las comparamos con otras mejores, provoca nuestro desdén. De donde se concluye que lo que vulgarmente se llama arte es el recuerdo de las impresiones agradables que hemos tenido acompañado de cierto

---

[37] Arte, *ars* en latín, tiene el doble significado de técnica o norma correcta de hacer las cosas, y de entendimiento práctico o norma y regla general de acción.

ejercicio y habilidad mecánica. Aunque alguien carezca de esta habilidad, puede, sin embargo, emitir juicio sobre las obras, y esto vale más que la capacidad de realizarlas.

55. Mas como en todas las artes agrada la armonía, que todo lo asegura y embellece, mas ella misma exige igualdad y unidad, o en la semejanza de las partes iguales, o en la proporción de las desiguales, ¿quién hallará la perfecta igualdad en los cuerpos y quién puede decir, después de un examen cuidadoso que un cuerpo cualquiera es verdadera y simplemente uno cuando todos se mudan, o cambiando de forma, o pasando de un lugar a otro, y se componen de partes que ocupan su lugar, distribuidas por diversos espacios? La verdadera igualdad y semejanza y la verdadera y primera unidad no son objeto de la percepción sensible, sino de la mental. Pues sin poseer un ideal de perfecta igualdad, aprehendida con los ojos de la mente, ¿de dónde vendría ese deseo de una igualdad entre los cuerpos y la convicción que ellos distan muchísimo de la igualdad perfecta? Si es que podemos llamar "perfecta" a la que no es hechura de nadie.

La ley de la Verdad

56. Como todas las cosas hermosas para los sentidos, ya dimanen de la naturaleza, ya sean obra de arte, no pueden concebirse sin tiempo ni espacio, porque son cuerpos y están sometidos al movimiento, hay que decir, sin embargo, que la igualdad y la unidad, sólo visible a la mente, según las cuales juzga de la hermosura corporal por intermedio de los sentidos, ni es extensa en lugar ni mudable en el tiempo. Sería un error decir que según estos conceptos se juzga de la redondez de un aro de rueda y no de la redondez de un vaso, o que se pueda decir que es redondo el vaso y no el denario. Asimismo, con referencia a los tiempos y los movimientos corporales, sería ridículo decir que, según el concepto de igualdad, se puede juzgar la igualdad de los años y no la igualdad de los meses, o que, según la misma, son los meses iguales y no los días. Cualquier cosa que se mueva armoniosamente en el espacio según las horas, o según otros momentos más breves, se regula por una ley única e invariable de igualdad. Luego si los espacios mayores y menores de las figuras y de los movimientos se juzgan conforme a la

Superior a nuestras almas, destaca una ley, que se llama la Verdad.

misma ley de igualdad, semejanza o proporción, dicha ley es superior a todo ello por su potencia. Por lo demás, atendiendo al espacio o tiempo, no es mayor ni menor; pues si fuera mayor, no según toda ella juzgaríamos de las cosas menores; y si fuera menor, tampoco según toda ella juzgaríamos de las mayores. Ahora bien, como, según toda la ley de la cuadratura, se juzga si son cuadrados un foro, o una piedra, o un cuadro, o una perla y, asimismo, según toda la igualdad de la ley del ritmo, se aprecian los movimientos de los pies de una hormiga cuando corre y los del elefante que anda, ¿quién duda que dicha ley no es mayor o menor por razón del tiempo o del lugar, sino que todo lo supera en potencia? Esta regla universal de las artes es absolutamente invariable, mientras la mente humana, que tiene privilegio de verla, se halla sujeta a los vaivenes del error; de donde se concluye claramente que, superior a nuestras almas, destaca una ley, que se llama la Verdad.[38]

---

[38] Como hace notar Claudio Basevi, Agustín quiere dejar sentado en este capítulo un principio gnoseológico básico: Nuestros criterios no derivan de la experiencia, porque la trascienden. Es el primer paso hacia la demostración de la existencia de Dios a través de las verdades inmutables. Nosotros, observa Agustín, juzgamos que dos cosas son iguales o distintas porque poseemos la idea de *igualdad*; de la misma manera decimos que las cosas son *armoniosas* o *hermosas*, porque poseemos la idea de armonía y de hermosura. Estas ideas son anteriores a todo juicio y no dependen ni del espacio, ni del tiempo, por lo que tanto no vienen de la experiencia, ni de la sensibilidad, según Agustín. Sólo pueden venir, dirá, de la consideración de la Verdad subsistente, que son un reflejo en nosotros de la Luz del entendimiento divino. Tomás de Aquino corrige esta idea platónica diciendo que nosotros nos encontramos con unas propiedades trascendentales del ser, que son, efectivamente, condición de toda experiencia y de todo juicio, pero que poseemos por *abstracción* a partir de las cosas creadas y no por *iluminación*.

31

La Verdad eterna,
ley y norma de juicio

57. No hay ya lugar a dudas: Dios es la inmutable naturaleza, que está por encima del alma racional. Allí reina la primera vida y la primera esencia, donde luce la primera sabiduría. He aquí la soberana Verdad, que justamente se llama ley de todas las artes y arte del omnipotente Artífice. Así, después que el alma se da cuenta de que no es por ella misma como consigue emitir juicios sobre la hermosura y movimiento de los cuerpos, que obedecen a normas superiores a sí misma, debe reconocer al mismo tiempo que su naturaleza aventaja según su ser a las cosas, sometidas a su juicio; pero, a su vez, tiene que admitir es inferior en excelencia a aquella naturaleza que regula sus juicios, y a la cual no puede juzgar de ningún modo. Pues uno puede decir por qué dos miembros de un cuerpo semejantes entre sí, deben corresponderse simétricamente, puesto que me gozo en la suma igualdad, percibida no con los ojos corporales, sino con los de la mente; por lo cual juzgo que las cosas percibidas con los sentidos son tanto mejores cuanto más se aproximan según su naturaleza a las que entiende el espíritu. Mas la razón última de este hecho nadie puede darla; ni tampoco, hablando con propiedad, se dirá que así tiene que ser, como si pudiera ser de otra forma.

58. Mas por qué nos agradan las cosas y, a medida que avanzamos en el saber, las amamos con más ardor, tampoco se atreverá a declararlo quien discurra bien. Porque así como nosotros y todas las almas racionales juzgamos correctamente de las criaturas inferiores según la verdad, así también sólo la Verdad misma juzga de nosotros cuando nos unimos a ella. Pero de ella ni el Padre juzga, porque no es inferior a Él, y, por tanto, lo que el Padre juzga, según ella lo juzga. Todas las cosas que tienden a la unidad tienen a la Verdad por regla, por forma, por modelo, o dígase con otra expresión parecida: porque sólo Ella es perfectamente semejante a Aquel de quien recibió el ser, si puede admitirse la expresión recibió para significar que el Hijo no procede de sí mismo, sino del primer y soberano principio,

La Verdad es la inmutable naturaleza que está por encima del alma racional. Allí reina la primera vida y la primera esencia, donde luce la primera sabiduría.

Privilegio de las almas puras es conocer la ley eterna, pero no el juzgarla. Aquí resalta la diferencia que hay entre conocer y juzgar: para conocer basta ver si una cosa es o no; pero para juzgarla añadimos más, indicando que puede ser de otra manera.

que se llama Padre, "de quien toda paternidad recibe su nombre en el cielo y en la tierra" (Ef. 3:15). El Padre, pues, "no juzga a ninguno, sino dio todo su juicio al Hijo" (Jn. 5:22). Y "el hombre espiritual juzga de todos, pero él no es juzgado por nadie" (1ª Co. 2:15), es decir, por ningún hombre, sino según la ley con que él juzga de todas las cosas. Porque también con muchísima verdad está escrito: "Conviene que todos comparezcamos ante el tribunal de Cristo" (2ª Co. 5:10). Todo, pues, se halla sometido al juicio del hombre espiritual, porque destaca sobre todas las cosas cuando vive en unión con Dios. Y está con Él cuando entiende con gran pureza de corazón y ama lo que entiende con plena caridad. Y así, según es posible, él mismo se hace ley por la cual juzga de todo y de la cual nadie puede juzgar. Lo mismo pasa con nuestras leyes temporales; aunque los hombres las discuten al establecerlas como normas, pero, una vez promulgadas y confirmadas, no es lícito al juez someterlas a nuevo examen, sino obrar conforme a ellas. Y el legislador, si es bueno y sabio, consulta a la ley eterna, que trasciende a todo juicio humano, para determinar según sus reglas lo que se debe mandar o prohibir conforme a los tiempos. Privilegio de las almas puras es conocer la ley eterna, pero no el juzgarla. Aquí resalta la diferencia que hay entre conocer y juzgar: para conocer basta ver si una cosa es o no; pero para juzgarla añadimos más, indicando que puede ser de otra manera, como cuando decimos: así debe ser, o así debió ser, o así deberá ser, como hacen los artistas con sus obras.

32

La mirada interior
y la unidad de las cosas

59. Mas, para muchos, la dicha suprema es el placer humano, y no quieren encaminarse a las cosas superiores, indagando por qué nos deleitan las sensibles. Así, pues, si pregunto a un arquitecto por qué, fabricado un arco, pretende hacer otro igual correspondiente al primero, responderá, a mi juicio: "Busco la simetría de los miembros iguales del edificio". Si continúo adelante y le pido razón de aquella simetría, dirá: "Porque eso es lo armonioso, lo bello, lo que agrada a los ojos del espectador". Y no pasará de ahí. Tiene los ojos vueltos a la tierra y no sabe subir a las últimas causas de aquel hecho. Pero, en presencia de hombre dotado de mirada interior y contemplador del mundo inteligible, yo insistiré en preguntarle por qué le agradan aquellas cosas, para constituirse en juez de la misma delectación humana, pues de tal modo se sobrepone a ella, sin dejarse dominar, que la somete a las normas superiores. Primero le preguntaré si acaso son bellas porque agradan, o al revés, si deleitan porque son bellas. Él, ciertamente, me responderá que agradan porque son bellas. Yo volveré a preguntarle: ¿Y por qué son bellas? Y si lo veo titubeando, añadiré: ¿Será tal vez porque son partes semejantes entre sí que se enlazan y reducen a unidad y conveniencia?

60. Después de obtener este resultado, le preguntaré si la unidad, a que tienden evidentemente, la logran en verdad o yacen muy lejos de ella y, en cierto modo, la imitan débilmente. En el último caso (pues todo observador perspicaz ve que no hay forma ni absolutamente cuerpo alguno desprovisto de cierto vestigio unitario, y que ni el cuerpo más hermoso, por tener sus partes repartidas y separadas por intervalos de lugar, puede lograr la unidad perfecta a que aspira), siendo esto así, digo, no dejaré de insistir hasta que responda dónde y con qué facultad intuye esa misma unidad; porque sin verla, ¿cómo podría saber qué imitan las formas de los cuerpos y cómo no le dan alcance? Ahora bien, cuando dice a los

Para muchos, la dicha suprema es el placer humano, y no quieren encaminarse a las cosas superiores, indagando por qué nos deleitan los sensibles.

Vemos la unidad con la mente. No está circunscrita a algún espacio o lugar determinado; y desde el momento en que está presente a todo el que emite juicios universales, en ninguna parte se dilata por el espacio, hallándose potencialmente en todas partes.

cuerpos: "Vosotros nada seríais sin la cohesión de vuestras partes con cierta unidad; pero, a la par, si fuerais la misma unidad, no seríais cuerpos", se le replica muy bien: ¿Cómo conoces aquella unidad, según la cual juzgas de los cuerpos?, pues, si carecieras de su idea, no podrías sentenciar que no la consiguen perfectamente; y si ella fuera objeto de tu percepción empírica, no dirías con verdad que, aunque ostentan el sello de un vestigio de la unidad, sin embargo, distan mucho del arquetipo, pues los sentidos orgánicos solamente alcanzan lo corporal. Luego vemos la unidad con la mente. Pero ¿dónde la vemos? Si ella estuviera aquí donde nuestro cuerpo se halla presente, sería inasequible al que emite idénticos juicios sobre los cuerpos en el Oriente. No está, pues, circunscrita a algún espacio o lugar determinado; y desde el momento en que está presente a todo el que emite juicios universales, en ninguna parte se dilata por el espacio, hallándose potencialmente en todas partes.

33

El proceder correcto de los sentidos

61. Sí los cuerpos reflejan tenua o engañosamente la unidad, no debemos dar crédito a su engaño, para no caer en la "vanidad de los vanidosos" (Ec. 1:2), sino investiguemos más bien, ya que su engaño consiste en que parecen ostentar a los ojos de la carne lo que es objeto de la contemplación intelectual. Investiguemos si engañan por la semejanza que simulan de la unidad o por no alcanzarla. Pues, si la alcanzasen, lograrían ser lo que imitan. En este caso serían completamente semejantes y, por lo mismo, idénticos por naturaleza. Si así fuere, los cuerpos mentirían y serían idénticos a la unidad. Sin embargo, no mienten a los que observan este hecho con sagacidad, porque miente el que quiere parecer lo que no es; y si contra su voluntad lo toman por lo que no es, da lugar a engaño, pero no mismo. Lo que distingue y diferencia al que miente del que engaña, es que el primero tiene voluntad de engañar, aunque no lo consiga; el segundo no puede ser sin que se produzca engaño. Luego la hermosura de los cuerpos no miente, pues carece de voluntad, ni tampoco engaña cuando no se la estima más de lo que es.

62. Pero ni aun los mismos ojos engañan, pues sólo pueden transmitir al ánimo la impresión que reciben. Y si tanto ellos como los demás sentidos nos informan de sus propias afecciones, no sé qué más podemos exigirles. Suprime, pues, a los que devanean, y no habrá vanidad. Si alguien cree que en el agua el remo se quiebra y al sacarlo de allí vuelve a su integridad, no tiene un mensajero malo, sino un mal juez. Pues aquel órgano tuvo la impresión sensible, que debió recibir de un fenómeno verificado dentro del agua, porque siendo diversos elementos el aire y el agua, es muy lógico que sean distintas las sensaciones que se reciben desde el interior del agua y en el aire. Por lo cual, el ojo informa bien, pues fue creado para ver; es el ánimo quien obra mal, pues para contemplar la soberana hermosura está hecha la mente, no el ojo. Y el ánimo quiere dirigir la mente a los cuerpos y los ojos a Dios, pretendiendo entender las cosas carnales y ver las espirituales, lo cual es imposible.

Lo que distingue y diferencia al que miente del que engaña, es que el primero tiene voluntad de engañar, aunque no lo consiga; el segundo no puede ser sin que se produzca engaño. La hermosura de los cuerpos no miente, pues carece de voluntad, ni tampoco engaña cuando no se la estima más de lo que es.

34

La unidad y sus fantasmas

No busquemos lo sumo en las cosas de abajo, ni pongamos en ellas el corazón. Seamos señores de ellas, no vayamos a ser condenados juntamente con ellas; es decir, reconozcamos a las cosas terrenas el mérito propio de la hermosura inferior.

63. Se ha de corregir este defecto, pues quien no ordena los valores superiores e inferiores, poniendo a cada cosa en su lugar, no será apto para el reino de los cielos. No busquemos, pues, lo sumo en las cosas de abajo, ni pongamos en ellas el corazón.[39] Seamos señores de ellas, no vayamos a ser condenados juntamente con ellas; es decir, reconozcamos a las cosas terrenas el mérito propio de la hermosura inferior, no sea que, por buscar lo primero entre lo último, seamos puestos por los primeros entre los últimos. Lo cual no va en daño de las cosas ínfimas y sí en gravísimo perjuicio nuestro. Ni tampoco por eso el gobierno de la divina Providencia desmerece o sufre desdoro, porque a los injustos los trata justamente, y a los deformes, con el decoro que pide el orden. Y si a nosotros nos engaña la hermosura material, por la unidad que ostenta, sin lograrla plenamente, entendamos, si podemos, que nuestra ilusión procede no de lo que ella es, sino de lo que ella no es. Pues todo cuerpo es verdadero cuerpo, pero es una falsa unidad, porque no es perfectamente uno ni logra imitar la unidad hasta la posesión perfecta; y, no obstante, el cuerpo mismo no existiría sin ser uno de algún modo. Y en verdad lo que de algún modo es uno no podría serlo sin recibir su unidad del que es la unidad perfecta.

64. ¡Oh almas obstinadas! Dadme alguien que se eleve a la contemplación de estas verdades sin ninguna imaginación carnal. Dadme a quien vea que uno sólo es perfecto, el principio de todo lo que tiene unidad, ya realice este concepto, o no. Dadme a un verdadero comtemplador de estas verdades, no a un obstinado discutidor o presuntuoso conocedor de las mismas. Dadme a quien resista a la corriente de las impresiones sensibles y embalsame las llagas que ellas han hecho en el alma; a

---

[39] Cf. Colosenses 3:1: "Si habéis pues resucitado con Cristo, buscad las cosas de arriba, donde está Cristo sentado a la diestra de Dios. Poned la mira en las cosas de arriba, no en las de la tierra".

quien no arrastren las costumbres humanas y la ambición de las alabanzas volanderas; a quien llore sus culpas en el lecho y se consagre a reformar su espíritu, sin apego a la vanidad externa ni ir en pos de las ilusiones. Dadme a uno que discurra de este modo: "Si no hay más que una Roma, fundada, según la fama, junto al Tíber, por no sé qué Rómulo, luego falsa es esta que llevo yo pintada en mi imaginación: no es la misma ni estoy yo allí presente, pues sabría lo que allí sucede ahora. Si no hay más que un sol, es falso el que finjo con mi pensamiento; pues aquél realiza su carrera por determinados espacios y tiempos; en cambio, a éste yo lo pongo donde quiero y cuando quiero. Si uno es aquel amigo mío, falso es el que llevo retratado dentro de mí, pues aquél no sé dónde anda, a éste le pongo donde me place. Yo mismo, ciertamente, soy uno y en este lugar siento que está mi cuerpo; y, sin embargo, con la fuerza de mi imaginación, voy a donde quiero y hablo con quien me agrada. Falsas son estas cosas, y nadie entiende lo falso. No es operación propia del entendimiento contemplar este juego de la fantasía y asentir a él, porque la verdad es objeto propio de la inteligencia. ¿Son tal vez estas cosas las que se llaman fantasmas? ¿Cómo, pues, mi alma se ha poblado de ilusiones? ¿Dónde está la verdad, que se abraza con la mente?" Al que discurre de este modo ya se le puede decir: Aquella es luz verdadera que te muestra la falsedad de tales fantasmas. Por ella vislumbras la unidad, cuyos reflejos adviertes en todas las demás cosas y, sin embargo, sabes que ningún ser contingente puede ser lo que ella es.

Aquella es luz verdadera que te muestra la falsedad de tales fantasmas. Por ella vislumbras la unidad, cuyos reflejos adviertes en todas las demás cosas y, sin embargo, sabes que ningún ser contingente puede ser lo que ella es.

35

Tiempo para Dios

El alma
se hace
inquieta y
desventurada,
anhelando
inútilmente
retener todo
aquello que
le cautiva.
Está invitada
al descanso,
es decir,
a no amar lo
que no puede
amarse sin
trabajo ni
turbación.
Así logrará
su dominio
sobre las
cosas;
así ya no será
una poseída,
sino
poseedora
de ellas.

65. Mas si al contemplar estas verdades vacila la mirada de la mente, no os inquietéis: combatid sólo los hábitos de la fantasía corporal; vencedlos, y vuestra victoria será completa. Vamos, ciertamente, en pos de la unidad más simple que existe. Corramos a buscarla con sencillez de corazón: "Estad quietos, y conoced que yo soy Dios" (Sal. 46:11). No se trata de la quietud de la desidia o pereza, sino del ocio del pensamiento que se desembaraza de lo temporal y local. Porque estos fantasmas hinchados y volubles no nos permiten llegar a la constancia de la unidad. El espacio nos ofrece lugares amables; los tiempos nos arrebatan lo que amamos y dejan en el ánimo un tropel de ilusiones que hacen que nuestros deseos vayan de una cosa a otra. Así el alma se hace inquieta y desventurada, anhelando inútilmente retener todo aquello que le cautiva. Está invitada al descanso, es decir, a no amar lo que no puede amarse sin trabajo ni turbación. Así logrará su dominio sobre las cosas; así ya no será una poseída, sino poseedora de ellas. "Mi yugo –dice– es suave" (Mt. 11:30). Quien se somete a él, tiene sumisas las demás cosas. Ya no sufrirá, porque lo sumiso no ofrece resistencia. Pero los desventurados amigos del mundo, al que podrían dominar si quisieran ser hijos de Dios, porque les dio potestad, para serlo (Jn. 1:12), temen tanto el romper su abrazo, que nada más fatigoso para ellos que el no fatigarse.

36

El Verbo: Verdad, Luz y Vida

66. Pero cuando no se consigue siquiera ver con claridad que la falsedad hace creer en aquello que no es, se comprende al mismo tiempo que la verdad es la que manifiesta aquello que una cosa es. Sabemos que los cuerpos nos producen decepción por no adecuarse a la unidad que evidentemente quieren reflejar, aquella unidad que es principio originario de todo lo que es uno, y nosotros aprobamos, naturalmente, todo lo que se esfuerza por asemejársele y desaprobamos cuanto se desvía de ella y tiende a su disimilitud, luego se deduce que hay algo que de tal manera ha de asemejarse a aquella Unidad suprema, origen de todo lo que es uno, que realice su tendencia y se identifique con ella: tal es la Verdad y el Verbo en el principio, y el Verbo Dios en el seno de Dios (Jn. 1:1).[40] Pues si la falsedad viene del vestigio de la unidad y no del aspecto positivo de la imitación, sino del negativo o de la disimilitud, aquella es la Verdad que pudo dar cima a esta obra e igualársele en el ser: ella revela al Uno como es en sí, por lo cual muy bien se llama su Palabra y su Luz. Las demás cosas son semejantes al Uno en tanto que son y en el mismo grado, son verdaderas; mas él es su perfecta imagen y, por tanto, la Verdad. Pues así como por la verdad son verdaderas las cosas que lo son, así la semejanza hace las cosas semejantes. Y como la verdad es la forma de todo lo verdadero, la semejanza es la forma de todo lo semejante. Por lo cual, puesto que las cosas verdaderas son verdaderas en cuanto que son y en la medida en que son semejantes al Uno principal, la forma de cuanto existe es aquello que es sumamente semejante al Principio, y es Verdad, porque no entraña ninguna desemejanza.

67. La falsedad, pues, no viene del engaño de las mismas cosas, que se limitan a mostrar al que las percibe

Sabemos que los cuerpos nos producen decepción por no adecuarse a la unidad que evidentemente quieren reflejar, aquella unidad que a principio originario de todo lo que es uno, y nosotros aprobamos.

---

40 "Este principio del santo Evangelio que se dice según Juan, un neoplatónico, como nos solía decir el santo viejo Simpliciano, que después fue obispo de Milán, decía que se debía escribir con letras de oro y ponerlo en todas las iglesias en los lugares más eminentes" (Agustín, *La ciudad de Dios*, X, 29). Cf. Pedro Sala Villaret, *El Verbo de Dios*. CLIE, Terrassa 2000.

**El engaño
del alma
nace de
los pecados,
cuando se
busca lo
verdadero,
dejando y
descuidando
la Verdad.**

su forma, proporcionada a su hermosura; ni tampoco del engaño de los sentidos, los cuales, impresionados según la naturaleza de su cuerpo, sólo comunican la afección al ánimo, a quien toca juzgarla; el engaño del alma nace de los pecados, cuando se busca lo verdadero, dejando y descuidando la Verdad.[41] Por haber amado más las obras que al Artífice y su arte, son castigados los hombres con este error, que consiste en buscar en las obras al Artista y al arte, y no pudiendo hallarlo (pues Dios no está al alcance de los sentidos corporales, sino trasciende con su soberanía a la misma mente), son condenados a creer que las obras son el arte y el artista (Ro. 1:25).

---

[41] Cf. Jer. 2:13: "Porque dos males ha hecho mi pueblo: me dejaron a mí, fuente de agua viva, por cavar para sí cisternas, cisternas rotas que no retienen aguas".

37

El culto a la criatura
en lugar de al Creador

68. De aquí nace la impiedad, tanto en los que pecan actualmente como en los ya condenados por sus pecados. Pues no sólo se desmandan contra el mandato divino de no explotar la creación y pretenden disfrutar de ella más bien que de la Ley y de la verdad –ese es precisamente el pecado del primer hombre, que abusó de su libre albedrío–, sino que en la misma condena agravan su culpabilidad, amando y sirviendo a las creaturas más que al Creador (Ro. 1:25) y venerándolas en todos sus elementos, desde los más elevados hasta los más bajos. Algunos se limitan a adorar como sumo dios, al alma, como primera criatura intelectual que el Padre creó por el Verbo, para contemplar siempre la misma verdad y a sí misma con ella, por ser su imagen perfectísima. Otros de... a la vida generatriz, por cuyo medio Dios, eterno e inmutable, produce a los que engendran formas visibles y temporales. De aquí llegaron al culto de los animales y después a los cuerpos mismos, eligiendo entre ellos primeramente a los más hermosos y destacados, como los astros. Entre ellos sobresale el sol, y de su hermosura quedan prendidos algunos. Otros consideran digna de veneración religiosa la claridad de la luna, por hallarse, según se muestra, más próxima a nosotros, y por eso luce con una hermosura más cercana. Otros asocian al culto los demás astros y todo el cielo sideral. No faltan quienes enlazan el cielo etéreo con el aire y a ambos elementos superiores subordinan sus almas. Mas entre todos ellos, creen ser más religiosos quienes divinizan la totalidad de las criaturas, esto es, el mundo entero con todo cuanto en él se encierra, y el principio vital de la respiración y animación, que unos creyeron que es corpóreo y otros incorpóreo, y piensan que toda esta vasta complejidad es Dios, cuyos miembros son los demás seres. Pues no conocieron el autor y creador de todas las cosas. De aquí se precipitan en los simulacros y de las obras de Dios descienden hasta sus propias obras, que todavía podemos ver entre nosotros.

Entre todos ellos, creen ser más religiosos quienes divinizan la totalidad de las criaturas, esto es, el mundo entero con todo cuanto en él se encierra y el principio vital de la respiración y animación, que unos creyeron que es corpóreo y otros incorpóreo, y piensan que toda esta vasta complejidad es Dios, cuyos miembros son los demás seres.

38

Negación de todo culto religioso

No admito
que haya
alguno entre
los negadores
del culto
divino que
no sea esclavo
de los
placeres
carnales,
o no tenga de
sí una
estimación
soberbia y
vanidosa de
su poder
o no pierda el
seso con las
atracciones y
espectáculos.
Así,
sin reparar
en ello,
se desviven
por los
bienes
temporales,
con la
esperanza de
hallar la
felicidad
en ellos.

69. Hay también una idolatría más culpable y humillante aún: con ella los hombres adoran las ficciones de su fantasía, y cuanto se han imaginado con su ánimo extraviado, soberbio y plagado de formas corpóreas, lo abrazan religiosamente, y llegan a persuadirse de que nada absolutamente debe venerarse y que el culto de los dioses es una superstición errónea y miserable esclavitud. Pero de nada les sirve el pensar así, pues no se libran con eso de la servidumbre, porque los señorean sus vicios, con que han sido seducidos para darles culto; ellos siguen siendo siervos de la triple codicia del placer, de la ambición y de los espectáculos. No admito que haya alguno entre los negadores del culto divino que no sea esclavo de los placeres carnales, o no tenga de sí una estimación soberbia y vanidosa de su poder, o no pierda el seso con las atracciones y espectáculos. Así, sin reparar en ello, se desviven por los bienes temporales, con la esperanza de hallar la felicidad en ellos. Pero, forzosamente, quiéralo o no, el hombre es siervo de las cosas en las que pone su felicidad. Pues adondequiera que le llevaren, las sigue, y mira con recelo al que puede arrebatárselas. Y una simple chispa de fuego o una polilla puede arrebatarles toda su felicidad. En fin, sin contar las innumerables adversidades y desgracias posibles, el tiempo necesariamente se lleva consigo todo lo transitorio. Siendo, pues, este mundo teatro de todas las cosas temporales, se esclavizan a todo cuando hay en él esos que no quieren dar culto a nadie, para sacudirse el yugo de la religión.

La tentación y la victoria en la Verdad

70. A pesar de esto, aunque esos pobres seres hayan llegado a extremos miserables y acepten la soberanía de los vicios, y sean culpables por ligereza, o por soberbia o curiosidad, o por dos de ellas, o por las tres, mientras se hallan en el estadio de la vida presente, siempre pueden luchar contra los vicios y vencerlos, si primero se someten por la fe a lo que no pueden comprender aun y se apartan

de lo mundano, pues todo lo que hay en él, según la divina sentencia, es "concupiscencia de la carne, concupiscencia de los ojos y ambición temporal" (1ª Jn. 2:15-16). Así están caracterizados aquellos tres vicios, pues la concupiscencia de la carne describe a los amadores de los bajos placeres; la concupiscencia de los ojos, a los curiosos, y la ambición temporal, a los soberbios.

71. También la Verdad humanada nos mostró la triple tentación que debe evitarse. "Di que estas piedras se conviertan en pan", le dice el tentador. Pero Él, único y soberano Maestro, le responde: "No sólo de pan vive el hombre, sino de toda palabra que viene de Dios" (Mt. 4:3-4). Así nos enseñó que debe tenerse sometido el apetito del placer, que ni siquiera ceda al hambre. Pero tal vez podría ser seducido con la gloria de la dominación temporal el que no fue vencido con el goce carnal; le fueron mostrados, pues, todos los reinos del mundo, y se le dijo: "Todo te lo daré si me adoras prostrándote". Pero recibió esta réplica: "Adorarás al Señor, tu Dios, y a Él solo servirás" (Mt. 4:8-10). Así quedó pisoteada la soberbia. Vino después la última tentación de la curiosidad, pues el tentador le espoleó a precipitarse de la cima del templo, con el halago de una nueva experiencia. Mas tampoco fue aquí vencido, y le respondió de modo que entendiésemos que no era necesario, para conocer a Dios, ninguna experiencia encaminada a explorar visiblemente lo divino: "No tentarás al Señor, tu Dios" (Mt. 4:7), le dijo. En resumen, pues, todo el que interiormente se alimenta de la Palabra de Dios, no va en este desierto terrestre en pos del placer. El que vive sometido al Dios único, no busca su gloria en el monte, es decir, en la exaltación terrena. El que se deleita en el espectáculo de la verdad eterna, no se precipita desde la cima de su cuerpo, o sea, desde sus ojos, para curiosear en lo temporal e inferior.

Todo el que interiormente se alimenta de la Palabra de Dios, no va en este desierto terrestre en pos del placer. El que vive sometido al Dios único, no busca su gloria en el monte, es decir, en la exaltación terrena. El que se deleita en el espectáculo de la verdad eterna, no se precipita desde la cima de su cuerpo, o sea, desde sus ojos, para curiosear en lo temporal e inferior.

39

La verdad reside en el interior

No salgas
de ti,
vuelve a
entrar dentro
de ti mismo.
La verdad
habita en el
interior del
hombre.
Y si ves que
tu naturaleza
es mudable,
trasciéndete a
ti mismo,
mas no
olvides que,
al remontarte
sobre las
cimas de
tu ser,
te elevas
sobre tu
alma,
dotada de
razón.

72. ¿Qué hay, pues, que no pueda servir al alma para recordar la primera Belleza abandonada, cuando los mismos vicios le empujan a ello? Porque la sabiduría de Dios se extiende poderosa de uno a otro confín, con ella, el supremo Artífice coordinó todas sus obras para un solo fin de la belleza. Así, la Bondad no envidia a ninguna hermosura, desde la más alta hasta la más ínfima, pues sólo de ella puede proceder, de modo que todo el que se aleja de la verdad es prendido inmediatamente por alguna imagen falsa de ella. Indaga qué es lo que te cautiva del placer corporal: hallarás que no es otra cosa que la armonía, porque lo que supone contradicción engendra dolor, mientras que lo congruente produce gozo. Reconoce, pues, cuál es la suprema congruencia. No salgas de ti, vuelve a entrar dentro de ti mismo. La verdad habita en el interior del hombre. Y si ves que tu naturaleza es mudable, trasciéndete a ti mismo, mas no olvides que, al remontarte sobre las cimas de tu ser, te elevas sobre tu alma, dotada de razón. Encamina, pues, tus pasos hacia el lugar donde la luz de la razón se enciende. Pues ¿adónde llega todo buen pensador sino a la verdad? La cual no se descubre a sí misma mediante el discurso, sino es más bien la meta de toda dialéctica racional. Mírala como la armonía superior posible y vive en conformidad con ella. Confiesa que tú no eres la Verdad, pues ella no se busca a sí misma, mientras tú le diste alcance por la investigación, no atravesando espacios, sino con el afecto espiritual, a fin de que el hombre interior concuerde con su huésped, no en el abrazo de una felicidad carnal y baja, sino en el más alto y espiritual de los goces.

La verdad de la duda

73. Y si te pasa de vuelo lo que digo y dudas de su verdad, mira, al menos si estás seguro de tu duda acerca de estas cosas; y en caso afirmativo, indaga el origen de dicha certeza. No se te ofrecerá allí de ningún modo a los ojos de luz de este sol material, sino aquella "luz verda-

dera que alumbra a todo hombre que viene a este mundo" (Jn. 1:9). No es visible a los ojos materiales ni admite representación fantástica por medio de imágenes, acuñadas por los sentidos en el alma. La perciben aquellos ojos con que se dice a los fantasmas: "No sois vosotros lo que yo busco ni el principio por el cual os coloco en vuestro lugar, rechazando las deformidades que me presentáis y aprobando lo hermoso; es más bella esta luz interior según la cual discrimino cada cosa; para ella, pues, va mi preferencia, y la antepongo no sólo a vosotros, sino también a los cuerpos de donde os he tomado". Después la misma regla que ves, concíbela de este modo: todo el conoce su duda, conoce con certeza su verdad, y de esta verdad que entiende, posee la certidumbre; luego aquí está cierto de la verdad. Todo el que duda de la existencia de la verdad, halla en sí mismo una verdad de la cual ya no puede dudar, y todo lo verdadero es verdadero por la verdad. Quien duda, pues, de algún modo, no puede dudar de la existencia de la verdad. Ahí donde se ven estas verdades, allí brilla la luz, inmune de toda extensión local y temporal y de todo fantasma –imaginación– del mismo género. ¿Acaso esas verdades pueden no ser lo que son, aun cuando muriese todo raciocinador o se vaya en pos de los deseos bajos y carnales? Tales verdades no son producto de la razón, sino hallazgo suyo. Antes de ser encontradas permanecen en sí mismas, y cuando se descubren, nos renuevan.[42]

Todo el que duda de la existencia de la verdad, halla en sí mismo una verdad de la cual ya no puede dudar, y todo lo verdadero es verdadero por la verdad. Quien duda, pues, de algún modo, no puede dudar de la existencia de la verdad.

---

[42] Véase lo que se dice sobre esto mismo en el *Enquiridion*, cap. 20.

40

La hermosura y el orden de la Providencia

Mas con el apoyo de la divina Providencia podemos mostrar que ella no es mala, por los muchos vestigios, tan claros, de los primeros números, en que la suprema Sabiduría no tiene número y, con todo, nos avisa que es de orden inferior, mezclando con ella dolores y enfermedades, y distorsiones de miembros, y negruras, y reyertas, y disensiones de almas, a fin de estimularnos por ellos a buscar un bien inmutable.

74. Así renace el hombre interior, y el exterior mengua de día en día.[43] El interior, examinando al exterior, lo halla deforme si lo compara consigo, sin embargo lo encuentra hermoso en su género, y se complace en la conveniencia de los cuerpos, y transforma lo que asimila para su bien, esto es, los alimentos corporales, los cuales, al corromperse o perder su propia forma, se incorporan a la fábrica del organismo y reparan las fuerzas, pasando a otra forma conveniente, y son discriminados por la acción vital en cierto modo, siendo asumidos los aptos para la formación de esta hermosura visible, y los no aptos, eliminados por las vías congruentes. Lo más feculento vuelve al seno de la tierra para tomar otras formas: una parte se exhala por todo el cuerpo, otra es asimilada por los órganos secretos, y se inicia el germen de la prole y, excitado por el enlace sexual, o por alguna imaginación del mismo tipo, se vierte por los conductos genitales, provocando un deleite de ínfima categoría. Ya en el seno materno, durante determinado tiempo, el germen va tomando la proporción local conveniente, de modo que cada miembro ocupe su puesto; y si guardan la ley de la armonía y se les añade la luz del color, nace un cuerpo, que es considerado como hermoso y que despierta en los que le aman una llama de amor; pero en él no se ama tanto la forma viviente cuanto la vida, que da origen al movimiento. Si este ser animado nos ama, nos atrae vivamente; sí nos aborrece, nos enciende en cólera y no podemos soportarlo, aunque nos ofrezca su hermosura para el disfrute. Todo esto pertenece al dominio del placer y de la hermosura inferior, la cual se halla sujeta a corrupción; porque si no, se la tomaría por suprema.

75. Mas con el apoyo de la divina Providencia podemos mostrar que ella no es mala, por los muchos vestigios,

---

[43] Cf. 2ª Corintios 4:16: "Por tanto, no desmayamos: antes aunque este nuestro hombre exterior se va desgastando, el interior empero se renueva de día en día".

tan claros, de los primeros números, en que la suprema Sabiduría no tiene número y, con todo, nos avisa que es de orden inferior, mezclando con ella dolores y enfermedades, y distorsiones de miembros, y negruras, y reyertas, y disensiones de almas, a fin de estimularnos por ellos a buscar un bien inmutable. Y colaboran en esto los agentes más viles, porque tal es su deleite; las divinas Escrituras les llaman ángeles exterminadores y de la venganza, si bien a ellos se les oculta el bien a que contribuyen. Son parecidos a los hombres que se gozan en la miseria ajena y se dan a sí mismos en espectáculo de hilaridad y de juegos o quieren llamar la atención con daños y engaños de los demás.

Así, por todos estos medios, los buenos son amonestados y ejercitados y vencen, triunfan y reinan, mientras los malos son engañados, atormentados, vencidos, condenados, y sirven no al único supremo Señor de todos, sino a los últimos esclavos, es decir, a aquellos ángeles que se gozan con los dolores y perdición de los condenados, y por ⟨...⟩ la liberación de los buenos como una tortura.

76. Así, todos los seres quedan ordenados, según sus oficios y fines, hacia la hermosura del universo, de suerte que los detalles que nos desagradan considerados aisladamente, nos deleitan muchísimo insertados en el conjunto total; pues tampoco, al contemplar un edificio, nos contentamos con mirar un solo ángulo, ni en el hombre hermoso sólo los cabellos, ni en el buen orador sólo el movimiento de los dedos, ni en el curso lunar una fase de pocos días. Si queremos juzgar con rectitud todas estas cosas que son ínfimas, porque de las partes imperfectas resulta la perfección del todo, ya se atienda a su hermosura en reposo, o en movimiento, han de considerarse en relación con la totalidad. Nuestro juicio verdadero, cuando considera la parte, o el todo, es bello, porque se sobrepone al universo entero, y al juzgar a la luz de verdad, no queda limitado a una de sus partes. En cambio, nuestro error, estacionándose en alguna de sus partes, es deforme por sí mismo. Pero así como el color negro en la pintura, combinando en el conjunto del cuadro, resulta hermoso, igualmente todo este combate de la vida la inmutable Providencia de Dios ordena todo decorosamente, galardonando diversamente, según sus méritos, a los vencidos, a los combatientes, a los

Así, todos los seres quedan ordenados, según sus oficios y fines, hacia la hermosura del universo, de suerte que los detalles que nos desagradan considerados aisladamente, nos deleitan muchísimo insertados en el conjunto total.

El mal únicamente es el pecado y el castigo del mismo, o sea, el alejarse voluntariamente de la soberana esencia y el sufrimiento forzoso bajo la esencia más alejada de Dios.

victoriosos, a los espectadores, a los pacíficos y a los que viven en la contemplación del único Dios; porque en todas estas cosas, el mal únicamente es el pecado y el castigo del mismo, o sea, el alejarse voluntariamente de la soberana esencia y el sufrimiento forzoso bajo la esencia más alejada de Dios; o expresado en otros términos, la libertad de la justicia y la servidumbre bajo el pecado[44].

---

44 Referencia a Romanos 6:20: "Porque cuando fuisteis siervos del pecado, erais libres acerca de la justicia".

41

Belleza en la justicia penal

77. El hombre exterior se desmorona con el progreso del interior o por propia degeneración. Mas con el progreso del hombre interior de tal modo se transforma, que todo él se renueva y mejora hasta volver a su integridad, al sonido de la trompeta,[45] para que ya nunca se corrompa ni corrompa a los demás. Pero si se degrada a sí mismo, entra en la hermosura de un orden inferior, esto es, en la justicia penal. No nos extrañemos de que también aquí suene el nombre de hermosura, porque nada hay ordenado que no sea bello y, como dice el Apóstol, todo orden viene de Dios.[46] Pues es forzoso confesar que vale más un hombre llorando que un insecto alegre; y, con todo, puedo hacer también el panegírico razonable y extenso de este último, ponderando el brillo de su color, la figura redonda de su cuerpo, la proporción de los miembros delanteros, medios y extremos, y cómo conserva y apetece con todos ellos, dentro de su minúsculo ser, el deseo de la integridad, sin haber parte alguna cuya forma no se corresponda simétricamente con su igual. ¿Y qué diré de su alma, que vivifica aquel cuerpecito, cómo lo mueve armoniosamente, cómo busca lo que le conviene, cómo vence y evita los obstáculos, según le es posible, y, subordinándolo todo al instinto de la propia conservación, con mucha mayor evidencia que los cuerpos, insinúa la suprema unidad, artífice de todas las criaturas? Hablo de un gusano animado cualquiera. Muchos han hecho, con gran verdad y detalle, el elogio de la ceniza y del estiércol. ¿Qué maravilla hay, pues, si digo que el alma humana, la cual, dondequiera se halle y en la condición que sea, supera con ventaja a todo cuerpo, está bellamente ordenada, y que de su castigo resultan otros géneros de belleza, al no hallarse, cuando

El hombre exterior se desmorona con el progreso del interior o por propia degeneración. Mas con el progreso del hombre interior de tal modo se transforma, que todo él se renueva y mejora hasta volver a su integridad, al sonido de la trompeta.

---

[45] Cf. 1ª Corintios 15:52: "En un momento, en un abrir de ojo, a la final trompeta; porque será tocada la trompeta, y los muertos serán levantados sin corrupción, y nosotros seremos transformados".

[46] Agustín reconoce que esta cita de memoria de Romanos 13:1, no hace justicia al texto, ya que Pablo dijo esto de las autoridades (*Retract.* I, 13, 8).

Si nosotros, que podríamos poseer el bien conociendo la misma verdad, nos encontramos mal al contentarnos con los vestigios de ella, mucho peor si encima nos reducimos a los vestigios últimos y nos adherimos a los deleites carnales.

es desdichada, donde conviene estén los bienaventurados, sino donde es justo se hallen los condenados?

78. Ciertamente, nadie nos engañe. Todo lo que se desprecia con razón, se menosprecia comparándolo con algo mejor. Ahora bien, toda naturaleza, aunque se la más pequeña, la de peor calidad, comparada con la nada, es digna de alabanza. Por eso nadie está bien cuando puede estar mejor. Luego, si nosotros, que podríamos poseer el bien conociendo la misma verdad, nos encontramos mal al contentarnos con los vestigios de ella, mucho peor si encima nos reducimos a los vestigios últimos y nos adherimos a los deleites carnales. Superemos, pues, los regalos o molestias de este deseo; si somos varones, sometamos a esta mujer. Bajo nuestra dirección, ella se hará mejor y no se llamará concupiscencia, sino templanza. Pues, cuando ella lleva las riendas y nosotros la seguimos, recibe el nombre de codicia y sensualidad, y nosotros merecemos el calificativo de temerarios y necios. Sigamos a Cristo, Cabeza nuestra, para que a nosotros nos siga aquella de la cual somos cabeza (1ª Co. 11:32ss.). Este mandato puede extenderse a las mujeres, con derecho fraterno, no marital; por ese derecho no hay varón y mujer en Cristo (Gá. 3:28). Porque ellas tienen también algo viril, con que pueden superar las tendencias femeninas, para seguir a Cristo y dominar sus deseos. Esto se ha manifestado ya, por dispensación del pueblo cristiano, en muchas viudas y vírgenes de Dios, en muchas casadas también, que guardan fraternalmente los derechos conyugales. Porque si el Señor nos manda tener sujeta aquella porción de nosotros mismos, exhortándonos y ayudándonos para que recobremos nuestra soberanía, si el varón, en cambio, deja que esa parte domine su mente y sur razón, por negligencia e impiedad, ese hombre será un desgraciado, mereciendo en esta vida ya, y consiguiendo en la otra, el lugar al que justamente le destinará y ordenará aquel soberano Rector y Señor. Con estos castigos Dios no permite que la creación sea ensuciada con ninguna fealdad.

42

La unidad perfecta de todo lo que existe y nace

79. Caminemos, pues, mientras es de día,[47] esto es, mientras podemos usar de la razón, para que, convertidos al Señor, merezcamos ser iluminados por su Verbo, que es la verdadera luz, y no nos sorprendan las tinieblas. Pues el día es la presencia de "aquella luz que ilumina a todo hombre que viene a este mundo" (Jn. 1:9). Dice *hombre*, porque puede usar de razón, y, allí donde cayó, puede hacer hincapié para levantarse. Si, pues, se ama el deleite carnal, considérese sabiamente lo que es, y al reconocer en él los vestigios de ciertos números, búsquense donde no sean extensos, por ser allí más perfecta la unidad de lo que existe. Y si tales números se hallan en el movimiento vital que actúa en el semen, se han de estudiar allí más que en el cuerpo. Pues si los números de los gérmenes fueran voluminosos como los mismos gérmenes, de media semilla de higuera resultaría medio árbol, ni del semen parcial de los animales se engendrarían animales íntegros y perfectos, ni una semilla pequeñísima y única tendría en su género una fecundidad inagotable para reproducirse. Porque de una semilla sólo pueden brotar a lo largo de los siglos, según su naturaleza, mieses de mieses, o multitud de selvas, o manadas de rebaños, o pueblos de pueblos, no habiendo ni hoja ni pelo alguno en tan numerosa serie de sucesiones cuya razón no haya estado en aquella primera y única semilla.

Es también para considerar cuán armoniosas y suaves melodías nos transmite el aire cuando canta el ruiseñor, melodías que el alma de aquella avecilla no desgranaría tan a su placer si no las llevase impresas de un modo incorpóreo en su movimiento vital. Nótese el mismo fenómeno en los demás animales, privados de razón, pero no de sentidos. Pues ninguno hay entre ellos que, ya en la modulación de la voz, o en otra clase de movimientos y operaciones vitales, no lleve algo armonioso y, en su género, sometido a una norma, no por aprendizaje, sino regulado, dentro de los secretos térmicos de la naturaleza, por aquella ley inalterable, origen de toda armonía.

Caminemos, pues, mientras es de día, esto es, mientras podemos usar d la razón, para que, convertidos al Señor, merezcamos ser iluminados por su Verbo, que es la verdadera luz, y no nos sorprendan las tinieblas.

---

[47] Cf. Juan 12:35: "Aun por un poco estará la luz entre vosotros: andad entre tanto que tenéis luz, porque no os sorprendan las tinieblas; porque el que anda en tinieblas, no sabe dónde va".

43

El Verbo,
imagen de Dios y forma de lo creado

¿Qué hay,
pues,
en nosotros
que nos hace
apreciar
todas
aquellas
cosas,
y las figuras
que quieren
hacer,
y cómo las
construyen,
y en los
edificios y
otras obras
materiales,
como dueños
de semejantes
figuras,
las
combinamos
de
innumerables
modos?

80. Volvamos al tema del hombre y omitamos las cosas que tenemos comunes con las plantas y animales. Pues la golondrina fabrica siempre del mismo modo su nido, y cada clase de aves tiene su manera. ¿Qué hay, pues, en nosotros que nos hace apreciar todas aquellas cosas, y las figuras que quieren hacer, y cómo las construyen, y en los edificios y otras obras materiales, como dueños de semejantes figuras, las combinamos de innumerables modos? ¿Qué facultad poseemos que nos permite juzgar la magnitud proporcional de las masas, sean relativamente grandes o pequeñas, y definir que todo cuerpo tiene su mitad, de cualquier dimensión que sea y la mitad se compone de innumerables partes, y así todo grano de mijo tiene, en proporción a una de sus partes, una grandeza semejante a la que tiene nuestro cuerpo con respecto al mundo; y que todo este mundo es hermoso por razón de las figuras, no por el volumen de su masa; y que parece tan grande, más que por su absoluta grandeza, por nuestra pequeñez, o sea, de animales, de que está poblado, los cuales, a su vez, por sus innumerables divisiones son pequeños, no en sí mismos, sino en comparación con otros y, sobre todo, del mismo universo?

Ni hay otra razón cuando se discurre acerca de la duración del tiempo, pues lo mismo que en el lugar, la longitud de todo tiempo tiene su mitad y, aun siendo mínima cuenta con su principio, su medio y su fin. Y así no puede menos de tener su mitad cuando se divide en el punto en que comienza a inclinarse a su fin. Según lo dicho, aun el tiempo de una sílaba breve lo es en comparación de otra larga, y la hora invernal, en razón con la estival, resulta también menor. Breves son también la duración de una hora con respecto al día, la del día con respecto al mes, la del mes con respecto al año, la del año con respecto al lustro, la del lustro con respecto a otros ciclos mayores, y la de éstos con respecto a todo el tiempo; y toda esa numerosa sucesión y como gradación de espacios temporales y locales se considera bella por su ordenada conveniencia, no por su volumen o por sus intervalos.

81. Pero la regla misma del orden vive en la Verdad eterna, sin ser grande por su masa ni alterable por su prolongación; antes bien es trascendente y superior a todos los lugares, inmóvil con la eternidad por encima de todos los tiempos; sin ella ninguna grandeza cuantitativa pudiera reducirse a unidad, y ninguna prolongación temporal medirse sin error, ni haber algo que tenga los elementos constitutivos del cuerpo o los del movimiento. Ella es la unidad principal, el Uno originario que no se derrama por espacios finitos e infinitos, y es incorruptible por lo finito e infinito. No tiene una parte aquí y otra allí, ni ahora una cosa y después otra, porque el Padre de la Verdad, Padre de la Sabiduría, es sumamente Uno y Ella, por su total parecido, y se llama su semejanza y su imagen, porque de Él procede.[48]

De donde muy bien se dice que el Hijo procede del Padre y las demás cosas fueron hechas por Él.[49] Ella es anterior, como forma, a todas las cosas, realizando juntamente la unidad de que dimana, de suerte que los demás seres que existen, en cuanto llevan la impronta de la unidad, fueron creados por ella.

Ella es la unidad principal, el Uno originario que no se derrama por espacios finitos e infinitos, y es incorruptible por lo finito e infinito. No tiene una parte aquí y otra allí, ni ahora una cosa y después otra, porque el Padre de la Verdad, Padre de la Sabiduría, es sumamente Uno y Ella, por su total parecido, y se llama su semejanza y su imagen.

---

[48] Cf. Colosenses 1:15: "El cual es la imagen del Dios invisible, el primogénito de toda criatura". Hebreos 1:3: "El cual siendo el resplandor de su gloria, y la misma imagen de su sustancia, y sustentando todas las cosas con la palabra de su potencia".

[49] Cf. Colosenses 1:16, 17: "Porque por él fueron criadas todas las cosas que están en los cielos, y que están en la tierra, visibles e invisibles; sean tronos, sean dominios, sean principados, sean potestades; todo fue criado por él y para él. Y él es antes de todas las cosas, y por él todas las cosas subsisten".

44

Quien sirve al Creador es servido por la creación

Se dice muy bien que el hombre fue hecho a imagen y semejanza de Dios, pues de otro modo no podría percibir con su mente la inmutable Verdad.

82. Algunas criaturas han sido creadas por Ella y conforme a Ella, como los seres racionales e inteligentes, entre los cuales está el hombre, del cual se dice muy bien que fue hecho a imagen y semejanza de Dios (Gn. 1:26, 27), pues de otro modo no podría percibir con su mente la inmutable Verdad. Otras fueron hechas por Ella, pero no a semejanza suya. Por lo cual, si la criatura racional sirve a su Creador, de quien, por quien y para quien fue hecha, las demás cosas le servirán; le estará sumisa la vida inferior, que se halla vinculada el alma y le ayuda para ejercer su dominio sobre el cuerpo; y el mismo cuerpo, que pertenece a la más inferior categoría de naturaleza y del ser, lo dirigirá según su arbitrio, porque se le ofrecerá enteramente sumiso, sin originarle molestia alguna; ya que el alma no buscará la felicidad en el cuerpo y por él, sino la recibirá por sí misma de Dios. Gobernará, pues, el cuerpo reformado y santificado, sin daño de corrupción y sin contrariedad ni dificultad. "Porque en la resurrección ni se casarán ni se darán en casamiento, sino serán como los ángeles del cielo" (Mt. 22:30). "Los manjares para el vientre y el vientre para los manjares; pero Dios destruirá al uno y a los otros, porque el reino de Dios no es comida y bebida, sino justicia, paz y gozo" (1ª Co. 6:13).

45

La debilidad nos muestra la fortaleza que nos falta

83. He aquí cómo en el placer mismo del cuerpo hay algo que nos recuerda que debemos estar por encima de ello, no porque el cuerpo sea malo por naturaleza, sino porque es una vergüenza revolcarse en los goces más bajos cuando se nos ha otorgado la facultad de unirnos y gozar de las cosas más elevadas. Cuando el auriga cae del carro y recibe así el castigo de su temeridad e imprudencia, suele echar la culpa al carro y a los caballos que ha recibido para su uso; pero yo le aconsejaría que implore la ayuda que necesita al Señor de todas las cosas, que sean detenidos los caballos, que ya ofrecen otro espectáculo con su caída y podrían a lo peor, si no se pone remedio, causar su muerte; que vuelva a subir al carro, tome posesión del vehículo y del dominio de las riendas y dirija con más precaución a las bestias obedientes y amansadas: entonces verá cuán bien construido está el coche y cuán bien trabada toda aquella unión, que era su ruina y lo molestaba por haber perdido el curso moderado y conveniente. Asimismo, también a éste nuestro cuerpo enflaqueció la codicia del alma, por abusar en el paraíso tomando la fruta prohibida contra la prescripción del médico, en que se contiene la salud.

A éste nuestro cuerpo enflaqueció la codicia del alma, por abusar en el paraíso tomando la fruta prohibida contra la prescripción del médico, en que se contiene la salud.

84. Luego si en esta flaqueza de la carne corruptible, donde no es posible la vida dichosa, no falta un aviso para la felicidad, por causa de la hermosura que reina de lo alto a lo bajo, ¿cuánto más en el apetito de la nobleza y excelencia y en toda soberbia y vana pompa del siglo? Pues ¿qué busca el hombre con dicha pasión sino ser él único a quien, si es posible, le estén sujetas todas las cosas, haciendo una perversa imitación de la omnipotencia de Dios? Si el hombre imitara a Dios, obedeciendo y cumpliendo todos sus preceptos, con su favor dominaría a todas las demás cosas, y el que aspira a mandar a los hombres no tendría que sufrir la vergüenza de tener miedo a una bestia. El orgullo posee igualmente un cierto deseo de unidad y de omnipotencia, pero relativo a la

Queremos ser invencibles, y es muy razonable; es una prerrogativa de nuestra naturaleza que sigue a la de Dios, por haber sido hecha a su imagen; pero era condición necesaria observar sus mandamientos, pues, guardándolos, nadie nos vencería.

soberanía de las cosas temporales, que pasan como sombra.[50]

85. Queremos ser invencibles, y es muy razonable; es una prerrogativa de nuestra naturaleza que sigue a la de Dios, por haber sido hecha a su imagen; pero era condición necesaria observar sus mandamientos, pues, guardándolos, nadie nos vencería. Ahora, en cambio, mientras aquella misma mujer a cuyas palabras consentimos torpemente es humillada con los dolores del parto, nosotros trabajamos en la tierra, y con gran vergüenza somos vencidos de todas las cosas que nos pueden afectar y perturbar. Nos molesta que nos venzan los hombres y nosotros no queremos vencer nuestra ira. ¿Hay mayor vergüenza que ésta? Confesamos que todo hombre es como nosotros y que, aunque tiene vicios, no es un vicio él mismo. ¿No es entonces más honroso ser vencidos por un hombre que por un vicio? ¿Quién dudará que es muy torpe vicio la envidia, por la que forzosamente ha de ser atormentado y tiranizado quien no quiere ser vencido en las cosas temporales? Más vale, pues, que nos domine el hombre que la envidia o cualquier otro vicio.

---

[50] Cf. Job 8:9: "Nosotros somos de ayer, y no sabemos, siendo nuestros días sobre la tierra como sombra".

46

Es invencible quien ama
a Dios y al prójimo

86. Aquel que ha vencido a sus pasiones no puede ser vencido por el hombre. Vencido solamente es aquel a quien el enemigo arrebata lo que ama. Quien ama, pues, lo que no puede serle arrebatado es, indudablemente, invencible e inmune de la tortura de la envidia. Ama una cosa que cuanto es más amada y poseída por muchos, tanto mayor alborozo causa. Pues ama a Dios de todo corazón, con toda su alma y toda su mente, y al prójimo como a sí mismo (Mt. 22:37-39). No envidia a nadie por ser igual a él; antes le ayuda, cuanto puede, para que lo logre. Ni puede perder al prójimo, a quien ama como a sí mismo, porque ni en sí mismo ama las cosas que se perciben con los sentidos corporales. Luego tiene dentro de sí al que ama como a sí mismo.

87. Tal es la norma del amor: que los bienes que desea para sí los quiera también para el otro, y lo que no desea para sí, tampoco lo desee para el otro.[51] He aquí la voluntad de ese hombre para sus semejantes. No dañar a nadie, y "el amor al prójimo no obra el mal" (Ro. 13:10). Amemos, pues, según está mandado, hasta a nuestros enemigos, si queremos ser invictos. Pues ningún hombre es por sí mismo invencible, sino por aquella ley inmutable, y sólo los obedientes a ella son libres. No se les puede arrebatar lo que aman: he aquí lo que hace a los hombres invencibles y perfectos. Pues si uno ama a los demás, no como a sí mismo, sino como se puede amar a la bestia de carga, los baños, al pájaro pinto o parlero, con la mira puesta en conseguir algún deleite o provecho temporal, forzosamente se hace esclavo, no del hombre, sino del vicio feo y detestable que consiste en no amar al hombre como debe ser amado; y esto es más vergonzoso todavía. Con la tiranía de semejante vicio es arrastrado hasta la vida más innoble, o más bien hasta la muerte.

Tal es la norma del amor: que los bienes que desea para sí los quiera también para el otro, y lo que no desea para sí, tampoco lo desee para el otro.

---

[51] Cf. Mt. 7:12; Lc. 6.31: "Así que, todas las cosas que quisierais que los hombres hiciesen con vosotros, así también haced vosotros con ellos; porque esta es la ley y los profetas".

Estamos llamados al ideal de la perfecta naturaleza humana, tal cual la hizo Dios antes de pecar nosotros; y nos retrae del amor de aquella que nosotros deformamos con nuestro pecado. Conviene, pues, aborrecer aquello de que deseamos ser libertados.

88. Ni tampoco ha de amarse al hombre como se ama a los hermanos de sangre, o a los hijos, o a la mujer, o a las parientes, o afines o ciudadanos. Este amor es también temporal. Pues no habría necesidad de tales parentelas, que se originan de los nacimientos y muertes, si nuestra naturaleza, perseverando en la sumisión a los mandatos y en la imagen de Dios, no hubiera sido condenada a esta vida corruptible.[52] Por donde la misma Verdad, invitándonos a volver a nuestra naturaleza primitiva y perfecta, nos manda despegarnos de los lazos carnales y enseña que nadie es apto para el reino de los cielos si no aborrece esos vínculos de la sangre (Lc. 14:26) y que esto debe parecer inhumano a nadie, porque más inhumano es no amar en el hombre su razón de hombre que amar su razón de hijo; pues eso equivale a no amar en él lo que es de Dios, sino sólo lo que pertenece al hombre. ¿Qué maravilla, pues, que no alcance el reino el que no ama lo universal, sino lo particular? Pues será mejor amar ambas cosas, dirá alguien. Más vale amar aquello único, dice Dios, porque con mucha razón asegura la Verdad: "Nadie puede servir a dos señores" (Mt. 6:24). Nadie puede seguir el ideal de nuestra vocación sin aborrecer lo que fue un obstáculo para ella. Estamos llamados al ideal de la perfecta naturaleza humana, tal cual la hizo Dios antes de pecar nosotros; y nos retrae del amor de aquella que nosotros deformamos con nuestro pecado. Conviene, pues, aborrecer aquello de que deseamos ser libertados.

89. Aborrezcamos pues los vínculos carnales si nos inflama el deseo de la eternidad. Ame el hombre al prójimo como a sí mismo. Pues, ciertamente, nadie es para sí mismo padre, hijo o pariente, u otra cosa de este linaje,

---

52 "Desapruebo totalmente este sentido... porque da pie para pensar que aquellos primeros esposos no hubieran tenido descendencias a no haber pecado; como si necesariamente los frutos de su generación hubieran de ser mortales por venir de la unión del hombre y de la mujer. Y es porque no concebía entonces como cosas posible que hijos inmortales naciesen de padres inmortales, si aquel pecado tan grande no hubiera deteriorado la naturaleza humana; y por esta causa, si en los progenitores y en los hijos hubiera durado la fecundidad y la felicidad hasta cumplirse cierto número de santos, prefijados por Dios, nacerían los hombres no para suceder a los padres, destinados a morir, sino para reinar con ellos siempre vivos. No faltarían, pues estas parentelas, aun con la inmunidad del pecado y de la muerte" (*Retract.* I, 13, 8).

sino sólo hombre; luego el que ama a alguien, como a sí mismo, debe amar en él lo que en sí mismo ama. Los cuerpos no son lo que nosotros somos; no se debe, pues, desear y amar en los demás el cuerpo. Aquí puede aplicarse aquel precepto: "No desees las cosas del prójimo" (Éx. 20:17).

Luego, todo el que ama en el prójimo lo que no es para sí mismo, no lo ama como se debe. Se ha de amar, pues, a la misma naturaleza humana, prescindiendo de sus relaciones carnales, ya se halle en vía de perfección, ya sea perfecta. Todos son parientes bajo el único Dios Padre, cuantos le aman y cumplen su voluntad (Mt. 12:48-50). Y todos son entre sí y para sí padres, cuando se hacen bien; hijos, cuando se obedecen unos a otros, y, sobre todo, hermanos, porque un mismo y único Padre nos llama con su testamento a una herencia.[53]

Todo el que ama en el prójimo lo que no es para sí mismo, no lo ama como se debe. Se ha de amar, pues, a la misma naturaleza humana, prescindiendo de sus relaciones carnales, ya se halle en vía de perfección, ya sea perfecta.

---

[53] Cf. Hebreos 9:15: "Así que, por eso es mediador del nuevo testamento, para que interviniendo muerte para la remisión de las rebeliones que había bajo del primer testamento, los que son llamados reciban la promesa de la herencia eterna".

47

Quien a Dios ama
nada le falta ni nada envidia

Cuando ama al prójimo como a sí mismo, no le envidia, pues tampoco a sí mismo se envidia; no le necesita, pues tampoco tiene necesidad de sí; sólo necesita a Dios, cuyo amor le hace dichoso. Mas nadie le arrebata a Dios. Luego, aquel que está unido a Dios es con gran verdad y certeza invencible.

90. ¿Cómo, pues, un hombre de tales disposiciones no ha de ser invencible, cuando ama al hombre puro, es decir, a la criatura de Dios hecha a su imagen, ni puede faltarle la naturaleza perfecta que él ama, cuando él es perfecto? Sí, por ejemplo, uno ama a un buen cantor, no a éste o al otro, sino a cualquiera que cante bien, por ser él también un modelo de cantor, quiere que todos sean tales, sin faltarle a él lo que ama, pues él canta bien. Pero si tiene envidia de alguno que canta bien, no ama ya el arte de su canto sino las alabanzas o favores que pretende conseguir cantando bien y se le puede disminuir o quitar si sale otro cantor mejor que él. Luego quien envidia al que canta bien, no ama el arte de cantar bien; como, a su vez, el que carece de ese talento, tampoco canta bien. Lo cual se ajusta mucho mejor al que vive bien, pues no puede envidiar a ninguno; porque la perfección conseguida con el buen vivir no se divide cuando la poseen todos ni se merma cuando la tienen muchos. Y puede venir un tiempo en el que el buen cantor pierda su voz y necesite del canto ajeno para satisfacer su afición, como si está en un festín donde no conviene que él cante, pero sí oír a un buen cantor; pero el vivir bien siempre conviene.

Por lo cual, quien ama y practica la buena vida, no sólo no mira con envidia a los que le imitan, sino con buenísima voluntad y generosidad humana les ayuda cuanto puede, y sin que de ellos necesite, pues lo que en ellos ama lo tiene en sí entero y perfecto. Así, como consecuencia, cuando ama al prójimo como a sí mismo, no le envidia, pues tampoco a sí mismo se envidia; no le necesita, pues tampoco tiene necesidad de sí; sólo necesita a Dios, cuyo amor le hace dichoso. Mas nadie le arrebata a Dios. Luego, aquel que está unido a Dios es con gran verdad y certeza invencible, no con el fin de conseguir de Él bienes externos, pues para él no hay otro bien fuera de la unión divina.

91. Este hombre, mientras vive, se sirve de los amigos para mostrarles su generosidad; de los enemigos,
para ejercitar su, paciencia; de cuantos puede, para hacerles bien; de todos, para abrazarlos por su benevolencia. Y si bien no ama las cosas temporales, usa bien de
ellas, y, según su fortuna, busca el provecho de algunos
hombres si no puede favorecer a todos. Por eso, si dedica
a alguno de sus familiares más atención que a un desco-
nocido, no es por amarle más, sino porque tiene mayor
confianza con él y las ocasiones de acercarse a esa persona son más frecuentes. Trata con tanta mayor atención
a los hombres entregados a lo temporal, cuanto más
desligado se halla él del tiempo. Y como no puede aliviar
la suerte de todos los hombres a quienes ama por igual,
faltaría a la justicia si no atendiese con preferencia a los
que están más vinculados a él. La unión espiritual es más
fuerte que la que nace de los lugares y tiempos de nuestro
nacimiento corporal y tanto es así que sobrepasa todos
los vínculos. No se abate, pues, él con la muerte de alguno, porque quien ama a Dios con todo su corazón, sabe
muy bien que no perece para él quien no perece para
Dios. Dios es Señor de los vivos y muertos. No es desgraciado con la miseria ajena, del mismo modo que nadie
es injusto por la injusticia de los demás. Como nadie
puede arrebatarle su virtud ni su Dios, nadie puede tampoco quitarle su dicha. Y si acaso alguna vez le afecta
mucho el peligro, el error y el dolor de otro, es la ocasión
para él de socorrer, corregir y consolar, pero sin perder
nunca la paz ni el criterio recto.

92. En todas las ocupaciones y trabajos le sostiene la
seguridad de su descanso futuro. Pues ¿quién es capaz
de perjudicarle, cuando hasta de sus enemigos obtiene
provecho? Vence el temor de los enemigos con el auxilio
y apoyo de Aquel de quien recibió el mandato y la gracia de amarlos. Ese hombre, lejos de entristecerse en las
tribulaciones, experimenta gozo de ellas, sabiendo "que
la tribulación produce paciencia; la paciencia, virtud probada; la virtud probada, esperanza, y la esperanza no
quedará confundida, pues el amor de Dios se ha derramado en nuestro corazón por virtud del Espíritu Santo,
que nos ha sido dado" (Ro. 5:3-5). ¿Quién le dañará,
pues? ¿Quién le vencerá? La prosperidad le hace pro-

**La unión
espiritual es
más fuerte
que la que
nace de los
lugares y
tiempos de
nuestro
nacimiento
corporal
y tanto
es así que
sobrepasa
todos los
vínculos.**

Parece, pues, que vence –cuando en realidad es vencido– el que esforzadamente consigue lo que más tarde ha de perder con pena, y vence –cuando al perecer es vencido– el que, renunciando, conquista lo que no pierde si no lo quiere.

gresar y en los reveses reconoce el límite de sus progresos.[54] Mientras hay abundancia de bienes perecederos, no coloca su corazón en ellos; mas sí los pierde, entonces ve si ha sido su esclavo; pues frecuentemente, cuando los poseemos, nos parece que estamos desprendidos de ellos; pero, cuando nos faltan, descubrimos lo que somos. Pues no estaba apegado nuestro corazón a lo que se pierde sin dolor. Parece, pues, que vence –cuando en realidad es vencido– el que esforzadamente consigue lo que más tarde ha de perder con pena, y vence –cuando al perecer es vencido– el que, renunciando, conquista lo que no pierde si no lo quiere.

---

54 Cf. Filipenses 4:12: "Sé estar humillado, y sé tener abundancia: en todo y por todo estoy enseñado, así para hartura como para hambre, así para tener abundancia como para padecer necesidad".

48

El amor a la sabiduría

93. Quien se complace en la libertad, trate de liberarse del amor de las cosas pasajeras; y el que quiera reinar viva sumiso y unido a Dios, Señor de todas las cosas, amándole más que a sí mismo. He aquí la perfecta justicia, consistente en amar más lo que vale más, en amar menos lo que vale menos. Es preciso amar al alma sabia y perfecta tal como es en sí, y a la necia no como tal, sino en cuanto puede llegar a ser perfecta y sabia; pues tampoco el necio debe amarse a sí mismo como necio, porque quien se ama a sí mismo como necio, no llegará a la sabiduría ni logrará lo que desea sin aborrecer lo que es. Y mientras está en el camino de la sabiduría y perfección, sufra la debilidad y necedad del prójimo con que se sufriría a sí mismo, en idéntica condición, si fuese necio y quisiera acceder a la sabiduría. La soberbia aunque sea como una sombra de la verdadera libertad y de la soberanía verdadera, es también un medio por el cual la divina Providencia nos recuerda qué quiere decir ser viciosos y hacia dónde hemos de dirigirnos después de corregirnos.

He aquí la perfecta justicia, consistente en amar más lo que vale más, en amar menos lo que vale menos. Es preciso amar al alma sabia y perfecta tal como es en sí, y a la necia no como tal, sino en cuanto puede llegar a ser perfecta y sabia.

49

De la curiosidad a la verdad

Nada hay tan admirable y hermoso como la verdad, a que aspira, según confesión propia, todo espectador, tomando tantas precauciones para no engañarse y se jacta de ello cuando conoce y penetra algo con una mirada más profunda que los demás.

94. En cuanto a los espectáculos y toda esa pasión que se llama curiosidad, ¿qué otra cosa buscan sino el deleite que produce el conocimiento de las cosas? Nada hay tan admirable y hermoso como la verdad, a que aspira, según confesión propia, todo espectador, tomando tantas precauciones para no engañarse y se jacta de ello cuando conoce y penetra algo con una mirada más profunda que los demás. A los mismos prestidigitadores, cuyo arte consiste en embaucar, los miran con mucha diligencia y cautela; y si son engañados, celebran con gusto la habilidad del embaucador, ya que no la propia en descubrir su embuste. Si el prestidigitador no conociera por qué consigue que los espectadores se engañen y creyera no saberlo, nadie aplaudiría al que es también víctima del engaño. Y si alguno de los reunidos le sorprende el secreto, se considera digno de una mayor alabanza que él, pues no pudo engañarle ni hacerle caer en el error. Si se trata de un juego conocido por muchos, no le aplaude nadie, y se burlan de los que no han descubierto el embuste. Así, todos los aplausos son para el conocimiento, para el artificio y para la comprensión de la verdad, a la cual de ningún modo llegan quienes la buscan en el exterior.

95. Nos hallamos sumergidos en tantas frivolidades y torpezas que, preguntados qué es lo mejor, si lo verdadero o lo falso, unánimemente respondemos que lo primero es preferible; con todo, somos más propensos a entretenernos con bromas y juegos, donde nos seducen no la verdad, sino las ficciones, y no nos unimos a los preceptos de la verdad. Así, por nuestra boca y juicio nos condenamos a nosotros mismos, aprobando una cosa con la razón y siguiendo otra con nuestra vanidad. Tanto vale algo lo jocoso y divertido en cuanto conocemos la verdad, cuya representación nos alegra. Pero amando tales vanalidades nos alejamos de la verdad y no atinamos a ver qué cosas imitan; de ellas andamos enamorados, como de primeras hermosuras, mas, dejándolas, abrazamos nuestros propios fantasmas o imaginaciones, que, en nuestro retorno a la investigación de la verdad, nos salen al paso en el camino

y nos impiden seguir adelante, no por su fuerza, sino con sus atractivos insidiosos, por no entender cuán amplio sentido tiene aquel dicho: "Guardaos de los ídolos" (1ª Jn. 5:21).

96. De este modo, unos se han derramado por innumerables mundos con su errabundo pensamiento. Otros creyeron que Dios no podía ser sino un cuerpo de fuego. Algunos fantasearon que es el brillo de una luz inmensa, esparcido por espacios ilimitados, más hendido de una parte como por una cuña negra, imaginándose que hay dos reinos contrarios y explicando por ellos los principios constitutivos de las cosas. Si les exijo que me digan si saben esto con verdad, tal vez su audacia no llegue a tanto; pero dirán a su vez: "Muestra tú, pues, dónde está la verdad". Y si yo me contento con decirles que busquen esa luz con que ven ciertamente que una cosa es creer y otra entender, también ellos jurarían que no puede verse semejante luz con los ojos ni figurarse dotada de extensión local, y que en todas partes se ofrece a quienes van en su busca, y nada puede hallarse más cierto y puro que ella.

97. Nótese, igualmente, que todas estas afirmaciones que yo acabo de hacer sobre la luz intelectual, las conozco por esta misma luz y no por otra. Por ella entiendo que es verdad lo que se ha dicho y por ella poseo la evidencia de esta misma intelección. Y así una y otra vez, cuando alguien tiene conciencia de que sabe, y sabe, de nuevo, que sabe esto; veo pues que hay aquí un proceso *in infinitum*, pero sin la extensión espacial propia de los cuerpos sólidos y mutables. Sé, igualmente, que yo no puedo entender si no vivo, y con mayor seguridad entiendo que mi entendimiento se vigoriza con el ejercicio. Porque la vida eterna supera a la temporal por su misma vivacidad, y aun qué sea la eternidad, lo veo con los ojos intelectuales. Pues con la mirada de la mente aparto de la eternidad toda posibilidad de mudanza y no pongo en ella ninguna dimensión temporal, porque éstas se componen de movimientos pasados y futuros de cosas. Y en la eternidad nada pasa, nada es futuro, pues lo que pasa deja de existir, lo futuro no ha comenzado aún a ser; mas solamente la eternidad es; ni ha sido, como si ya no fuera, ni será, como si no fuese todavía. Por lo cual sólo ella pudo decir con verdad al hombre: "Yo soy el que soy"; y de ella pudo decirse con la máxima certeza: "El que es me ha enviado" (Éx. 3:14).

Y en la eternidad nada pasa, nada es futuro, pues lo que pasa deja de existir, lo futuro no ha comenzado todavía a ser; mas solamente la eternidad es; ni ha sido, como si ya no fuera, ni será, como si no fuese todavía.

50

La lectura correcta de las Escrituras

Tenemos que distinguir entre las cosas que debemos conocer por el testimonio de la historia, las que debemos descubrir con la luz de la razón y lo que hemos de guardar en la memoria y creer sin saber si son verdad.

98. Si no podemos aún adherirnos a esta eternidad, desechemos siquiera nuestros fantasmas y alejemos de nuestra vista interior esos juegos ilusorios y superficiales. Subamos, pues, por la escalera que la divina Providencia nos ha fabricado. Al ver que nos desvanecíamos con nuestros pensamientos, deleitándonos demasiado con nuestras frívolas ilusiones y que reducíamos toda la vida a vanas quimeras, la inefable misericordia de Dios se sirvió de la criatura racional, sometida a sus leyes, por medio de sonidos y letras, del fuego, del humo, la nube, la columna, como con ciertas palabras visibles, no se ha desdeñado jugar, en cierto modo, con nuestra infancia con parábolas y semejanzas y curarnos con este lodo nuestros ojos interiores.[55]

99. Tenemos que distinguir entre las cosas que debemos conocer por el testimonio de la historia, las que debemos descubrir con la luz de la razón y lo que hemos de guardar en la memoria y creer sin saber si son verdad; hay que indagar dónde se halla la verdad que no viene y pasa, sino permanece siempre idéntica a sí misma, y cuál es el método para interpretar las alegorías que la Sabiduría de Dios ha revelado, según creemos, por el Espíritu Santo; si podemos interpretar alegóricamente desde los acontecimientos eternos más antiguos a la luz de los más recientes o hay que extender la alegoría a las pasiones y naturaleza del alma y hasta a la inmutable eternidad; si unas significan hechos visibles, otras movimientos espirituales, otras la ley de la eternidad, y si en algunas se cifran todas estas cosas a la vez. Distingamos cuál es el objeto inalterable de la fe, y si es histórico o temporal o bien espiritual y eterno, a que debe ajustarse toda interpretación de autoridad; y cuán útil es la fe de las cosas temporales para entender y conseguir las eternas, donde se halla la meta de las buenas acciones; y la diferencia que hay entre la alegoría histórica

---

[55] Alusión a Jn. 9:6: "Hizo lodo con la saliva, y untó con el lodo sobre los ojos del ciego".

y la alegoría del hecho, y la alegoría del discurso y la alegoría de los ritos sagrados; y cómo el estilo de las santas Escrituras debe interpretarse según la propiedad de cada lengua, por tener ella sus modismos propios, que si se traducen al pie de la letra parecen absurdos. Estudiemos para qué sirve tanta desnudez de estilo, de suerte que no sólo la ira de Dios, y la tristeza, y el despertar del sueño, y la memoria, y el olvido, y otras cosas que pueden aplicarse a los hombres buenos, sino también los nombres de arrepentimiento, de celo, de crápula y otros semejantes que se encuentran en las divinas páginas. Debemos investigar si los ojos de Dios, sus manos, y sus pies, y otros miembros del mismo género mencionados en las Escrituras se refieren a la forma visible que tienen en el cuerpo humano o se emplean para significar perfecciones invisibles y espirituales, lo mismo que el yelmo, el escudo, y la espada, y el cinturón, y otras cosas por el estilo (Ef. 6:14-17). Y se ha de investigar, sobre todo, qué aprovecha al género humano el que la divina Providencia nos haya hablado de este modo por la criatura racional, generatriz y corporal, sometida a su servicio. Cuando se conoce todo esto, desaparece toda presunción infantil y se abraza la sacrosanta religión.

El estilo de las santas Escrituras debe interpretarse según la propiedad de cada lengua, por tener ella sus modismos propios, que si se traducen al pie de la letra parecen absurdos.

51

El estudio de las Escrituras, alimento provechoso

Demos el alimento y la bebida del estudio y consideración de las divinas Escrituras al alma hambrienta, sedienta y fatigada con la vana curiosidad, que en balde anhela saciarse con ficciones imaginarias.

100. Dejando a un lado y rechazando todas las fruslerías del teatro y de la poesía, demos el alimento y la bebida del estudio y consideración de las divinas Escrituras al alma hambrienta, sedienta y fatigada con la vana curiosidad, que en balde anhela saciarse con ficciones imaginarias, como con banquetes pintados; eduquémonos provechosamente con este juego tan noble, propio de hombres libres. Si nos atraen los espectáculos y la hermosura, deseemos contemplar aquella Sabiduría que de un extremo a otro "se extiende con fortaleza y todo lo dispone con suavidad".[56] ¿Hay mayor maravilla que esa fuerza espiritual que fabrica y gobierna el mundo visible? ¿Hay cosa más bella que la que ordena y embellece todo?

---

[56] "Se despliega vigorosamente de un confín al otro del mundo y gobierna con excelente manera el universo" (*Sabiduría* 8:1, BJ).

52

Volver de lo temporal a lo eterno

101. Si todos admiten que lo que hemos dicho se percibe por los órganos corpóreos y que el ánimo es mejor que el cuerpo, ¿no tendrá el mismo ánimo sus espectáculos propios, sin duda mucho más elevados y nobles? Nosotros, pues, invitados por las cosas sometidas a nuestro juicio a examinar la naturaleza de nuestra facultad de examen, subiendo de las obras artísticas a la ley de las artes, contemplaremos con la mente aquella hermosura en cuya comparación resultan deformes las criaturas, que son bellas por su benignidad, porque, "desde la creación del mundo, lo invisible de Dios, su eterno poder y su divinidad se alcanzan a conocer por las criaturas" (Ro 1:20). Tal es la vuelta de lo temporal a lo eterno y la transformación de la vida del hombre viejo en el hombre nuevo. ¿Qué hay, pues, que no pueda servir de aviso al hombre para la práctica de la virtud, cuando hasta los vicios le llevan a ello? Pues ¿qué apetece la curiosidad sino el conocimiento, que no puede ser cierto si no lo es de cosas eternas y que siempre permanecen idénticas en el ser? ¿Qué busca la soberbia sino una poderosa facilidad de obrar, cosa que sólo consigue el alma perfecta sometiéndose a Dios y dedicándose a su retiro con adhesión total? ¿Qué ambiciona el placer corporal sino el descanso, que sólo se da donde no hay carencia de nada ni corrupción? Hay que evitar, pues, el infierno, esto es, la grave sanción, reservada después de la vida, donde no puede haber ningún recuerdo de la verdad, porque allí no hay posibilidad de pensar; ya que en el infierno el alma no será iluminada con la verdadera luz que "alumbra a todo hombre que viene a este mundo" (Jn. 1:9). Apresurémonos, pues, y caminemos mientras es de día, para que no nos sorprendan las tinieblas (Jn. 12:35). Démonos prisa en libertarnos de la segunda muerte (Ap. 20:14), donde nadie se acuerda de Dios, y del infierno, donde nadie le confesará.[57]

Hay que evitar, pues, el infierno, esto es, la grave sanción, reservada después de la vida, donde no puede haber ningún recuerdo de la verdad, porque allí no hay posibilidad de pensar; ya que en el infierno el alma no será iluminada con la verdadera luz.

---

[57] Cf. Salmo 6:5: "Porque en la muerte no hay memoria de ti: ¿Quién te loará en el sepulcro?".

53

El fin del ignorante y la meta del sabio

Quienes
prefieren
llegar a al fin
de   las cosas
y no
quedarse en
los medios,
renuncian a
la curiosidad,
sabiendo
que el
conocimiento
cierto reside
en lo íntimo
y gozan
de él según
lo consiente
la vida
presente.

102. Mas los desventurados hombres, a cuyos ojos las cosas sabias pierden valor y gustan de novedades, más amigos son de aprender que de contemplar, a pesar de que la contemplación es el fin del aprendizaje. Los que menosprecian la facilidad de la acción, con mayor gusto se dedican a luchar que a vencer, pese a que la victoria es el fin de la lucha. Quienes no estiman la salud corporal, se complacen más en comer que saciar el hambre, o prefieren disfrutar del orgasmo de los miembros sexuales que de su reposo. Hay quienes prefieren dormir a dormitar, cuando el fin de tales deseos es apagar el hambre y la sed, calmar el deseo de la unión conyugal, y evitar la fatiga del cuerpo.

103. Por lo cual, quienes prefieren llegar a al fin de las cosas y no quedarse en los medios, renuncian a la curiosidad, sabiendo que el conocimiento cierto reside en lo íntimo y gozan de él según lo consiente la vida presente. Después adquieren la facilidad de la acción, dejando la terquedad, pues saben que es más fácil y noble victoria no oponerse a la enemistad de ninguno; esto sienten, según es posible, en la presente vida; finalmente, alcanzan también el reposo corporal, absteniéndose de las cosas de las que aquí puede prescindir; así saborean las delicias del Señor.[58] Seguros de los bienes de la otra vida, se alimentan con la fe, la caridad y la esperanza de la perfección última (1ª Co. 13:13).

Después de esta vida, el conocimiento alcanzará su perfección, porque ahora sabemos en parte, mas, cuando viniere lo perfecto, desaparecerá lo parcial; y habrá completa paz.[59] Pues ahora una ley contraria en nuestros miembros se resiste a la ley de nuestra mente; pero nos libertará de este cuerpo de muerte la gracia de Dios por

---

[58] Cf. Salmo 34:8: "Gustad, y ved que es bueno es el Señor: Dichoso el hombre que confiará en él".

[59] Cf. 1ª Corintios 13:9:10: "Porque en parte conocemos, y en parte profetizamos; mas cuando venga lo que es perfecto, entonces lo que es en parte será quitado".

Jesucristo, nuestro Señor[60] pues en gran parte estamos de acuerdo con el adversario, mientras vamos con él por el camino[61] y allí, en cambio, el creyente poseerá entonces la salud total, y no habrá indigencia ni fatiga, porque este cuerpo corruptible, en el tiempo y orden en que se verificará la resurrección de la carne, se revestirá de incorrupción (1ª Co. 15:53).

Y no hay que maravillarse de que este premio se dará a los que en el conocimiento aman sólo la verdad, y en la acción sólo la paz, y en el cuerpo sólo la salud. Pues en la otra vida se perfeccionará en ellos lo que más estiman acá.

no hay que maravillarse de que este premio se dará a los que en el conocimiento aman sólo la verdad, y en la acción sólo la paz, y en el cuerpo sólo la salud.

---

[60] Cf. Romanos 7:23-25: "Mas veo otra ley en mis miembros, que se rebela contra la ley de mi espíritu, y que me lleva cautivo a la ley del pecado que está en mis miembros. ¡Miserable hombre de mí! ¿quién me librará del cuerpo de esta muerte? Gracias doy a Dios, por Jesucristo Señor nuestro".

[61] Alusión a Mateo 5:25: "Concíliate con tu adversario pronto, entre tanto que estás con él en el camino".

54

El castigo adecuado al propio deseo

Los que se alegran con las guerras, serán alejados de la paz y arrollados con sumas dificultades, pues las guerras y las contiendas son el principio de las máximas dificultades.

104. Los que usan mal de este maravilloso bien del espíritu, que es la inteligencia, y lo desprecian para fijarse en las cosas visibles, que debieran servirles de incentivo para subir y amar las cosas espirituales, serán arrojados a las tinieblas exteriores (Mt. 22:13); tinieblas que comienzan con el excesivo cuidado de la carne y la degradación de los sentidos del cuerpo.[62] Los que se alegran con las guerras, serán alejados de la paz y arrollados con sumas dificultades, pues las guerras y las contiendas son el principio de las máximas dificultades. Esto es lo que significa, creo yo, el que se "les aten los pies y las manos" (Mt. 22:13), es decir, se les prive de toda libertad de acción. Y los que quieren tener sed y hambre y abrasarse y fatigarse con deseos carnales para tener después el placer de comer y beber, de usar el sexo y del sueño, aman la indigencia, que es germen de los mayores dolores. Se cumplirá en ellos justamente lo que desean, siendo puestos donde hay llanto y rechinar de dientes.

105. Pues son muchos los que se entregan juntamente a todos estos vicios, y su vida se reduce a esperar, luchar, comer, beber, gozar de carnalidades, dormir y revolver en su cabeza únicamente las impresiones captadas con semejante manera de vivir, y con los falsos atractivos de los sentidos se forjan las reglas de la impiedad y superstición, con que se engañan y esclavizan, aun cuando se esfuercen tal vez por liberarse de los halagos carnales; no usan bien el talento recibido (Mt. 25:14), esto es, la agudeza mental en que sobresalen todos los que parecen doctos, cultos e ingeniosos, sino lo tienen atado en un pañuelo, o escondido bajo tierra, quiero decir, envuelto y oprimido por las cosas delicadas y superfluas, o entre las codicias terre-

---

[62] Cf. Romanos 8:6, 7: "Los que viven conforme a la carne, de las cosas que son de la carne se ocupan; mas los que conforme al espíritu, de las cosas del espíritu. Porque la intención de la carne es muerte; mas la intención del espíritu, vida y paz: Por cuanto la intención de la carne es enemistad contra Dios; porque no se sujeta a la ley de Dios, ni tampoco puede. Así que, los que están en la carne no pueden agradar a Dios".

nales. Se les atarán, pues, las manos y los pies y serán arrojados en las tinieblas exteriores, donde habrá llanto y y crujir de dientes, no por haber amado por sí mismo tales tormentos (pues ¿quién habrá que los ame?), sino porque amaron a lo que es causa de ello, y las causas de sus tormentos arrastrarán fatalmente a sus amantes hasta allí. Pues quienes más quieren ir que volver o llegar, serán enviados a muy lejana región, "porque son carne y espíritu errante que pasa y no vuelve" (Sal. 78:39).

106. Pero al que emplee bien los cinco sentidos del cuerpo, para creer y pregonar las obras de Dios y alimentar su caridad o para armonizar su vida con la acción y contemplación y conocer las cosas divinas, tiene reservada la entrada en el gozo de su Señor (Mt. 25:21, 23). Por lo cual, el talento arrebatado al que abusó de él, lo recibirá quien empleó bien los cinco talentos; no porque pueda darse a otro la agudeza de su inteligencia, sino para significar con esto que los negligentes e impíos con talento pueden perderlo, y alcanzarlo los diligentes y piadosos, aunque estuviesen menos dotados de aquel don. Y no le fue dado el talento al que había recibido dos, porque ya lo tiene, pues vive por la acción y contemplación, sino al que había recibido los cinco (Mt. 25:14), ya que no tiene todavía la adecuada perspicacia mental para contemplar las cosas eternas el que cree sólo en las visibles y temporales; en cambio puede tenerla el que alaba a Dios, como artífice de todos los bienes sensibles, y le escucha por la fe, y en Él tiene la esperanza y le busca con amor.

El que emplee bien los cinco sentidos del cuerpo, para creer y pregonar las obras de Dios y alimentar su caridad o para armonizar su vida con la acción y contemplación y conocer las cosas divinas, tiene reservada la entrada en el gozo de su Señor.

55

Lo que no hay que adorar

Deslíguese
nuestra
religión de
las vagas
imaginaciones,
pues vale
más
cualquier
realidad
verdadera
que cuanto
puede
forjarse
de manera
arbitraria.

107. Siendo esto así, os exhorto a vosotros, amigos queridos y parientes míos –y me lo digo también a mí–, a correr con la mayor velocidad posible hacia la meta que nos propone la Sabiduría divina. "No amemos el mundo, porque todo cuanto hay en él es concupiscencia de la carne, concupiscencia de los ojos y ambición del siglo" (1ª Jn. 2:16). Evitemos en los demás y en nosotros la corrupción carnal, para no venir a caer en otra mayor de tormentos y dolores. Abandonemos las competencias y riñas, no sea que nos entreguen a la tiranía de los ángeles que se deleitan con esas cosas, para ser abatidos, encarcelados y flagelados. No nos aficionemos a los espectáculos materiales, no sea que por haber amado las sombras y por habernos extraviando de la Verdad, seamos arrojados a las tinieblas.

108. Deslíguese nuestra religión de las vagas imaginaciones, pues vale más cualquier realidad verdadera que cuanto puede forjarse de manera arbitraria. Mas no vayamos a venerar el alma misma, aun cuando conserve su verdadero ser, al entregarse a sus imaginaciones. Es mejor una brizna de paja que la luz formada por la vana fantasía, según el capricho personal, con todo, es cosa de locos creer que esa brizna de paja, que vemos y tocamos, merezca ser objeto de culto. No veneremos las obras humanas, porque mejores son los artífices que las hacen, a los que, sin embargo, tampoco hemos de tributar culto. Rechacemos igualmente el culto de los animales, pues los superan en excelencia los hombres de menos valía, a los que, sin embargo, no hemos de adorar. Dejemos el culto a los difuntos, pues sí vivieron piadosamente, no se complacen con tales honores, antes quieren que adoremos al que los baña con su luz y alegría y de vernos a nosotros asociados a sus méritos. Honrémoslos, pues, imitando sus virtudes, no adorándolos. Y si vivieron mal, dondequiera que estén, ningún culto merecen. Lejos de nosotros igualmente el culto a los demonios, pues siendo toda superstición un castigo para los hombres y peligrosísima torpeza, para ellos, en cambio, es un triunfo y honor.

109. No abracemos el culto de la tierra y de las aguas, porque más puro y luminoso que ellas es el aire, por turbio que esté, y tampoco debe venerarse. Ni sea objeto de nuestra religión un aire más puro y sereno, pues, privado de la luz, queda entenebrecido; y más brilla la llama del fuego, a la que tampoco hemos de dar culto, porque la encendemos y apagamos según nuestra voluntad. No adoremos los cuerpos etéreos y celestes, que, si bien son preferidos a los demás cuerpos, valen menos que cualquier ser vivo. Y aun siendo animados, el alma por sí misma aventaja a cualquier cuerpo animado y, con todo, nadie ha pensado en dar culto a un alma viciosa. No demos culto religioso a la vida vegetal, porque carece de sentido. y del mismo género son numerosas manifestaciones de nuestro organismo; por ella viven nuestros cabellos y huesos, que no sienten dolor al ser cortados. Superior es la vida sensible y, pese a ello, no debemos adorar a los animales.

110. No veneremos con culto religioso ni a la misma alma racional perfecta y sabia, puesta al servicio del universo entero, ni a la que en los varones más eminentes espera el cambio y la transformación del cuerpo; pues toda vida racional, si es perfecta, obedece a la verdad eterna, que en lo íntimo le habla sin estrépito de voz, y desoyéndola se hace viciosa. Su grandeza le viene no de sí misma sino de la Verdad, a la cual se somete complacida.

Adoramos la Verdad y fuente de toda verdad

Al Ser que adora el más excelso ángel, debe adorar también el último hombre, porque el hombre se redujo a su extrema miseria presente por haberle negado esta adoración. Del mismo principio viene la sabiduría del ángel que la del hombre; de la misma fuente mana la verdad para ambos, a saber, de la Sabiduría y Verdad inmutables. En efecto, para obrar nuestra salvación, la Virtud misma de Dios, su invariable Sabiduría, consustancial y coeterna con el Padre, se dignó en el tiempo revestirse de nuestra naturaleza, para enseñarnos por ella que el hombre debe adorar lo que debe adorar toda criatura racional e inteligente. Creamos también que ésta es la voluntad de los mejores ángeles y de los más excelentes ministros de Dios:

Ser que adora el más excelso ángel, debe adorar también el último hombre, porque el hombre se redujo a su extrema miseria presente por haberle negado esta adoración.

No serviremos a los ángeles como esclavos, sino que los honraremos con un espíritu de amor. Tampoco les edificamos templos, pues ellos no quieren semejante honra y saben que también nosotros, si somos justos, somos templo del soberano Dios.

que adoremos con ellos al Señor, cuya contemplación los hace felices.[63] Pues nuestra felicidad no consiste en la visión de ángeles, sino en la contemplación de la Verdad, por la cual amamos a los mismos ángeles y nos alegramos con ellos. Ni los envidiamos por disfrutar de la Verdad más fácil y agradablemente, antes bien los amamos porque el Señor de todos nos ha mandado esperar el mismo galardón. Por eso, no serviremos a los ángeles como esclavos, sino que los honraremos con un espíritu de amor.[64] Tampoco les edificamos templos, pues ellos no quieren semejante honra y saben que también nosotros, si somos justos, somos templo del soberano Dios (1ª Co. 3:16). Con razón, pues, la Escritura dice que un ángel prohibió a un hombre le adorase a él y le mandó adorar al Dios único, de quien era él igualmente consiervo.[65]

111. Los espíritus que nos piden servicio y adoración, como si fueran dioses, se asemejan a los hombres soberbios los cuales, si pueden, se vanaglorian de ser adorados; soportar a los segundos es menos peligroso que adorar a los primeros. Porque toda dominación humana sobre los hombres cesa con la muerte del dominador o con la del siervo, y la servidumbre bajo los ángeles soberbios y malvados será más temible después de la muerte. Se comprende fácilmente también que bajo el despotismo de un hombre podemos disfrutar de la libertad de pensamiento; mas la tiranía de los ángeles malos la sufrimos en el mismo reino de la mente, que es el único ojo para conocer y contemplar la verdad. Por lo cual, si por obligación civil nos sometemos a las potestades ordenadas para gobernar el estado, dando al César lo que es del César y a Dios lo que Dios reclama (Mt. 22:21), no hay temor a que ningún hombre, después de la muerte, exija ya nuestra

---

[63] Cf. Apocalipsis 19:10: "Y yo me eché a sus pies para adorarle. Y él me dijo: Mira que no lo hagas: yo soy siervo contigo, y con tus hermanos que tienen el testimonio de Jesús: adora a Dios".

[64] Cf. Colosenses 2:18: "Nadie os prive de vuestro premio, afectando humildad y culto a los ángeles, metiéndose en lo que no ha visto, vanamente hinchado en el sentido de su propia carne".

[65] Apocalipsis 19:10 y 22:8, 9: "Yo Juan soy el que ha oído y visto estas cosas. Y después que hube oído y visto, me postré para adorar delante de los pies del ángel que me mostraba estas cosas. Y él me dijo: Mira que no lo hagas: porque yo soy siervo contigo, y con tus hermanos los profetas, y con los que guardan las palabras de este libro. Adora a Dios".

sumisión. Además, hay una gran diferencia entre la servidumbre del cuerpo y la del alma. Pero los hombres justos, que tienen todo su gozo puesto en el Dios único, cuando por sus buenas obras es Él alabado,[66] se congratulan con los que le alaban; mas cuando las alabanzas se dirigen a ellos mismos, corrigen el error de quienes los alaban, en cuanto pueden. Y si no pueden, no se unen a ellas, sino que desean que los que yerran sean corregidos, porque no están conformes con aquel desorden. Siendo, pues, todos los ángeles buenos y todos los ministerios santos de Dios semejantes a ellos, o mejor dicho, más puros y más justos todavía, ¿por qué temer la ofensa de cualquiera de ellos al negarles todo culto indebido, cuando precisamente los ángeles nos ayudan a elevarnos a Dios y, *religando* nuestras almas con Él –de donde viene el nombre religión–, nos limpian de todo extravío y superstición.

112. He aquí que yo adoro a un solo Dios, único principio de todas las cosas, y a la Sabiduría, que ilumina a todas las almas sabias, y al Don, que llena de gozo a los bienaventurados. Todo ángel que ama a este Dios estoy seguro de que también a mí me señala con su amor. Todo ángel que permanece Él y puede escuchar las plegarias humanas, en Él me escucha. Todo el que tiene a Dios por bien suyo, en Él me presta ayuda y no puede envidiarme, porque yo vivo en comunión con Él. Que me digan a mí los adoradores o aduladores de los elementos del mundo qué amistades más nobles conseguirán que el que adora al único Dios, que es objeto de amor por las mejores personas; es fuente de gozo por quien le conoce; que es causa de perfeccionamiento de todos los que se dirigen a Él, viéndole, y recurriendo a Él como principio se mejoran. Al contrario, el espíritu que prefiere su independencia, por no someterse a la verdad y, deseando gozar de su bien particular, pierde el bien ofrecido a todos y la bienaventuranza eterna, esclavizará y atormentará a los malos, pero no a los buenos, a quienes sólo puede ejercitarlos por la tentación. No tiene ningún derecho a nuestra veneración, porque su alegría es nuestra miseria, y su daño, nuestro retorno a Dios.

He aquí que yo adoro a un solo Dios, único principio de todas las cosas, y a la Sabiduría, que ilumina a todas las almas sabias, y al Don, que llena de gozo a los bienaventurados.

[66] Cf. Mateo 5:16: "Así alumbre vuestra luz delante de los hombres, para que vean vuestras obras buenas, y glorifiquen a vuestro Padre que está en los cielos".

La verdadero religión nos une a Dios

Trinidad de una sola sustancia, Dios único, de quien recibimos el ser, por quien existimos y en quien somos; apartándonos de Él, nos deformamos; pero Él no permitió nuestra perdición. Él es el principio hacia el que retornamos, el modelo que hemos de seguir y la gracia que nos salva.

113. Relíguenos, pues, la religión con el Dios omnipotente, porque entre nuestra alma, con que conocemos al Padre y a la Verdad, esto es, la luz interior que nos la da a conocer, no hay de por medio ninguna criatura. Adoremos también con Él y por Él a la misma Verdad, espejo perfectísimo de su ser y prototipo de todas las cosas que tienen el mismo origen y aspiran a la misma unidad.[67] Así, las almas adelantadas saben que por esta Forma fueron creadas todas las cosas y que ella puede saciar todos sus anhelos. Con todo, no las habría creado el Padre por el Hijo, ni hallarían la felicidad en su verdadero fin, si Dios no fuera Suma Bondad, que ama a toda naturaleza capaz de participar de sus bienes; y les dio igualmente la permanencia en el bien, a unas según quisieran, a otras según pudieran. Conviene, pues, que abracemos y adoremos, juntamente con el Padre y el Hijo, el Don divino, también inmutable: Trinidad de una sola sustancia, Dios único, de quien recibimos el ser, por quien existimos y en quien somos (Ro. 11:36); apartándonos de Él, nos deformamos; pero Él no permitió nuestra perdición. Él es el principio hacia el que retornamos, el modelo que hemos de seguir y la gracia que nos salva; único Dios, por quien fuimos creados, y semejanza suya, que nos vuelve a la unidad, y paz que nos mantiene en concordia; es el Dios que dijo: *Hágase*; y el Verbo, por quien fue hecho todo cuanto natural y sustancialmente se hizo; y el Don de su benignidad, objeto de su gozo, por quien se reconciliaron con su Autor, para que no se perdiesen, todas las criaturas que hizo por su Verbo: único Dios, Creador, que nos da la vida; Restaurador, que nos comunica la sabiduría, en cuyo amor y disfrute está nuestra felicidad. Dios único, causa eficiente, ejemplar y final de todas las cosas: a Él sea dada la gloria por los siglos de los siglos. Así sea.

---

[67] Cf. Hebreos 1:3: "El cual siendo el resplandor de su gloria, y la misma imagen de su sustancia".

LIBRO II
LA UTILIDAD DE CREER[1]

---

[1] Escrito en el año 391 y dirigido a su amigo Honorato, maniqueo, como anteriormente lo había sido Agustín.

1

La dificultad de conocer la verdad

1. Amigo Honorato, si estuviera convencido de que ser hereje y creer lo que los herejes enseñan es una misma cosa, no pensaría que debo intervenir en este asunto ni de viva voz ni por escrito. Pero, en verdad, la diferencia que hay entre ambas cosas es grande. Hereje –creo yo– es el que movido por ventajas temporales. Sobre todo por ansias de honores y de mando, elabora o adopta doctrinas novedosas y falsas; en cambio, quien cree a hombres de este linaje se engaña bajo una apariencia de verdad y de piedad. Así las cosas, me siento obligado a descubrirte lo que yo pienso sobre el camino de hallar la verdad y de entrar en posesión de la misma. Por ella, como bien sabes, hemos sentido un gran su amor desde los albores de la adolescencia. Es esta una cuestión en que no fijan su mente vana aquellos hombres que, arrebatados y extraviados en las cosas corpóreas, piensan que la única realidad auténtica es lo que se percibe por los cinco sentidos corporales. Aun cuando se esfuerzan por despegarse de los sentidos, no hacen sino dar vueltas dentro de sí a las impresiones e imágenes percibidas a través de aquéllos, y creen medir con toda precisión los misterios inefables de la verdad valiéndose de la regla torpe e ilusoria recogida de los sentidos. Es muy fácil, mi buen amigo, decir e incluso creer que hemos descubierto la verdad; pero al filo de la lectura irás conociendo la dificultad real que implica esa tarea. Continúo rogando a Dios que este escrito sea para ti y para cuantos lleguen a leerlo de utilidad y no de obstáculo. Alienta mi esperanza el deseo de servir a los demás, sin ambición de un nombre vano o por frívola ostentación.

Testimonio autobiográfico

2. Abrigo el propósito de llegar a demostrarte que es un acto de temeridad sacrílega por parte de los maniqueos los ataques que dirigen contra los que se someten a la autoridad de la fe y con ella se fortalecen y preparan para recibir más tarde la iluminación divina que les llevará a poder contemplar esa verdad que únicamente es ase-

Es muy fácil, mi buen amigo, decir e incluso creer que hemos descubierto la verdad; pero al filo de la lectura irás conociendo la dificultad real que implica esa tarea.

Tú sabes, como yo, que entramos en el círculo de los maniqueos y caímos en sus redes por esto: porque prometían que podían conducir a cuantos se pusieran sumisos en sus manos al encuentro con Dios por la pura y simple razón, dejando a un lado la sujeción a la autoridad.

quible a las almas puras. Tú sabes, como yo, que entramos en el círculo de los maniqueos y caímos en sus redes por esto: porque prometían que podían conducir a cuantos se pusieran sumisos en sus manos al encuentro con Dios por la pura y simple razón, dejando a un lado la sujeción a la autoridad y librándolos de todo error, y por un ejercicio estrictamente racional. ¿Por qué motivo desprecié durante casi nueve años la religión que en mi alma de niño habían depositado mis padres y seguí a esos hombre como discípulo aplicado, sino por haberles oído afirmar que estábamos dominados por un temor supersticioso y que se nos obliga a creer antes de reflexionar, mientras que ellos no obligan a nadie a creer sin haber desenmarañado y puesto en claro previamente la verdad? ¿A quién no iban a seducir estas promesas, y, sobre todo, si se trata de un espíritu joven, ansioso de verdad, orgulloso y retórico a consecuencia de las disputas escolares con hombres doctos? Así era yo cuando ellos me encontraron, lleno de desprecio por aquellas cosas que me parecían cuentos de viejas, mientras ardía en deseos de llenarme de la verdad auténtica y clara, que ellos me prometía dar en ella para calmar mi sed. Pero había una razón que, en última instancia, impedía mi entrega completa a los maniqueos y me llevaba a quedarme en lo que ellos llaman el grado de los *auditores* –oyentes–,[2] de modo que no tenía que renunciar a las esperanzas y cosas de este mundo, y esta razón consistía en advertir que eran más hábiles y abundantes en las refutaciones de los demás que firmes y seguros en la exposición de sus propias doctrinas.

¿Qué puedo decirte de mí? Yo era ya cristiano católico –antes de ser maniqueo–; agotado y seco por tan prolongada sed, volví a buscar con avidez los pechos de que antes mamé, y entre lágrimas y gemidos profundos, los sacudí y los exprimí en busca del venero que revitalizara mi debilidad y me devolviera la esperanza de seguir viviendo recuperado. ¿Qué he de decirte, pues, de mí? Tú

---

[2] Los maniqueos dividían a sus seguidores en dos clases: los *perfectos*, que se comprometían a vivir su fe con todas sus consecuencias, renunciando a los deseos de la carne, y los *oyentes* o *auditores*, que seguían una norma más relajada. Este modelo se ha repetido en muchas sectas, los cátaros entre ellas.

aún no eras cristiano, y sentías tanta aversión por los ma- Depongan
niqueos que sólo a mis ruegos te decidiste a oírlos y estu- la retórica
diarlos; refresca tu memoria y dime si no fueron el anticipo de los
y promesa de dar razones para todo lo que te agradaba. lugares
Pero como sus discusiones sobre los errores de los que aún comunes y
no conocían bien sus doctrinas eran tan prolongadas como sean las
apasionadas, comprendí después que no sería esta tarea razones
difícil para un hombre medianamente culto. Así, cuando positivas
nos inculcaban algunas de sus doctrinas, a falta de otras las que
verdades en que descansar, las aceptábamos llevados por aclaren
necesidad. Hacían con nosotros lo que los astutos cazado- la cuestión.
res de pájaros: que ponen sus lazos escondidos cerca de
las aguas para cazar a las avecillas sedientas. Y para que
la sed las haga venir a sus trampas ciegan o cubren de
alguna manera las aguas de las inmediaciones o se sirven
incluso de espantapájaros que las asustan y ahuyentan de
allí, de modo que si caen en sus lazos no es voluntariamente, sino por no tener otra posibilidad.

Razón de este libro

3. Pero me dirás: ¿no te das cuenta de que las brillan-
tes y divertidas comparaciones y críticas que tú haces las
podría esgrimir cualquiera, con ingenio y malicia, contra
cualquier tipo de enseñanza? La razón de escribir en estas
páginas frases de este tipo es para invitarles a que cesen
ya en sus ataques y, siguiendo el consejo de un maestro,
depongan la retórica de los lugares comunes y sean las
razones positivas las que aclaren la cuestión. Que no se
oiga ya esa frase que tienen siempre a pedir de boca cuando alguno de sus asiduos oyentes los abandona: "La luz
no ha abandonado." Tú mismo, que eres mi verdadera
preocupación –pues ellos no me causan tanta pena–, verás
qué fácil le es a cualquiera servirse de esta frase y cuán
expuesta está a todas la críticas. No temo que me tengas
por carente de la luz en aquellos días en que, enredado
entre las cosas de este mundo, alimentando esperanzas,
acuciaban mi pasión la belleza de la mujer, las riquezas y
su cortejo y tantas cosas más tan vanas como perniciosas.
Todas estas cosas eran objeto permanente de mi pasión y
de mis esperanzas –tú lo sabes– durante aquel periodo de
mi vida en que fui uno de sus oyentes asiduos. Por otra
parte no quiero decir que esto está comprendido en sus

Decir que la luz me ha abandonado, precisamente ahora que he vuelto las espaldas a todas esas tinieblas no cabe más que en hombres que, sin consideración seria de la realidad, se complacen hablando mucho de ella.

doctrinas, reconozco que allí se aconseja huir de esas pasiones. Pero decir que la luz me ha abandonado, precisamente ahora que he vuelto las espaldas a todas esas tinieblas y que he decidido contentarme con lo necesario para sostener la vida del cuerpo, y que entonces estaba iluminado y resplandeciente cuando por el amor a los placeres era esclavo, no cabe más que en hombres que, sin consideración seria de la realidad, se complacen hablando mucho de ella. Pero entremos en nuestro tema.

2

Objeciones de los maniqueos al Antiguo Testamento

4. Tú sabes que los maniqueos, con sus ataques contra la fe católica, y particularmente con los desgarros que hacen en el Antiguo Testamento, alarman a los inexpertos, que ni saben cómo deben tomarse estas cosas. No saben a ciencia cierta hasta qué punto y de qué modo hay que interpretar los datos para que sean provechosos a su alma, como una medicina que se introdujera en las venas y en el cuerpo de un recién nacido. Hay allí, en el Antiguo Testamento, pasajes que chocan a los espíritus ignorantes y poco reflexivos –que son los más–, y cuya impugnación es fácil; su defensa, por el contrario, a causa de los misterios que allí se encierran, no es tan fácil. Y los pocos que pueden hacerlo, por no gustarles tomar parte en las disputas públicas, pasan desapercibidos a todos los que no ponen gran empeño en dar con ellos. Escucha, pues, qué es lo que en los ataques temerarios de los maniqueos al Antiguo Testamento me causa turbación. Espero que por tu parte habrá las mismas disposiciones al oírme que tengo yo al hablarte de estas cosas. Dios, que conoce el fondo de mi conciencia, es testigo de que no hay doblez en mis palabras. Pienso que todo lo que voy a decir debe tomarse como respuesta al deseo exclusivo de exponer la verdad, única cosa a la que desde hace tiempo tengo consagrada mi vida con la solicitud que excede a cuanto se puede pensar; no sea que después de haberme sido muy fácil compartir tus errores me resulte muy difícil, por no decir otra cosa, seguir contigo el camino recto de la verdad. Espero que encuentres conmigo el camino de la sabiduría y confío en Aquel a quien me he consagrado que no me abandonará en esta esperanza. Días y noche me esfuerzo en contemplarlo, pero, a causa de mis pecados y de mis malas costumbres, la vista de mi alma es aún débil por la herida de aquellos errores de antes. Confieso mi impotencia y mezclo mi oración con las lágrimas que brotan al recuerdo de mis pecados. Los ojos que acaban de abrirse tras permanecer mucho tiempo sin ver en la oscuridad, parpadean, se cierran, casi rechazan la

Hay allí, en el Antiguo Testamento, pasajes que chocan a los espíritus ignorantes y poco reflexivos –que son los más–, y cuya impugnación es fácil; su defensa, por el contrario, a causa de los misterios que allí se encierran, no es tan fácil.

Estoy persuadido de que existe para el alma un bien indecible y único, que puede ser visto por el pensamiento; pero reconozco, llorando y gimiendo, que todavía no soy capaz de contemplarlo.

luz que, sin embargo, anhelan, sobre todo si se intenta hacerles mirar al sol. Así me ocurre a mí ahora: persuadido de que existe para el alma un bien indecible y único, que puede ser visto por el pensamiento; pero reconozco, llorando y gimiendo, que todavía no soy capaz de contemplarlo. Mas no me abandonará el Señor si soy sincero, si me guía el deber, si amo la verdad, si cultivo la amistad y si tengo buen cuidado de que tú no sigas en el error.

3

Sentido cuádruple
del Antiguo Testamento

5. Esa parte de la Sagrada Escritura que se llama Antiguo Testamento se ofrece desde cuatro puntos de vista, propuestos por la tradición a quienes desean conocerlo: el de la historia, de la etiología, de la analogía y de la alegoría. No me tomes por un necio pretencioso porque me haya servido de estos términos griegos. Para empezar, es así como lo he aprendido y no pretendo comunicártelo de modo distinto a como lo aprendí. Además, ten en cuenta que no tenemos palabras latinas para expresar tales ideas. Si para comunicar las mías me hubiera inventado nuevos términos, sería mayor aún mi pedantería; y si me sirviera de perífrasis sería más oscura mi exposición. En todo caso, desearía que te convencieras de esto al menos: que, si me desvío hacia el error, no me lleva a él el orgullo ni la presunción.

Se nos ofrece la Escritura santa desde un punto de vista *histórico* cuando en ella se nos instruye en lo que ha sido escrito o en lo que se ha realizado; y si no ha tenido realidad, se nos describe como si la hubiera tenido. Al punto de vista *etiológico* corresponde la explicación causal de un hecho o de una palabra. La demostración de que entre el Antiguo y Nuevo Testamento no existe contradicción pertenece al estudio *analógico*. La *alegoría* nos previene para que no tomemos al pie de la letra todo lo que allí se nos dice, sino en sentido figurado.

El ejemplo de Jesús

6. Lo mismo nuestro Señor Jesucristo que los apóstoles hicieron uso de estos cuatro modos de entender las sagradas Escrituras. Sentido histórico tienen las palabras con que responde Jesús cuando los fariseos le reprochan que sus discípulos habían arrancado espigas en día de sábado. "¿No habéis leído, les dijo, lo que hizo David cuando tuvo hambre él y los que le acompañaban? ¿Cómo entró en la casa de Dios y comieron los panes de la proposición, que no les era lícito comer a él y a los suyos, sino

Esa parte de la Sagrada Escritura que se llama Antiguo Testamento se ofrece desde cuatro puntos de vista, propuestos por la tradición a quienes desean conocerlo: el de la historia, de la etiología, de la analogía y de la alegoría.

Creo carente de sentido crítico y fuerza decir que las Sagradas Escrituras han sido adulteradas, porque no pueden presentar ningún texto de esa época tan cercana.

sólo a los sacerdotes?" (Mt. 12:3, 4). Con sentido etiológico se nos ofrece aquel pasaje en que Cristo prohíbe repudiar a la mujer a no ser en caso de fornicación, y serle replicado por los fariseos que Moisés lo había permitido mediante líbelo de repudio. Cristo les dijo: "Esto lo permitió Moisés a causa de la dureza de vuestro corazón" (Mt. 13:8). Así se explica por qué Moisés obró bien en su época permitiendo el repudio; el mandato de Cristo señalaba que ya estaban llegando los tiempos nuevos. Mas esta sucesión de los tiempos y su ordenación, regulada por un plan admirable de la divina Providencia, exigiría explicaciones muy largas.

Acusaciones de interpolación

7. En lo concerniente a la analogía, que muestra la armonía entre ambos Testamentos, ¿qué objeto tiene el decir que hacen uso de ella todos los que entre ellos gozan de autoridad? Si reflexionan un poco, ellos mismos pueden advertir cuán a menudo pretenden ver en las Sagradas Escrituras pasajes interpolados por falsificadores anónimos. Esta objeción me pareció siempre, incluso cuando era uno de sus oyentes, sin valor alguno. Y no sólo a mi, sino a ti también –lo recuerdo perfectamente– y a cuantos poníamos en nuestros juicios sobre las cosas mayor cuidado que el resto de los oyentes. Mas ahora, una vez que he conocido la explicación de muchas cosas que me atormentaban sobremanera, cosas que son precisamente el tema más frecuente en sus charlas y que exponen con tanto mayor ardor cuando no hay presente nadie que les pueda contradecir, creo desvergonzado o, con palabras más suaves, carente de sentido crítico y fuerza decir que las Sagradas Escrituras han sido adulteradas, porque no pueden presentar ningún texto de esa época tan cercana. Si, pues, dijeran que no podían aceptarlas en su totalidad porque a sus autores no los creían veraces, la tergiversación sería, en cierto modo, más natural, y su error más humano. Esto hicieron con los *Hechos de los Apóstoles*. No salgo de mi asombro cuando considero este prejuicio suyo; porque lo que se echa de menos no es su escasa sabiduría, sino su poca buena voluntad. Son tantas las analogías que hay entre este libro y otros admitidos por ellos, que me parece insensatez rechazarlo, y si hay en él algo que les molesta,

que nos digan que es una interpolación y una falsedad. Pero si su atrevimiento es tan grande como resulta ser, ¿por qué conceden autoridad a las Epístolas de San Pablo y a los Evangelios? Me pregunto si en estos libros no estarán, en proporción mucho mayor que en los *Hechos de los Apóstoles*, los textos que quieren hacer pasar por añadiduras de falsificadores. Es este un hecho que merece –así lo creo yo– especial consideración, y te ruego que lo estudies con ánimo desapasionado y tranquilo. Tratan los maniqueos de incluir dentro del número de los apóstoles a su autor, y dicen que por medio de él nos ha venido el Espíritu Santo, prometido por el Señor a sus discípulos. Si, pues, admitieran los *Hechos de los Apóstoles*, en que con tanta claridad se habla de la venida del Espíritu Santo, les faltarían argumentos para afirmar que era ésta una interpolación. Pretenden, en efecto, que antes de Manes hubo algunos, no sé quiénes, que adulteraron los divinos libros con ánimo de mezclar la Ley judaica con el Evangelio. No pueden atribuir esto al Espíritu Santo sin afirmar que los falsificadores estaban dotados del don de profecía y que en sus libros consignaron proposiciones que estarían en contradicción con el futuro Manes, que afirmaría ser el intermediario a través del cual fue enviado el Espíritu Santo. Más adelante hablaremos mayor extensión del divino Espíritu; ahora volvamos a nuestro asunto.

Pretenden, en efecto, que antes de Manes hubo alguien, no sé quiénes, que adulteraron los divinos libros con ánimo de mezclar la Ley judaica con el Evangelio. No pueden atribuir esto al Espíritu Santo sin afirmar que los falsificadores estaban dotados del don de profecía.

El sentido alegórico utilizado en el Nuevo Testamento

8. Espero quede suficientemente demostrado el triple sentido histórico, etiológico y analógico del Antiguo Testamento. Falta demostrar ahora que también se ofrece ese libro en sentido alegórico. Nuestro Salvador hace uso de este sentido del Antiguo Testamento: "Esta generación pide una señal, y no le será dada más señal que la de Jonás el profeta. Porque, como estuvo Jonás en el vientre de la ballena tres días y tres noches, así estará el Hijo del hombre tres días y tres noches en el seno de la tierra" (Mt. 12:39, 40). ¿Y qué decir del apóstol San Pablo, que en la primera carta a los de Corinto presenta la historia del Exodo como alegoría del futuro pueblo cristiano?: "No quiero, hermanos, que ignoréis que nuestros padres estuvieron todos bajo la nube, que todos atravesaron el

Frente a este texto, esos hombres llenos de malicia intentan invalidar la Ley y nos obligan a justificar las Escrituras.

mar y todos siguieron a Moisés bajo la nube y por el mar; que todos comieron el mismo pan espiritual y todos bebieron la misma bebida espiritual, pues bebían de la roca espiritual que los seguía, y la roca era Cristo; pero Dios no se agradó de la mayor parte de ellos, pues fueron postrados en el desierto. Esto fue en figura nuestra, para que no codiciemos lo malo, como lo codiciaron ellos, ni idolatréis, como algunos de ellos, según está escrito: Se sentó el pueblo a comer y beber y se levantaron para danzar. Ni forniquemos, como algunos de ellos fornicaron, cayendo veintitrés mil en un día. Ni tentemos al Señor, como algunos de ellos le tentaron, y perecieron por las serpientes. Ni murmuréis, como algunos de ellos murmuraron, acabando a manos del exterminador. Estas cosas les sucedieron a ellos en figura y fueron escritas para amonestarnos a nosotros, para quienes ha llegado la plenitud de los tiempos" (1ª Co. 10:1-12).

Hay en el mismo apóstol otra alegoría pertinente a este asunto, tanto más cuanto que los maniqueos se sirven de ella, incluso con ostentación, en sus disputas. Dice el mismo Pablo a los gálatas: "Porque está escrito que Abraham tuvo dos hijos, uno de sierva y otro de libre. Pero el de sierva nació según la carne; el de libre, en virtud de la promesa. Lo cual tiene un sentido alegórico. Esas dos mujeres son dos testamentos: uno, que procede del monte Sinaí, engendra para la servidumbre. Ésta es Agar. El monte Sinaí se halla en Arabia, y corresponde a la Jerusalén de aquí abajo, la cual es esclava con sus hijos. Pero la Jerusalén de arriba es libre, la cual es madre de todos nosotros" (Gá. 4:22-26).

Cristo descorre el velo del Antiguo Testamento

9. Frente a este texto, esos hombres llenos de malicia intentan invalidar la Ley y nos obligan a justificar las Escrituras. Hacen hincapié en que se dice que los que están bajo la Ley están en condición de esclavos, presentando sobre todo esta sentencia paulina: "Os desligáis de Cristo los que buscáis la justicia en la ley; habéis perdido la gracia" (Gá. 5:4). Nosotros admitimos la verdad de todas estas cosas y proclamamos la necesidad de aquella Ley exclusivamente para aquellos para quienes la esclavitud

ofrece alguna utilidad; así, su utilidad estriba en que los hombres que no se apartan de sus pecados por la sola fuerza de la razón lo hicieran obligados por una ley cargada de amenazas, de terror y penas capaces de impresionar los sentidos de los mismos insensatos La gracia de Cristo nos libera de esas penas sin condenar aquella Ley y nos invita no a ser sus esclavos por temor, sino a obedecerla por amor.

Eso es la gracia, el beneficio que no aciertan a ver como venido del cielo los que se obstinan en vivir como esclavos de la Ley. Con razón, San Pablo acusa de infidelidad a los que no creen en su libertad por mediación de nuestro Señor Jesucristo de aquella servidumbre a la que por justísima disposición divina estuvimos sometidos durante cierto tiempo. De aquí la expresión del mismo Apóstol: "De manera que la ley fue nuestro ayo para llevarnos a Cristo" (Gá. 3:24).

El dio, pues, a los hombres primero un ayo o educador a quien habían de temer, después otro, a quien habían de amar. Pero todos estos preceptos y mandatos legales, que ya no les es obligatorio a los cristianos observar, tales como la circuncisión, el reposo del sábado, los sacrificios y otros idénticos, contienen misterios tan grandes que no hay persona piadosa que desconozca los males que se siguen de tomar en sentido literal lo que allí se expone, ni los buenos frutos que resultan si se entienden tal y como se desvelan al espíritu. Por eso dice San Pablo: "La letra mata, pero el espíritu da vida" (1ª Co. 3:6). Y aquel pasaje: "El mismo velo permanece delante de sus ojos en la lectura de la antigua alianza, sin advertir que sólo por Cristo puede ser quitado" (1ª Co. 3:14). No es que Cristo suprima el Antiguo Testamento, sino que lo desvela, para que por medio de Cristo se haga inteligible y patente lo que sin Él permanecería en tinieblas y velado. A renglón seguido dice el propio Apóstol: "Mas cuando se conviertan al Señor, será corrido el velo" (v. 16). No dice que se quitará la Ley, ni tampoco el Antiguo Testamento, como si encubrieran cosas inútiles, sino que la gracia del Señor descorrerá el velo que oculta las cosas provechosas. Este es, pues, el modo de proceder de aquellos que con afán piadoso buscan el sentido de las sagradas Escrituras. Cuidadosamente se muestra la sucesión ordenada de las cosas, la razón de lo que se hace o se dice y la armonía

No es que Cristo suprima el Antiguo Testamento, sino que lo desvela, para que por medio de Cristo se haga inteligible y patente lo que sin Él permanecería en tinieblas y velado.

Cuidadosamente se muestra la sucesión ordenada de las cosas, la razón de lo que se hace o se dice y la armonía admirable que hay entre uno y otro Testamento, sin dejar una tilde que discorde del conjunto.

admirable que hay entre uno y otro Testamento, sin dejar una tilde que discorde del conjunto: tan patentes quedan los antitipos allí figurados, que las dificultades que se van resolviendo al filo de la interpretación obligan a reconocer la desdicha de quienes se atreven a censurarlas sin conocerlas.

4

Tres tipos de error en la lectura de un texto

10. Sin fijarnos por ahora en los problemas profundos de la ciencia, voy a tratarte como pienso yo que se debe tratar con un amigo, es decir, según mi modo de ver y no como pueden hacerlo los grandes sabios a quienes admiro. Hay tres clases de errores en que se puede incurrir cuando se lee algo. Examinemos cada uno de ellos en particular. El primero consiste en tomar por verdadero lo que es falso, cuando el escritor no pretende dar lo falso por verdadero. El segundo menos difundido, no por ello menos perjudicial, consiste en que lo falso es tomado por verdadero, porque así lo hace también el autor del escrito. Cuando en la lectura se llegan a descubrir verdades que el autor no había pensado escribir, ocurre el tercer error. Este error tercero encierra no pocas ventajas, e incluso, visto de cerca, todo el fruto de la lectura queda a salvo. Un caso del primer género sería el error de quien creyera que Radamanta ve y juzga en los infiernos las causas de los muertos, porque así nos lo dice Virgilio en su poema.[3] El error de aquél sería doble: tiene por cierto lo que es falso, y cree, además, que ése era el pensamiento del autor que lee. El segundo error admite esta ejemplo: habiendo escrito Lucrecio que las almas están formadas de átomos y que al morir se descomponen en átomos y perecen, un lector podría considerarlo verdadero y sentirse obligado a creerlo. Su caso no es menos lamentable, porque en cuestión tan importante tiene por cierto lo que es falso, por más que se trate del pensamiento Lucrecio, cuyos escritos le han llevado al error. ¿Qué ventajas pueden derivarse para él de estar seguro del pensamiento del autor si no ha encontrado quien lo librara del error, sino quien con él lo comparte? Para aclarar el tercer caso viene bien esto: Alguien asegura que Epicuro pone el bien supremo del hombre en la virtud, porque en algunos pasajes de sus libros se leen elogios que dedica a la

Hay tres clases de errores en que se puede incurrir cuando se lee algo. Examinemos cada uno de ellos en particular. El primero consiste en tomar por verdadero lo que es falso. El segundo menos difundido, no por ello menos perjudicial, consiste en que lo falso es tomado por verdadero. Cuando en la lectura se llegan a descubrir verdades que el autor no había pensado escribir, ocurre el tercer error.

---

[3] Virgilio, *Eneida*, VI.

Supongamos que alguien asegura que Epicuro pone el bien supremo en la virtud porque ha leído en algunos de sus libros pasajes que así lo expresan. Aunque la realidad sea distinta, ¿qué daño puede ocasionar este error? Esta manera de errar es humana y hasta ennoblece.

continencia, y que no hay razón para censurarle de ello. Aunque Epicuro piense de hecho que el supremo bien del hombre lo constituye el placer corporal, ¿qué daño puede ocasionar este error al supuesto lector que no está poseído de esta idea, y cuyas simpatías hacia el filósofo derivan de que lo juzga ajeno a pensamientos que no deben admitirse? Esta manera de errar es humana, y muchas veces hasta ennoblece. Si alguien se acercara a decirme que un buen amigo mío, de edad ya avanzada, había manifestado en presencia de numerosos oyentes que la infancia y la niñez le agradan tanto que juraba querer vivir como en aquella edad, y se dieran tales razones que el negarlo sería petulancia por mi parte, ¿habría motivo de censura en mí por pensar que mi amigo con estas palabras había querido expresar su agrado de la inocencia y de las almas libres de las pasiones que cercan al hombre? ¿Se me podría reprochar por quererle por eso más aún que por el pasado, aunque él, en realidad, no amara de su niñez sino la libertad de jugar, comer y no tener que trabajar? Supónte que muere mi amigo después de conocer yo su declaración y que ya no puedo pedirle que me aclare su pensamiento, ¿habría alguien tan perverso que llegara a enojarse conmigo por el hecho de alabar yo los deseos e intenciones de aquél, conocidos por sus palabras? Es más: quien considerara rectamente la cosa, ¿dudaría incluso de felicitarme por mi juicio y mi actitud, por manifestar mi amor a la inocencia y por haber hecho, como hombre, una estimación favorable de otro hombre en un caso dudoso, en que podía haber pensado mal?

5

Tres clases de escritos

11. Siendo esto así, paso a exponerte otras tres categorías diferentes de escritos. Puede darse el caso de que el libro que alguien ha compuesto sea un buen libro, pero que el lector no llegue a captar lo bueno que allí se encierra; o que comprenda el bien que es el libro, o que con la lectura se logren mayores bienes de los pretendidos e incluso en contra de lo que pretendía el autor. La primera clase de escritos no la censuro; de la tercera no me cuido: no puedo condenar a un autor que sin culpa suya es interpretado mal, ni hay por qué sentir contrariedad de que en algún escrito vea el lector verdades que pasaron inadvertidas para el autor, porque de ello no se siguen perjuicios para los que lo leen. Hay, pues, una clase de escritos excelentes y libres completamente de todo mal, a saber: aquellos que son buenos en sí y los lectores los toman siempre en este buen sentido. Sin embargo, también hay aquí dos dimensiones, porque la exclusión del error no es completa; y así sucede a veces que si el autor ha tenido en la composición del libro buenos sentimientos, buenos son también los del lector, pero diferentes de los de aquél: a veces mejores, no tan elevados otras, aunque siempre buenos. Cuando nuestros pensamientos y sentimientos despertados por la lectura de un libro coinciden con los del autor del escrito y se ordenan a mejorar nuestra vida, se logra la verdad completa y no queda reducto ninguno para el error. Este acuerdo entre lector y autor es muy raro cuando se trata de temas muy oscuros, y en mi opinión, no se puede tener certeza de ello, sólo podemos conjeturarlo, porque ¿en qué razones me voy a amparar para conocer con exactitud el pensamiento de un ausente o de un muerto y poder jurar que estoy en posesión de este conocimiento, si aun en el caso de que estuviera presente y yo le interrogase, habría muchas cuestiones que quedarían sin respuesta, al menos por cortesía, ya que no por malicia? Pienso que, para llegar a este conocimiento, de nada sirve el saber quién fue el autor; sin embargo, tengo por razonable creer bueno al autor que sintió preocupación por servir al género humano y a la posteridad.

Cuando nuestros pensamientos y sentimientos despertados por la lectura de un libro coinciden con los del autor del escrito y se ordenan a mejorar nuestra vida, se logra la verdad completa y no queda reducto ningun para el error.

La Iglesia no se ha equivocado
sobre el Antiguo Testamento

En cuanto a mí, tengo a todos aquellos varones por grandes hombres e inspirados de Dios, y que hicieron mucho bien con escribir todas estas cosas.

12. Desearía, pues, que los maniqueos me dijeran en qué categoría clasifican el error que atribuyen a la Iglesia católica. Hacerlo en la primera sería una gran calumnia; pero la defensa resulta fácil y breve: bastaría con negar que nosotros entendemos las Escrituras como piensan ellos que las entendemos cuando nos acusan. Si los incluyen en la segunda, no es menor su ofensa; la réplica sería la misma. Si fuera en la tercera categoría, en esto no hay mal alguno. Pon cuidado y considera las Escrituras en si mismas. ¿Cuáles son las objeciones que oponen al Antiguo Testamento? ¿Acaso que, siendo buenos sus libros, se les interpreta mal? Ellos no lo admiten. ¿Dirán que ni son buenos ni los interpretamos bien? Contra esto es suficiente nuestra respuesta anterior. Si llegaran a decir que, aunque los tomamos en un sentido recto, no por eso se hacen mejores, ¿no es esto justificar a los vivos con quienes se discute y acusar a los muertos, que no pueden polemizar? En cuanto a mí, tengo a todos aquellos varones por grandes hombres e inspirados de Dios, y que hicieron mucho bien con escribir todas estas cosas, y que fue voluntad y mandato de Dios el establecimiento y la promulgación de la antigua Ley. Demostrar esto no sería difícil, a pesar de mis escasos conocimientos de esta materia, a aquellos con buena disposición, sin rebeldía; y lo haré cuando encuentre oídos y ánimos bien preparados y sea posible; de momento, ¿no me basta con no haber caído en error?

6

Para entender a un autor, primero hay que amarle

13. Pongo por testigos, amigo Honorato, a mi conciencia y a Dios, que mora en las almas, de que para mí nada hay tan puro, sabio y religioso, como esos libros que con el nombre de Antiguo Testamento conserva la Iglesia católica. Esto te extraña, lo sé y tampoco puedo desmentir que en otro tiempo se nos enseñó otra manera de pensar. Lo que es seguro es que, ante cualquier tipo de libros, nada hay más temerario, y temerarios fuimos en los años de juventud, que no hacer caso a los comentadores que garantizan conocerlos bien y poder explicarlos a sus alumnos, y acudir en cambio a preguntar cuál es su sentido a hombres que, por motivos desconocidos, han declarado una guerra abierta a quienes los compusieron y redactaron. ¿Habrá habido alguien que, no comprendiendo algunos libros de Aristóteles, pensara en solicitar aclaraciones de algún enemigo del filósofo? ¿Quién ha emprendido la tarea de leer o estudiar la *Geometría* de Arquímedes tomando por maestro a Epicuro, que fue tan vehemente en sus ataques contra aquellas doctrinas, sin llegar a entenderlas? ¿Tan claros son los libros de la Ley que nuestros adversarios se atreven a criticarlos, por cierto que vanamente y sin provecho, como si su explicación estuviera al alcance del vulgo? Yo los encuentro semejantes a aquella pobre mujer de la que suelen hacer mofa los mismos maniqueos, porque, cansada de oír a una maniquea que alababa al sol y le proponía adorarlo, se levantó furiosa y, en la ingenuidad de su fe religiosa, pisó repetidas veces la parte del suelo iluminada por el sol que pasaba a través de la ventana, y decía: "Mira cómo pisoteo yo a vuestro sol y dios"; acción ligera, como de mujer, ¿verdad? ¿Y no te hacen el mismo efecto esos maniqueos que desgarran con la violencia de sus discursos injuriosos, sin comprender ni lo que son, ni la importancia, ni para qué han sido compuestos, esos libros tan sublimes y divinos para los que los entienden y que, en cambio, para ellos son como tierra que pisamos, y todo porque confunden la eficacia con los aplausos de una turba de ignorantes? Créeme, todo lo que se contiene en esos libros de la Escritura es grande y divino: ahí está

Para mí nada hay tan puro, sabio y religioso, como esos libros que con el nombre de Antiguo Testamento conserva la Iglesia.

Hay que lograr primero que desaparezcan en ti los sentimientos de aversión que tienes con esos autores; y después amarlos, recurriendo para ello a cualquier medio que no sea la exposición de sus opiniones y escritos.

la verdad absoluta y ahí la doctrina moral más conveniente para alimento y medicina de las almas, y tan a medida de todos, que nadie que se acerque a beber de ella según lo exige la auténtica religión, queda insatisfecho. Para convencerte de ello harían falta muchos argumentos; pero hay que lograr primero que desaparezcan en ti los sentimientos de aversión que tienes con esos autores; y después amarlos, recurriendo para ello a cualquier medio que no sea la exposición de sus opiniones y escritos. Porque, si no viésemos con agrado a Virgilio, mejor aún, si la gran estima en que le tenían nuestros mayores no despierta en nosotros simpatía antes de que intentemos comprenderle, nunca hubiéramos llegado a encontrar soluciones satisfactorias a los múltiples problemas que plantea, por las que los gramáticos se sienten preocupados e inseguros; ni aceptaríamos tampoco con facilidad las exposiciones favorables al autor; por el contrario, inclinaríamos nuestro favor hacia quienes quisieran mostrarnos a Virgilio como soñador plagado de errores. Ahora bien, entre los muchos estudiosos que tratan de explicarle, cada uno a su modo y según el vigor de su inteligencia, cobran mayor éxito aquellos en cuyos tratados Virgilio es apreciado y valorado. Aun quienes no entienden de ello no sólo creen que Virgilio no estaba equivocado, sino que sus poemas ofrecen sólo cosas dignas de admiración. Y así, cuando un maestro desfallece ante una cuestión cualquiera y no atina a resolverla, nos enojamos con él antes que admitir un posible error del gran poeta. Y si para justificarse llegara a declarar culpable a autor de tanto prestigio, no podría conservar a sus alumnos en la escuela, ni aunque les pagara él mismo. De igual modo, ¿no te parece que es también indispensable haber usado de la misma benevolencia con unos autores por medio de los cuales, según una tradición tan antigua como constante nos asegura que habló en ellos el Espíritu Santo? Sin embargo, ha habido inteligencias jóvenes muy agudas, espíritus preocupados por la verdad bien razonada, que sin haber hojeado esos libros, ni analizar quién podría ser su autor, siquiera para tacharlo de poco ingenio, no conceden una inteligencia, mediana al menos, a los que se cuidaron de su lectura, conservación y explicación durante tanto tiempo. Ellos y nosotros hemos pensado que allí no había nada que mereciera fe, e inflamados por los discursos palabreros de sus adversarios y por las falsas promesas de razones, hemos llegado a creer mil fábulas extrañas.

7

El alma,
fundamento de toda religión

14. Voy a continuar ahora con el tema que me he propuesto, y con ánimo no de descubrirte la fe católica, sino de enseñar a investigar sus grandes misterios a los que sienten inquietud por sus almas, haciéndoles concebir la esperanza de copiosos frutos divinos y de llegar a poseer la verdad. Es indudable que quien busca la verdadera religión, ya está seguro de la inmortalidad del alma, a la cual ha de aprovechar dicha religión, o al menos busca en ella precisamente la prueba de la inmortalidad del alma. Es, pues, el alma la razón de toda religión; porque el cuerpo, cualquiera que sea su naturaleza, no suscita preocupaciones e inquietudes, mayormente para después de la muerte, si es que el alma tiene ya lo que constituye su felicidad. Por lo tanto, la verdadera religión –si hay alguna– ha sido fundada por el alma y sólo para ella. Esta alma, como podemos ver, permanece a veces en el error –ya trataré de descubrir la causa, porque reconozco la densa oscuridad de esta cuestión– y es ignorante en tanto que no logra percibir la sabiduría, que acaso pudiera ser esa misma religión verdadera. ¿Te remito con esto a creer en fábulas? ¿Te exijo la creencia en alguna temeridad? Declaro que nuestra alma, aprisionada y hundida entre el error y la equivocación, anda buscando el camino de la verdad, si es que la verdad existe. Si no es este tu caso, perdóname y comunícame tu sabiduría; pero si también en ti descubres lo que acabo de decir, entonces vayamos juntos en busca de la verdad.

El alma es la razón de toda religión; porque el cuerpo, cualquiera que sea su naturaleza, no suscita preocupaciones e inquietudes mayormente para después de la muerte, si es que el alma tiene ya lo que constituye su felicidad. Por lo tanto, la verdadera religión ha sido fundada por el alma y sólo para ella.

La cuestión mayoría vs. minoría en la verdad

15. Supónte que jamás nadie nos haya hablado de religión. La religión será para nosotros una cosa nueva, y lo será también la tarea que nos imponemos. Suponiendo que exista alguna religión, el primer paso habrá de ser, según me parece, buscar a los que profesan esa religión. Imagínate que ya los hemos encontrado y que unos sean

¿Acaso porque el número copioso de los que acuden a las iglesias no constituye argumento alguno se puede concluir que no hay nadie instruido en esos misterios?

de una opinión y otros de otra, y que por la diversidad de opiniones tratan cada grupo de ellos de atraer a sí a todos los demás, y que entre todos sobresalen algunos por su fama y celebridad, que cunde casi por todo el mundo. Entonces surge un gran problema: conocer si están en posesión de la verdad; para esto, ¿no sería preferible empezar por ellos nuestra búsqueda? Así, en caso de equivocarse, al menos, puesto que somos hombres, nos equivocaremos en compañía del género humano mismo.

16. "Mas la verdad se halla sólo en unos pocos." Así pues, ya sabes qué es la verdad, puesto que sabes dónde está. ¿No te previne hace poco que debíamos buscarla como si no supiéramos nada de ella? Me dirás que, dada la naturaleza de la verdad, es probable que solamente unos pocos hombres la posean, y que no importa saber quiénes son los que de veras la tienen. Pero si esos pocos que conocen la verdad son tales que con su autoridad se imponen a la multitud, ¿dónde encontrará luz esa minoría para aclarar tantos misterios? ¿No estamos viendo cuán pocos son los que alcanzan las cimas de la elocuencia, a pesar de que por todas partes las escuelas de retórica están abarrotadas de jóvenes? ¿Será acaso que los que desean llegar a ser buenos oradores, aturdidos por la turba de ignorantes, llegan a creer más útil el estudio de Cecilio o Erucio que el de Cicerón? Todos desean estudiar lo que está apoyado en la autoridad de los mayores. La masa de los ignorantes se esfuerza por estudiar aquello mismo que el reducido grupo de los doctos ha definido como materia que no se puede desconocer: los que llegan a ese conocimiento son muchos; los que lo ponen en práctica son menos; poquísimos los que logran sobresalir. ¿Se dará el mismo caso con la religión verdadera? ¿Acaso porque el número copioso de los que acuden a las iglesias no constituye argumento alguno se puede concluir que no hay nadie instruido en esos misterios? Si el número de estudiantes de elocuencia fuera tan escaso como el número de los que en verdad son elocuentes, nuestros padres jamás hubieran pensado en confiarnos a los maestros de ese arte. Si, pues, es una multitud compuesta en su mayor parte de ignorantes la que nos ha inclinado a esta clase de estudios, despertando en nosotros el amor hacia ese bien que pocos alcanzan, ¿por qué no admitir una causa similar en materia religiosa, causa que despreciamos acaso con gran

riesgo de nuestra alma? Supongamos, ¿y quién dudaría de que sea posible?, que sean muy pocos los que tributan a Dios un culto pleno de verdad y pureza, esto no quita que tengan el asentimiento de la multitud, aunque sea dominada por las pasiones y su inteligencia esté oscura. Si se nos echara en cara nuestro atrevimiento y nuestra insensatez por no habernos servido de estos maestros para la investigación cuidadosa de un problema cuya solución tanto nos importa, ¿cuál sería nuestra respuesta? ¿Hemos temido a la masa? ¿Por qué, pues, no la temimos cuando se trataba del estudio de las artes liberales, de tan escasos beneficios en esta vida, en la búsqueda de riquezas, honores; de recuperar o conservar la salud y, por fin, de las ansias mismas de una vida dichosa, ocupaciones comunes a todos, en las que son pocos los que brillan?

La imperiosa necesidad de buenos maestros

17 Si parecía absurdo lo que se enseñaba en estos libros, ¿quién denunciaba esos absurdos? Los enemigos, no importa aquí la causa ni las razones que tenían para ello, eran sus adversarios. ¿Ha sido al leerlos cuando se han dado cuenta? Sin un bagaje de conocimientos de la disciplina poética no te atreverías, sin la dirección de un maestro, a internarse en las obras de Terenciano Mauro; el conocimiento de Asper, de Anneo Cornuto, Donato y de muchísimos otros es necesario para conocer a cualquiera de aquéllos, cuyos versos son aplaudidos en el teatro; tú te internas en esos libros, que, sea lo que sea, casi todos los hombres los tienen como ungidos de santidad y rebosantes de cosas divinas; entras en ellos sin guía, y te atreves a emitir tu opinión sin el asesoramiento de un maestro; y si te salen al paso pasajes que te parecen absurdos, te comportas como los necios: no reconoces la torpeza de tu ingenio y denuncias libros que acaso no pueden ser comprendidos por quienes tienen tus disposiciones. En esos casos debe buscarse a alguien que sea piadoso y docto a la vez, al menos con fama de tal, que con sus preceptos nos vuelva mejores y más instruidos. ¿Que no es fácil dar con él? Se le busca con empeño. ¿Es que no hay ninguno en tu país? ¿Cuándo puede ser más útil el viajar? ¿No se le halla o no existe en ese continente? Se atraviesa el mar;

Si te salen al paso pasajes que te parecen absurdos, te comportas como los necios: no reconoces la torpeza de tu ingenio y denuncias libros que acaso no pueden ser comprendidos por quienes tienen tus disposiciones. En esos casos debe buscarse a alguien que sea piadoso y docto a la vez que con sus preceptos nos vuelva mejores y más instruidos.

Y, a pesar de todo, nos hemos comportado como unos pobres niños y hemos condenado en el tribunal de nuestro juicio la religión quizá más santa, la religión que ya es conocida en todo el mundo. ¿Y si algunos pasajes de esas mismas Sagradas Escrituras, que parecen escandalizar a los inexpertos, no están esperando que busquemos con mayor ahínco un sentido oculto?

y si no se le encuentra en las proximidades de la costa, se interna uno hasta llegar a los parajes en que se han desarrollado las escenas que se exponen en los libros. ¿Hemos procedido nosotros así?

Y, a pesar de todo, nos hemos comportado como unos pobres niños y hemos condenado en el tribunal de nuestro juicio la religión quizá más santa –hablo como si aún continuáramos dudando–, la religión que ya es conocida en todo el mundo. ¿Y si algunos pasajes de esas mismas Sagradas Escrituras, que parecen escandalizar a los inexpertos, no están esperando que busquemos con mayor ahínco un sentido oculto, cuando la lectura tropieza con cosas que desdicen los sentimientos de cualquier hombre, y mucho más si es sabio y prudente? ¿No ves cómo los hombres se esfuerzan por interpretar la figura de Catamito en las Bucólicas, a quien lloró un pastor rudo, y al niño Alexis, en cuyo honor se cuenta que el mismo Platón compuso una canción amatoria, asegurando un no sé qué de gran significación, pero que escapa del juicio de los inexpertos; como si, sin incurrir en la profanación, un poeta fecundo pudiese, al parecer, publicar cancioncillas libidinosas?

18. ¿Acaso había algo que nos entorpecía, que impedía nuestra busca de la verdad? ¿Era una prohibición legal, o el prestigio de los adversarios o la vulgaridad y mala fama de los iniciados, o la novedad de la institución o el secreto en que se practicaba? No era nada de esto; todas las leyes, divinas y humanas, autorizan la investigación de la fe católica; abrazarla y practicarla no va contra el derecho humano, puesto que del divino no hablamos, ya que partimos de la hipótesis de estar en el error. Ningún enemigo intenta aprovecharse de nuestra debilidad para asustarnos, aunque –hay que decirlo– si a pesar de todos los esfuerzos no se consigue encontrar la verdad y la salvación allí donde se puede buscar con absoluta tranquilidad, vale la pena enfrentarse con cualquier peligro. Las autoridades y los magistrados de cualquier grado se consagran con devoción a este culto divino; el nombre de esta religión supera a todos en hermosura y excelencia. ¿Qué inconveniente hay, pues, en que mediante una investigación piadosa y diligente se inquiera si es aquí donde tiene su asiento esa verdad,

asiento que por necesidad ha de ser conocido y guardado por unos pocos, aun cuando todo el mundo lo aprecie y mire con simpatía?

La universalidad de la creencia católica

19. Si, por tanto, esto es así, busquemos primeramente –ya te lo he dicho antes qué religión va a ser– la que purifique y renueve nuestras almas. No hay duda de que debemos comenzar por la Iglesia católica, porque los cristianos son ya más numerosos que los judíos e idólatras juntos. Pero entre los mismos cristianos hay muchos herejes, y aunque todos desean ser tenidos por católicos y tildan de herejes a los demás, sin embargo, están todos acordes en que la Iglesia es una sola. Si se mira al mundo entero, sus adherentes son más numerosos que los de ninguna otra y, según el testimonio de lo que la conocen, la más verdadera y profunda cuanto a doctrina. Pero la verdad es otro asunto. Para quien la busca basta con esto. la Iglesia católica es un sola. Los herejes la aplican distintos nombres; en cambio, cada herejía tiene su nombre propio, que no se atreven a rechazar. Esto, ateniéndonos al testimonio de jueces imparciales, nos permite entender con claridad a qué Iglesia se le debe otorgar el nombre de católica, nombre que todas quieren para si. Y para que nadie pueda creer que dilucidar este punto implicaría mucho tiempo, gastado inútilmente, queda como auténticamente cierto que existe una Iglesia en la que incluso las leyes humanas son, en cierto modo, cristianas. No se trata de prejuzgar, sino de señalar la importancia para nosotros del punto de partida. No debe atemorizarnos que el verdadero culto divino, falto de vigor propio, aparezca sostenido por aquellos a quienes debe él prestar apoyo. Sería una gran dicha poder encontrar la verdad allí donde la búsqueda y la posesión son más seguras pero de no encontrarla allí, habrá que acudir a buscarla en otra parte.

Queda como auténticamente cierto que existe una Iglesia en la que incluso las leyes humanas son, en cierto modo, cristianas. No se trata de prejuzgar, sino de señalar la importancia para nosotros del punto de partida. No debe atemorizarnos que el verdadero culto divino, falto de vigor propio, aparezca sostenido por aquellos a quienes debe él prestar apoyo.

8

Experiencia personal de Agustín

Cuando me separé de vosotros y atravesé el mar, andaba ya irresoluto y dudando de cuáles eran las cosas que debía retener y cuáles las que debería abandonar.

20. Después de las cosas expuestas, tan bien fundadas que serían suficientes para ganarte en este pleito, por más reparos que tengas en contra, voy a tratar de descubrirte cuál fue mi camino cuando andaba buscando la verdadera religión con las disposiciones que debe tener, según te dije antes, quien la busque. Cuando me separé de vosotros y atravesé el mar,[4] andaba ya irresoluto y dudando de cuáles eran las cosas que debía retener y cuáles las que debería abandonar; esta irresolución aumentaba con los días desde aquel en que oí al hombre, ya sabes a quién me refiero, que se nos presentaba casi como llegado del cielo, lo esperábamos para que nos aclarara aquellas cuestiones que nos tenían llenos de confusión, y vi que era como los demás, si se exceptúa cierto grado de elocuencia que había en él.[5] Una vez instalado en Italia, reflexioné conmigo mismo y pensé no en si continuaría en aquella secta, en la que lamentaba de haber caído, sino en cuál sería el método para hallar la verdad, verdad por cuyo amor, tú lo sabes mejor que nadie, suspiraba ardientemente. Con frecuencia me parecía imposible enrcontrarla, y mis pensamientos vacilantes me llevaban a aprobar a los académicos.[6] A veces, por el contrario, reflexionando, en la medida de mis posibilidades, sobre la sagacidad, la perspicacia del entendimiento humano, me inclinaba a creer que

---

[4] Del norte de África a Italia.

[5] Agustín se refiere al obispo maniqueo Fausto, con fama de hombre docto en todas las ciencias y sumamente instruido en las artes liberales, capaz de resolver todas las dudas. En él solamente encontró mas que "un hombre simpático, de grata conversación y que exponía más dulcemente que los otros las mismas cosas". Fausto no puedo solucionar los problemas planteados por Agustín, lo que admitió con humildad. Fue el comienzo de la separación entre Agustín y los maniqueos. "Así aquel Fausto, que para otros muchos había lado de la muerte, fue, sin quererlo él ni saberlo, quien comenzó a aflojarme el lazo en que antes estaba yo cogido y preso" (Cf. *Confesiones*, lib. V, cap. III, 3, y cap. VII).

[6] Los filósofos de la Nueva Academia fueron los representantes en la antigüedad del probabilismo, doctrina parecida al escepticismo, que afirmaba que el juicio del hombre nunca es cierto, sino probable.

si la verdad se le escapaba era sólo porque se le escapaba el método a seguir en la búsqueda, y que ese método precisamente había de llegarle de una autoridad divina. Faltaba averiguar cuál era esa autoridad, puesto que, en medio de todos esos pareceres contrastantes, todos prometían la verdad. Ante mí se abría una selva inextricable, y vacilaba y me faltaba decisión para penetrar en ella; mi alma se agitaba sin descanso en medio de todas estas cosas, con ansias de encontrar la verdad. Sin embargo, cada día me encontraba más lejos de aquéllos, que ya me había propuesto abandonar. Entre estas dificultades sólo me faltaba pedir con lágrimas y llanto a la divina Providencia que me socorriera. Y lo hacía de todo corazón. Varias lecciones del obispo de Milán ya me habían hecho tanta impresión, que casi estaba deseando, con cierta esperanza, estudiar algunos de los pasajes de ese Antiguo Testamento, hacia los cuales teníamos aversión por lo que contra ellos nos habían dicho. Me había decidido ya a continuar como catecúmeno en la Iglesia en que fui inscrito por mis padres hasta tanto que diera con lo que andaba buscando, o me convenciera de que no había nada que buscar. De haber habido alguien que me hubiera instruido, en mí hubiera encontrado un discípulo muy a propósito y muy dócil entonces. Si, pues, tú te encuentras en este estado desde hace tiempo y sientes las mismas inquietudes en tu alma, si te parece que ya has sido traído y llevado bastante, si deseas que se acaben tantas fatigas, toma el camino que te brinda la doctrina católica, que llegó a nosotros desde el mismo Cristo a través de sus apóstoles y desde nosotros pasará a nuestros descendientes.

Me había decidido ya a continuar como catecúmeno en la Iglesia en que fui inscrito por mis padres hasta tanto que diera con lo que andaba buscando, o me convenciera de que no había nada que buscar.

9

Creer para entender

Es imposible
encontrar
la religión
verdadera
sin someterse
al yugo
riguroso
de una
autoridad
y sin una fe
previa en
aquellas
verdades que
más tarde
se llegan a
comprender
bien,
si nuestra
conducta nos
hace dignos
de ello.

21. Es ridículo que todos pretendan estar en posesión de la verdad y que afirmen que la enseñan. Es innegable que todos los herejes lo pretenden, pero lo hacen con la promesa de dar razón de los puntos más oscuros a quienes se dejan seducir; y con ellos acusan a la Iglesia católica porque exige a los que vienen a ella que crean, en tanto que ellos alardean de no imponer a nadie el yugo de la fe, sino que les descubren la fuente de la ciencia. Si se te ocurre que éste es el mejor elogio que podría hacerles, te engañas. No tienen razón ninguna para ello y lo hacen sólo para atraerse la masa con el atractivo de la razón; esa promesa agrada al alma humana, la cual, sin reparar en sus pocas fuerzas ni en su debilidad, desea para sí los alimentos que sólo sientan bien a los sanos y cae en engaños venenosos. Es imposible encontrar la religión verdadera sin someterse al yugo riguroso de una autoridad y sin una fe previa en aquellas verdades que más tarde se llegan a comprender bien, si nuestra conducta nos hace dignos de ello.

Creyentes y crédulos

22. Acaso estás deseando que se te ofrezca sobre esto alguna razón que te convenza de que no es la razón, sino la fe, el medio para comenzar el adoctrinamiento. No es cosa difícil, con tal que te muestres razonable y sin prejuicios. Dime, en primer lugar, ¿por qué crees tú que no se debe creer? Porque la credulidad, me dices, de la que se deriva el nombre de crédulos te parece un defecto; de lo contrario, no usaríamos esta palabra como una afrenta. Si la suspicacia es un defecto, porque juzga lo que no es conocido con certeza, mucho más lo será la credulidad, que sólo difiere de la anterior en un punto: la suspicacia admite cosas desconocidas, pero dudando algo de ellas, y la credulidad las admite sin dudar. Admito provisionalmente este concepto y distinción. Pero también sucede que empleamos el término "curioso" con carácter peyorativo, en sentido de reproche, mientras que la palabra "estudioso" se considera un elogio. Señálame cuál es la diferencia que tú adviertes entre

ambos términos. Es seguro que me respondes que ambos, el curioso y el estudioso sienten deseos de conocer, pero que, si el curioso desea saber lo que no le atañe, el estudioso, en cambio, quiere conocer lo que le interesa. Sin embargo todos admitimos que a todo marido le interesan la esposa, los hijos, la salud de una y otros. Supongamos ahora que ese marido viva en el extranjero y que pregunta con insistencia a todo el que le llega hasta allí por el estado y salud de su esposa y de sus hijos. Obedece, está claro, a un gran deseo de saber, y de saber lo que le incumbe muchísimo, no decimos que este hombre sea estudioso. Te darás cuentas de que la definición del estudioso es imprecisa, porque, aunque el estudioso desea conocer lo que te atañe, no por eso debe decirse que sea estudioso cualquiera que se comporte así, sino quien se informa, sin ahorrar esfuerzos y formación intelectual. En este caso el término apropiado es estudiante (*studens*), sobre todo si se epecifica la materia que se dedica a aprender. Si se limita a amar a su familia se puede, en rigor, decir que es "estudioso de lo relativo a los suyos", pero no estudioso en general, sin determinaciones. Si anhela noticias de su familia, no diría que sea un "estudioso de noticias" a no ser que, en su alegría por recibir buenas, quiera hacérselas repetir indefinidamente. Mas bien lo llamaría "alguien que quiere aprender" (*studens*), aunque se contente con oírlas una vez.

Considera ahora lo que es la curiosidad y dime si tú tienes por curioso a quien oye con gusto una anécdota que no tenga particular utilidad para él, o dicho de otro modo, de cosas que no le incumben, pero sin insistencias inoportunas, de pasada y discretamente, sentado alrededor de una mesa en una tertulia o en cualquier reunión. No lo tendría yo tal, pero ciertamente parecería curioso si deseaba oir hablar de una cosa que le ofrecía interés. Por tanto, la misma razón que hubo para corregir la definición de estudioso hay ahora para modificar la de curioso. Observa si también las expresiones anteriores necesitan rectificación. ¿Merece ser llamado suspicaz quien tiene de vez en cuando una sospecha, y crédulo quien a veces cree algo a la ligera? Porque, así como hay una gran diferencia entre el que desea conocer una cosa y quien desea saber en general, y la hay entre quien tiene cuidado de algo y el curioso, de la misma manera hay una enorme diferencia entre el creyente y el crédulo.

Así como hay una gran diferencia entre el que desea conocer una cosa y quien desea saber en general, y la hay entre quien tiene cuidado de algo y el curioso, de la misma manera hay una enorme diferencia entre el creyente y el crédulo.

10

La lógica de la fe

Supongo que concederás que es una falta más grave describir los santos misterios, si es que hay alguno, a un hombre tal que creer a los hombres religiosos cuando hablan de religión.

23. Pero veamos ahora, me dirás, si debemos creer en la religión. Incluso admitiendo que son cosas distintas el creer y el ser crédulos, no se sigue de ello que no hay mal ninguno de creer en la religión. ¿Qué si pensamos que tanto la fe como la credulidad fueran defectos, como estar borracho y ser un borracho? Quien tuviera esto por cierto, pienso que no podría tener ningún amigo, porque si es una deshonra creer en algo, o actúa mal quien cree a un amigo, no entiendo cómo se puede llamar amigo a sí mismo o al otro, sino cree en él. A esto es posible que me repliques diciendo que en ocasiones hay cosas que tenemos que creer y me pidas que te aclaré cómo puede no ser un defecto en materia religiosa creer antes de llegar a saber. Trataré de exponértelo, y quisiera preguntarte cuál de estas dos cosas es peor: ¿enseñar la religión a una persona indigna o creer lo que dicen quienes la enseñan? Por si no sabes a quién llamo indigno, te diré que es aquel que se presenta con actitudes falsas. Supongo que concederás que es una falta más grave describir los santos misterios, si es que hay alguno, a un hombre tal que creer a los hombres religiosos cuando hablan de religión. Otra manera de contestar no te hubiera sido honrosa. Imagina, pues, que ya está presente quien te adoctrine en religión: ¿cómo lograrías convencerle de tu sinceridad como discípulo y de que no hay en ti mala fe ni simulación? Me dirás que invocando tu conciencia como testigo de que no hay disimulación en ti, confirmándolo con palabras enérgicas, pero al fin con palabras, tus palabras. Te será imposible abrir a un hombre, tú, hombre también, los entresijos de tu espíritu, para que vea tu ser intimo. Si él te dijera: creo en lo que me dices, pero ¿no sería más razonable que tú dieras fe a mis palabras, ya que, si tengo yo la verdad, tú serías el beneficiario y yo quien te hace el beneficio? ¿Cuál sería tu respuesta, sino que merecía que creyeras en él?

Necesidad de adecuación moral

24. Como réplica podrías decirle: ¿No sería mejor que me dieras razón de por qué he de creer, para que con la dirección de aquélla caminara por dondequiera sin riesgo de exponerme temerariamente al engaño? Acaso fuera mejor lo que propones; pero si tan difícil te resulta el conocimiento de Dios por vía racional, ¿crees que pueden todos comprender las razones que descubre a la inteligencia del hombre la realidad divina? Los que pueden comprenderlas, ¿son muchos o pocos? Tú, ¿qué piensas? Pienso que son pocos, dices. ¿Te cuentas entre ellos? No me toca a mi darte la respuesta. Continúas pensando que también en esto debe él creerte, y así lo hace, en efecto. Pero no olvides que ya son dos las veces que él cree proposiciones tuyas sin tener de ellas certeza; tú, en cambio, ni por una sola vez crees en los consejos de orden religioso que él te propone.

Supongamos, no obstante, que las cosas son así y que con espíritu sincero te acerque para instruirte en religión; que eres de esos pocos que pueden aprehender las razones por las que se llega al conocimiento de la divinidad: ¿habría que negar la religión al resto de los hombres que no han sido favorecidos con un ingenio tan sereno, o es preciso llevarlos paso a paso, como por grados, hasta la cima de estos misterios? Claramente se ve cuál es la actitud más religiosa, porque no puedes en modo alguno dar por bueno el que se rechace o se desdeñe a nadie deseoso de cosa tan importante. ¿No opinas que esa persona debe empezar por creer que triunfará en su empresa, que debe informar su espíritu con una actitud sencilla y que, siguiendo algunas reglas fundamentales e indispensables, debe purificarse a fondo viviendo un determinado plan de vida, sin lo cual no podrá alcanzar la verdad en toda su pureza? Estoy seguro de que es esa tu opinión. ¿Qué género de mal les puede sobrevenir a esos hombres –entre ellos te cuento a ti–, a quienes no les sería difícil comprender los secretos divinos con razón firme si marcharan por esa vía propia de los que comienzan por creer? Creo que ninguno. Con todo, replicas así: ¿qué razón hay para obligarlos a ir despacio? El daño que con su ejemplo ocasionan a los demás, aunque ellos queden indemnes. Son poquísimos los que tienen una apreciación exacta de sus

¿Habría que negar la religión al resto de los hombres que no han sido favorecidos con un ingenio tan sereno, o es preciso llevarlos paso a paso, como por grados, hasta la cima de estos misterios?

¿Puede hallarse camino más seguro que empezar a hacerse idóneo para recibir la verdad mediante la sumisión a todo lo que Dios ha establecido para cultivo y purificación de nuestras almas?

capacidades; hay quien se apoca y hay que estimular sus fuerzas; hay quien se jacta y hay que moderarle, para que ni el primero caiga en la desesperación ni el otro en la temeridad. Y eso se consigue con facilidad cuando se obliga a los que pueden marchar solos a seguir el camino seguro de los demás, para que no se conviertan en un ejemplo peligroso. Tal es la disposición de la religión verdadera: lo que ha mandado Dios, lo que nos han legado nuestros venerables antepasados y lo que hasta aquí hemos mantenido; alterarlo o trastrocarlo equivale a ensayar un camino impío a la religión verdadera. Quienes así procedan, aunque se les concediera todo lo que desean, no podrían llegar a su meta. Por agudo que sea su ingenio, sin la ayuda de Dios no hacen más que arrastrarse por el suelo; y Dios ayuda a los que, acuciados por la inquietud de llegar hasta El, sienten a la vez preocupación por el resto de los hombres. No hay camino más seguro para ir al cielo.

Por lo que a mí respecta, este razonamiento se me impone, porque ¿cómo podré decir que no se debe creer sin conocimiento previo si es totalmente imposible la amistad misma sin la fe en algunas cosas indemostrables por la razón? Los mismos señores dan fe a los esclavos a su servicio sin perjuicio de su dignidad. Dentro del ambiente religioso, ¿qué despropósito puede superar al de pedir a quienes tienen autoridad que crean en nuestras palabras, que le hablan de un ánimo sincero, y nosotros nos resistamos a creer en las suyas cuando nos instruyen? Por último, ¿puede hallarse camino más seguro que empezar a hacerse idóneo para recibir la verdad mediante la sumisión a todo lo que Dios ha establecido para cultivo y purificación de nuestras almas? O si es que ya te sientes preparado, ¿qué mejor que hacer un pequeño rodeo para entrar por donde la seguridad es completa en lugar de ponerse en peligro y dar a los demás un ejemplo de temeridad?

11

Diversos tipos de ánimo y actitudes

25. Nos toca ahora considerar qué razón existe para que no vayamos en pos de los que prometen guiarnos de la mano de la razón. Ya se ha declarado que no es deshonroso seguir a los que nos mandan creer; pero hay hombres, y no pocos, que piensan que acudir a los que prometen razones no sólo es algo irreprensible, sino digno de elogio. De ninguna manera. En religión hay dos clases de hombres que son dignos de elogio: aquellos que ya han encontrado, y que es preciso tenerlos por dichosos, y los que andan buscando con honda ansiedad y sinceramente. Los primeros ya han llegado a la meta; los segundos están aún en camino, pero seguros de llegar. Hay, además, otras tres clases de personas que merecen censura y son aborrecibles. Primero los sofistas llenos de prejuicios, que creen conocer lo que de hecho no conocen. A continuación los que conscientes de su ignorancia no ponen la suficiente diligencia para poderla conocer. Por último, los que piensan que no la conocen ni desean tampoco conocerla. Asimismo hay en el alma tres operaciones que parecen ser cada una continuación de la otra y que es conveniente discernir: entender, creer y prejuzgar.

Si se las considera aisladamente, el entender –comprensión– está siempre libre de todo defecto; la segunda –creencia– admite alguna falta; la tercera –prejuzgar– tiene la secuela lógica de la imperfección. Comprender las cosas grandes, honestas, incluso las divinas, constituye la suma dicha; entender las cosas superfluas no acarrea daño ninguno; excepto que al dedicarse a su estudio consuma el tiempo necesario para otros estudios. Tampoco hay que temer daño ninguno del mero hecho de comprender lo que es malo; lo lamentable es hacerlo o sufrirlo. Porque si uno comprende cómo puede dar muerte a su enemigo sin peligro propio, el acto mismo de entenderlo, sin el deseo de realizarlo, no lo hace culpable; faltando este deseo, la inocencia es total.

En lo que a creer se refiere, sí hay culpa en creer algo cuando va contra la excelencia divina y cuando con ligereza se cree algo que va contra la dignidad de algún

Lo que comprendemos se lo debemos a la razón; lo que creemos, a la autoridad; lo que conjeturamos, al error. Mas todos los que entienden creen también, y creen los que conjeturan; pero no todo el que cree entiende, y quien conjetura no comprende.

hombre. Cualquier otra cosa que se crea, si se comprende que creer no significa saber, está exento de culpa. Así creo que los más criminales de entre los conjurados fueron ejecutados gracias al valor de Cicerón;[7] no tengo certeza de este hecho, pero sé que me es enteramente imposible llegar a saberlo.

En cambio prejuzgar es doblemente vergonzoso: primero, porque quien se ha persuadido de que sabe alguna cosa está incapacitado para instruirse en esa misma cosa, suponiendo que sea cognoscible; en segundo lugar, el juicio temerario es señal de un alma no bien dispuesta. Y así, si alguno pensara saber esto mismo que acabo de decir de Cicerón, aunque nadie le impidiera dedicarse a su investigación, puesto que se trata de una cosa que no se puede saber a ciencia cierta, incurriría en auténtico error porque no se da cuenta de la gran diferencia que hay entre aquello que se puede conocer por una razón cierta del espíritu y lo que se recoge en los escritos o en la tradición oral para bien de las generaciones futuras, ya que todo error implica un desorden moral.

Por lo tanto, lo que comprendernos se lo debemos a la razón; lo que creemos, a la autoridad; lo que conjeturamos, al error. Mas todos los que entienden creen también, y creen los que conjeturan; pero no todo el que cree entiende, y quien conjetura no comprende. Ahora bien, si estas operaciones se ponen en relación con las cinco clases de hombres antes mencionadas, es decir, con las dos clases que he declarado dignas de elogio, y las otras tres, que son defectuosas, encontramos en la primera a los bienaventurados que se sienten felices de creen a la verdad misma; la segunda, los que aman la verdad y la busca creer a la autoridad; unos y otros son dignos de elogio por su fe. Por el contrario, la credulidad de los que forman el grupo primero de las malas categorías, que merecen reproche, es defectuosa al creer que saben lo que ignoran; los otros dos no creen en nada, y son los que la buscan sin esperanza de hallarla y los que ni siquiera la buscan.

Todo esto solamente en cosas que caen dentro del campo de la ciencia, porque en cualquiera otra dimensión

---

[7] Se refiere a la conjuración de Catilina que Cicerón desenmascaró con una vibrante acusación frente al Senado romano.

dc la vida práctica podrá darse extrañamente un hombre que no crea nada. Aun aquellos mismos que en la práctica aseguran atenerse a razones probables se inclinan más bien por la imposibilidad de la ciencia que por la de la fe; porque ¿quién hay que admita algo y no lo crea? ¿Y cómo puede ser probable lo que admiten si no se aprueba? Por lo tanto, hay dos géneros de adversarios dc la verdad: los que impugnan la ciencia y no la fe; los que atacan una y otra. No sé si en el dominio de las cosas humanas podrá encontrarse un solo caso de estos últimos.

Todo esto se ha dicho para que comprendamos que podemos tener fe en cosas que todavía no comprendemos sin caer por ello en la presunción de los que prejuzgan. Pues los que sostienen que no ha de creerse nada sin prueba, sólo buscan que no se les considere hombres con prejuicios, cosa que, hay que reconocerlo, es bajo y vergonzoso. Una diligente reflexión sobre la gran diferencia que hay entre pensar que se sabe algo y creer, movido por la autoridad, lo que se comprende que no se sabe, mostrará que esta última actitud es más lamil a la imputación del error como a la de inhumanidad y orgullo.

Podemos tener fe en cosas que todavía no comprendemos sin caer por ello en la presunción de los que prejuzgan. Pues los que sostienen que no ha de creerse nada sin prueba, sólo buscan que no se les considere hombres con prejuicios.

12

Necesidad de la fe en la vida común

Cuando se trata de religión, es decir, de dar culto a Dios y de conocerle, hay que evitar ir en pos de aquellos que nos prohíben creer y con facilidad prometen pruebas racionales.

26. Supuesto, pues, que no se deba creer más que lo que se sabe, ¿qué razón hay para esperar que los hijos cuiden a sus padres y les correspondan con su amor, si no los creen padres suyos? Esta es una cosa que la razón no puede conocer; creemos que alguien es nuestro padre por la autoridad del testimonio materno; y, tratándose de la madre, se la tiene por madre propia, las más de las veces, no por testimonio suyo, sino de las comadronas, de las nodrizas o de las criadas; porque ¿no puede suceder que a una madre se le robe el verdadero hijo y se le suplante con otro, de modo que, engañada ella, transmita su error a los demás? Sin embargo, creemos, y creemos sin asomo de duda, una cosa que reconocemos que no se puede saber. ¿Quién no ve que, de no ser así, se atenta contra la piedad, el vinculo más sagrado del género humano, con la mayor perfidia? ¿Podrá haber un hombre que, por necio que sea, estime censurables los cuidados para con los que creemos nuestros padres, aun cuando no lo fueran? Por el contrario, ¿no pensaría que merece el exterminio quien, por temor a que no lo fueran, negara el amor a sus posibles padres verdaderos? Múltiples razones podrían aducirse para poner en claro que de la sociedad humana no quedaría nada firme si nos determináramos a no creer más que lo que podemos considerar por nosotros mismos como evidente.

27. Oye ahora lo que voy a decir, porque espero que te ha de convencer más fácilmente. Cuando se trata de religión, es decir, de dar culto a Dios y de conocerle, hay que evitar ir en pos de aquellos que nos prohíben creer y con facilidad prometen pruebas racionales. Nadie duda de que todos los hombres son o sabios o necios. Llamo sabios no a las personas agudas y de espíritu penetrante, sino a los que poseen, en la máxima medida posible para el hombre, el conocimiento claro e inamovible del hombre y de Dios, en quienes la vida y las costumbres responden a esa idea; a los demás, sean doctos o ignorantes, recomendables o no por su modo de vida, los considero necios. Siendo esto así, ¿quién, a poco buen sentido que tenga, no

ve claramente que es mejor y más saludable obedecer los dictados de los prudentes que no ordenar la vida según el juicio propio? Porque toda obra humana, si no se ha hecho con rectitud, es defectuosa; y no puede hacerse con rectitud si no es obedeciendo la recta razón. Ahora bien, la recta razón es la virtud misma; mas ¿dónde está la virtud sino en el alma del sabio? Sólo el sabio es perfecto, mientras que el necio falta siempre, salvo en los actos en que haya seguido los juicios del sabio. Estos, en efecto, procederían de la recta razón y no sería el necio dueño de sus actos, por decirlo así, sino una especie de instrumento al servicio del sabio. Si pues, a todos les es mejor no faltar que faltar, mejor sería la vida de los necios si llegaran a ser tributarios de los sabios. Y si todo esto es válido en las cosas de menor importancia como el comercio, el cultivo de la tierra, la elección de mujer, la educación de los hijos, la administración del patrimonio familiar, con mucho más motivo lo será en el campo religioso. En los asuntos humanos el discernimiento es más fácil que en los divinos; y a medida que éstos aumentan en importancia y en santidad, mayor es el respeto y la sumisión que se les debe y tanto más criminal y peligroso es el pecado contra ellos.

Así, pues, como te habrás dado cuenta, mientras permanezcamos en el grupo de los necios, si verdaderamente queremos llevar una vida buena y religiosa, no podemos sino buscar a los sabios y seguirles a fin de librarnos un poco, en la medida de nuestras posibilidades, del dominio de la ignorancia, y escapar de ella totalmente algún día.

La recta razón es la virtud misma; mas ¿dónde está la virtud sino en el alma del sabio? Sólo el sabio es perfecto, mientras que el necio falta siempre, salvo en los actos en que haya seguido los juicios del sabio.

13

Las dificultades del ignorante

Surge ahora una cuestión harto difícil: ¿cómo puede el necio dar con el sabio si la mayoría de los hombres, si no directamente, al menos de modo indirecto, se aplican a sí mismos el sobrenombre de sabios y si, además, son tan discordantes en sus conceptos?

28. Surge ahora una cuestión harto difícil: ¿cómo puede el necio dar con el sabio si la mayoría de los hombres, si no directamente, al menos de modo indirecto, se aplican a sí mismos el sobrenombre de sabios y si, además, son tan discordantes en sus conceptos de las cosas cuyo conocimiento constituye la sabiduría, que o ninguno de ellos es sabio o sólo uno lo será de verdad? No veo la manera de que el necio pueda conocerlo porque ningún signo puede hacer reconocible una cosa si no se conoce antes la cosa misma a la cual el signo pertenece. El ignorante no conoce la sabiduría, y si bien hay medio de reconocer con la vista el oro, la plata y otros metales del mismo tiempo, aun sin poseerlos, a quien está desprovisto de sabiduría, no le es posible reconocerla con los ojos de la mente si no se posee. Todo lo que percibimos con nuestros sentidos corporales nos es presentado desde fuera; de este modo no es posible percibir por la vista los bienes ajenos sin poseerlos ni poseer algo parecido. Pero lo que capta el intelecto está en el interior, en el espíritu: poseerlo y verlo es todo uno. Pero el necio está desprovisto de sabiduría, luego no sabe qué es la sabiduría. Con los ojos no puede verla; no puede concebirla sin poseerla, ni poseerla y continuar en su necedad. No la conoce, y mientras la desconoce, no la puede conocer en parte alguna. Por lo tanto, no hay quien, siendo necio, pueda, mientras siga en la ignorancia, encontrar de una manera segura al sabio para librarse, obedeciéndole, del gran mal que es la ignorancia.

La sabiduría de la doctrina que empieza por la fe

29. Ahora bien, como nuestro estudio tiene por objeto la religión, sólo Dios puede dar solución a esta enorme dificultad; por otra parte, de no creer en su existencia y en su eficiencia para ayudar a la mente humana no debemos lógicamente buscar la religión verdadera. Pero ¿qué es lo que deseamos averiguar con tanto empeño? ¿Cuál el

fin que perseguimos? ¿A dónde queremos llegar? ¿Es alguna cosa en cuya existencia no creamos y de la cual pensamos que no nos atañe en absoluto?

Esta sería una idea perniciosa. No te atreverías a pedirme un favor sin saber que te lo puedo hacer o cometerías un acto de impudencia pidiéndomelo, ¿y llegas a pedir el descubrimiento de la religión con la idea de que no existe Dios o de que, si existe, no se preocupa de nosotros? ¿Qué diríamos si se tratara de un asunto de tanta importancia que su hallazgo quedara supeditado a la minuciosidad e intensidad de nuestras investigaciones? ¿Y qué si la dificultad misma que atormenta a la mente investigadora es tal que le mueve, cuando ya ha encontrado su objeto, a aferrarse a él y a divulgarlo? ¿Qué cosa hay más familiar y más agradable para los ojos que la luz? Sin embargo, no se la puede soportar después de una oscuridad prolongada. ¿Hay algo más a propósito para el cuerpo debilitado por la enfermedad que el alimento y la bebida? Y, no obstante, vemos que a los convalecientes se los impone moderación, y no se les permite satisfacer su apetito como hacen los sanos, para que la sobriedad los libre de recaer en la enfermedad que les quitó las ganas de comer. Estoy hablando de los convalecientes; en cuanto a los mismos enfermos, ¿no les apremiamos para que tomen algún alimento? Si no creyeran que con ello escapan a la enfermedad, no nos obedecerían, si es tanta su repugnancia. ¿Cuándo, pues, te vas a entregar a esta investigación tan penosa y difícil? ¿Cuándo acabarás de imponerte la solicitud y el trabajo que estas cosas requieren, si dudas de la misma existencia de lo que buscas? Con verdadero acierto, la gravedad de la disciplina católica ha establecido que a los que llegan a la religión se les exija ante todo la fe.

¿Y llegas a pedir el descubrimiento de la religión con la idea de que no existe Dios o de que, si existe, no se preocupa de nosotros? ¿Qué diríamos si se tratara de un asunto de tanta importancia que su hallazgo quedara supeditado a la minuciosidad e intensidad de nuestras investigaciones?

14

La fama universal de Cristo

30. ¿Qué razones –dime– podrá aducir ese hereje? Nos referimos a los que quieren que se les llame cristianos. ¿Qué cosa es lo que les impide creer, como si se tratara de un acto temerario? Si me mandas que no crea en nada, tampoco creeré que entre los hombres haya religión alguna, y así tampoco la busco. Pero él deberá mostrármela, puesto que está escrito: "Quien busca, halla" (Mt. 7:8). Luego si no creyera cosa ninguna, no acudiría a aquel que me prohíbe creer. ¿Puede darse mayor inconsecuencia? Lo que le desagrada de mí es que tenga una fe que no se apoya en ningún saber; y sin embargo, lo que me ha llevado a él es precisamente ese tipo de fe.

31. Por otra parte, todos los herejes nos exhortan a creer unánimemente en Cristo. ¿Podría ser mayor la contradicción entre ellos? A este respecto, hay que precisar dos puntos. En primer lugar habrán de decirnos dónde están las razones que nos prometen, en qué se apoya el reproche de temerarios y en qué se funda su presunta ciencia. Porque si es deshonroso creer a nadie sin una justificación racional, ¿por qué deseas, por qué pones tanto empeño en que crea sin razón, para así lograr más fácilmente ganarme con tus razones? ¿Será tu razón capaz de construir algo sólido sobre el fundamento de la temeridad? Hablo como lo harían aquellos a quienes desagrada nuestra fe. Porque creer sin razones cuando aún no estamos en condición de aprehenderlas, y preparar el espíritu por medio de la fe misma para recibir la semilla de la verdad, lo tengo no sólo por saludable, sino por necesario para que las almas enfermas puedan recobrar la salud. Es una gran imprudencia, por parte de los herejes, el hecho de que, estimando que esto es ridículo y temerario, a pesar de esto pretendan que nosotros creamos en Cristo. En segundo lugar, confieso que creo ya en Cristo, y me he propuesto aceptar como verdadero todo lo que Cristo ha dicho, aunque no haya razón que lo apoye. ¿Es aquí, hereje, dónde vas a empezar tus demostraciones? Yo no he visto a Cristo en la figura con que quiso aparecer a los hombres, de quien se dice haber sido visto por los ojos

humanos, permíteme, pues, que reflexione en quiénes son aquellos cuyo testimonio sobre Cristo deba creer, para que, dispuesto con esa fe, pueda ayudarte a ti. No veo haber creído sino por el testimonio de la firme convicción de pueblos y naciones y por la extensión universal de la fama de Cristo. La Iglesia católica con sus misterios ha sido abrazada por estos pueblos. ¿Por qué no he de dirigirme preferentemente a éstos para saber lo que Cristo ha enseñado, si ha sido la fuerza de su autoridad la que me ha llevado a creer que Él ha enseñado cosas buenas? ¿Habrías de ser tú el que me aclarara mejor lo que dijo Él? Pero yo no admitiría que Cristo haya existido o que exista si tú fueras el único que me aconseja creer en Él. Si he creído –lo digo de nuevo–, es por la gran difusión, la universalidad de su fama, reforzada por la antigüedad. Vosotros, por el contrario, sois tan escasos, tan sediciosos y tan sin tradición, que nadie duda de vuestra falta de autoridad. ¿Por qué, pues, tanta demencia?

> Si he creído –lo digo de nuevo–, es por la gran difusión, la universalidad de su fama, reforzada por la antigüedad.

"Cree a los pueblos que dicen que debes creer en Cristo –me dirás– y aprende de nosotros su doctrina". ¿Por qué razón? Si aquéllos llegaran a faltar y no pudieran adoctrinarme, encuentro más fácil convencerme de que no debo creer en Cristo que pensar en aprender alguna cosa referente a Cristo por otro magisterio que el de aquellos por los que llegué a creer en Él. ¡Cuánta ingenuidad, o mejor, necedad!

"Yo te voy a enseñar la doctrina de Cristo, en quien crees". Si yo no creyera en Él, ¿podrías enseñarme nada de Él?

"Pero es necesario –dices– que crea". ¿En virtud de vuestras razones?

"No –me dices–; nosotros conducimos por la vía racional a los que creen en Él". ¿Por qué he de creer en Él? "Porque su fama está bien justificada". Y esta justificación, ¿a quién se debe? ¿A vosotros o a otros?

"A otros". Luego, tengo que creerlos a ellos para que tú puedas ser mi maestro? Acaso debería hacerlo, si no me previnieran precisamente ellos que no me acercara a ti: dicen que vuestras doctrinas son dañinas.

"Mienten", respondes tú. Pero ¿cómo les he de creer lo que me dicen de Cristo, a quien no llegaron a ver, y no les he de creer lo que me dicen de ti, a quien no quieren ver?

Vemos que la historia, admitida por los mismos herejes, ofrece copiosos testimonios de que Cristo, antes que nada y sobre todo, buscó la fe en Él, aun en los tiempos en que los hombres con quienes trataba no estaban en disposición de comprender los divinos misterios.

"Cree a las Escrituras", dices. Pero si las escrituras que se me presentan son nuevas y desconocidas, o si son escasos los que las recomiendan, sin razón ninguna demostrativa, no son los escritos a los que se cree, sino a quienes los aducen; por lo tanto, si esos escritos me los aducís vosotros, escasos en número y poco conocidos, no debo prestarles fe. Además, con ello procedéis en contra de lo que habéis prometido, porque exigís la fe en lugar de aducir razones. ¿Vas a remitirme de nuevo al juicio de la muchedumbre? Deja de empeñarte en esa especie de pasión desenfrenada por propagar vuestro nombre. Mejor será que me aconsejes que busque entre esa multitud sus dirigentes y que ponga sumo cuidado y diligencia en recibir de ellos información sobre la Escritura, porque, si llegaran a faltar ellos, no sabría que tengo la obligación de estudiarlas. Vuélvete, pues, a tus soledades y no sigas tendiendo asechanzas en nombre de la verdad que pretendes arrebatar a las Escrituras por medio del recurso a su autoridad.

La autoridad de Cristo viva en sus discípulos

32. Si esos herejes negaran hasta el deber de creer en Cristo sin una evidencia racional de esta fe, no serían cristianos. Porque este reproche de irracionalidad también nos lo hacen los paganos, infundadamente, que, aunque sean necios, por lo menos no están en contradicción consigo mismos. ¿Quién toleraría que éstos se consideraran miembros de Cristo, defendiendo ellos que no deben los ignorantes creer nada de Dios si no se les exponen antes las razones claras para creer en Él? Sin embargo, vemos que la historia, admitida por los mismos herejes, ofrece copiosos testimonios de que Cristo, antes que nada y sobre todo, buscó la fe en Él, aun en los tiempos en que los hombres con quienes trataba no estaban en disposición de comprender los divinos misterios. ¿Qué significan tantos y tan grandes milagros, sino que, según el testimonio del

---

8 Cf. Jn. 10:38; 14:11: "Mas si las hago, aunque a mí no creáis, creed a las obras; para que conozcáis y creáis que el Padre está en mí, y yo en el Padre".

mismo Cristo se hicieron para que creyeran en Él?[8] Por la fe guiaba a los ignorantes; vosotros los conducís por medio de razonamientos. Él exigía que se creyera; vosotros clamáis contra ella. A los que creían Él los colmaba de elogios; vosotros los censuráis. ¿Acaso creéis que habría convertido el agua en vino, para no hablar de otros milagros, si los hombres hubieran podido acceder a sus solas enseñanzas sin necesidad de milagros? No se deben desestimar aquellas palabras: "Creéis en Dios, creed en mí" (Jn. 14:1), ¿o hemos de tener por el temerario al centurión, que se opuso a que viniera Cristo a su casa, creyendo que la enfermedad remitiría al solo mandato de Él? Luego, al traernos la medicina que sanara la corrupción de nuestras costumbres, con milagros, se ganó la autoridad, con la autoridad mereció la fe, con la fe congregó las muchedumbres, con las muchedumbres aseguró la permanencia, con la permanencia robusteció la religión, que no han logrado destruir, ni siquiera parcialmente, las novedades de los herejes, tan ineficaces como maliciosas, ni los viejos errores de los paganos con sus ataques violentos.

Al traernos la medicina que sanara la corrupción de nuestras costumbres, Cristo, con milagros, se ganó la autoridad, con la autoridad mereció la fe, con la fe congregó las muchedumbres, con las muchedumbres aseguró la permanencia, con la permanencia robusteció la religión.

15

La sabiduría de Dios en la curación de nuestra enfermedad

No se puede negar que entre la necedad del hombre y la purísima verdad divina está como punto intermedio la sabiduría humana. El sabio, en la medida que lo permite la capacidad humana, imita a Dios.

33. Por lo cual, aunque no estoy en condiciones de poderte instruir, sin embargo, insisto en aconsejarte que, puesto que son muchos los que desean ser tenidos por sabios y no es fácil conocer si lo son, pidas a Dios con toda atención, con toda el alma, con gemidos y, si fuera posible, con lágrimas, que te libre de mal tan grande como es el error, si es que tienes en verdadera estima la vida feliz. Te será más fácil si obedeces gustoso los preceptos divinos, confirmados por autoridad tan importante como la de la Iglesia católica.

Dios es la verdad; nadie puede en modo alguno ser sabio sin llegar a poseer la verdad; luego si el sabio está unido a Dios en espíritu no puede haber nada entre ambos nada que los separe. No se puede negar que entre la necedad del hombre y la purísima verdad divina está como punto intermedio la sabiduría humana. El sabio, en la medida que lo permite la capacidad humana, imita a Dios; en cambio, el hombre ignorante, si quiere practicar una imitación saludable, no tiene otro modelo más cercano que el sabio. Pero como, según se dijo antes, al ignorante le resulta difícil discernirlo por medio de la razón, convenía que a sus ojos se ofrecieran algunos milagros; milagros a los que precisamente han recurrido los ignorantes mucho más fácilmente que al entendimiento.

Así, movidos por la autoridad, los hombres empezaron por purificar su conducta moral bajo la dirección de los hombres doctos, y llegaron a estar capacitados para adquirir el conocimiento racional. Si era el hombre modelo que hay que imitar, pero sin poner en él la esperanza, ¿pudo la divina bondad mostrarse más liberal que dignándose tomar la pura, eterna, inmutable Sabiduría de Dios, a la que es necesario que estemos unidos, la forma de hombre? Y hombre que no sólo actuara invitándonos a seguir a Dios, sino que padeciera por todo lo que nos detiene de seguir a Dios. Porque si es imposible llegar hasta el bien purísimo y sumo sin un amor pleno y perfecto, y esto no es posible en tanto se teman los males del cuerpo y los sucesos adversos, Cristo, con su nacimiento admirable y su vida laboriosa, ganó nuestro amor; y su muerte y su resurrección disipó nuestro temor. En todas sus obras se comportó de manera tal que, por una parte, nos hizo ver hasta dónde se extiende su divina clemencia y, por otra, hasta dónde podía ser elevada la debilidad humana.

Cristo, con su nacimiento admirable y su vida laboriosa, ganó nuestro amor; y su muerte y su resurrección disipó nuestro temor.

CAPÍTULO 16

La autoridad establecida por Dios

Es,
sin duda,
una gran
desgracia
que la
autoridad
nos induzca
a error,
pero mucha
mayor
desgracia
es no contar
con su
ayuda.

34. Es esta la autoridad más saludable, créeme, la que sostiene nuestro espíritu por encima de su morada terrena, la que hace cambiar el amor de este mundo por el amor al Dios verdadero; la única que estimula al caminante a marchar rápidamente hacia la sabiduría. Cuando no podemos comprender la realidad pura, es, sin duda, una gran desgracia que la autoridad nos induzca a error, pero mucha mayor desgracia es no contar con su ayuda. Suponiendo que la Providencia divina no presidiera las cosas humanas sería vana toda preocupación religiosa. Pero si la hermosura de todas las cosas, que deriva, fuerza es creerlo, de una fuente de belleza absoluta, y cierto anhelo íntimo estimulan a los espíritus mejor cultivados a buscar a Dios y a servirle pública y privadamente, hay que confiar en que Dios mismo ha instituido una autoridad que nos sirva como de escalón para elevarnos hasta Él. Esta autoridad, independientemente de la prueba racional que, como ya se dijo, es muy difícil a los ignorantes captarla en su pureza, hace uso de dos argumentos para convencernos: en parte los milagros, en parte la multitud de los que la acatan y la siguen. Es innegable que ni uno ni otro son estrictamente necesarios al sabio; pero lo que ahora nos preocupa es llegar a ser sabios, es decir, poseer la verdad; posesión del todo inaccesible al espíritu impuro. Impureza para el alma consiste, por decirlo en pocas palabras, en amar alguna cosa que no sea ni el alma ni Dios;[9] cuanto más limpio se halla el espíritu de esas impurezas, más fácil resulta la intuición de la verdad. Desear, pues, ver la verdad con ánimo de purificar el espíritu es invertir el orden y posponer lo que se debe anteponer: hay que purificar para ver.

Luego si no podemos contemplar la verdad, ya tenemos la autoridad establecida para hacernos capaces y para que nos dejemos purificar. Esta autoridad se impone, nadie lo duda, con los milagros y con el consentimiento de las gentes. Milagro llamo a lo que, siendo muy difícil (*arduum*) e insólito, parece rebasar las previsiones posibles y la capa-

---

[9] Esta es la idea central de Agustín

cidad del que lo contempla. En este orden no hay nada tan acomodado a la capacidad de los pueblos y de los ignorantes como lo que cae en el campo de los sentidos. Pero a su vez, estos milagros se clasifican en dos categorías: unos se limitan a provocar el asombro; otros inspiran, además, una profunda adhesión y un profundo agradecimiento. En efecto, si se viera a un hombre volar, como este hecho no trae al espectador más ventaja que el espectáculo en sí, el hecho nos produce asombro y nada más. Pero si alguien, enfermo de gravedad y sin esperanza de curación, con sólo ordenárselo se encontrara al instante restablecido, su gratitud hacia el autor de su curación sería mayor que la admiración. Milagros así tenían lugar en los días en que Dios se mostraba como verdadero hombre, en la medida en que era esto posible. Sanaban los enfermos y quedaban limpios los leprosos; a los cojos se les devolvía el poder caminar, a los ciegos la vista, y el oído a los sordos. Los hombres de entonces vieron transformarse el agua en vino, comer hasta la saturación, con sólo cinco panes, cinco mil personas, pasar a pie los ríos y resucitar los muertos. Algunos de estos milagros, obrados en el cuerpo, mostraban con mayor claridad su aspecto beneficioso; otros eran un signo dirigido a la mente, y todos testimoniaban al hombre la majestad divina; así atraía hacia sí la autoridad de Dios a las almas errantes de los hombres. Me preguntas: ¿por qué no se obran milagros ahora? Porque no nos impresionarían si no fueran algo extraordinario; y si fueran habituales, no serían extraordinarios. Supónte que un hombre ve y experimenta por vez primera la sucesión de los días y de las noches, el orden constante de los cuerpos celestes, el cambio de las cuatro estaciones del año, la caída y el nuevo brotar de las hojas en los árboles, la fuerza infinita de las semillas, la hermosura de la luz, la variedad de colores, de sabores, de olores, y supón, asimismo, una entrevista con él: estará pasmado, abrumado por estos milagros; en cambio, nosotros no prestamos atención a todas estas cosas, no porque sea fácil su intimo conocimiento –bastante misteriosas son sus causas–, sino por la frecuencia con que las experimentamos. Los milagros de Cristo se realizaron en el momento más oportuno para con ellos reunir una comunidad de creyentes y para multiplicarla, y dar origen a una autoridad beneficiosa para las costumbres.

¿Por qué no se obran milagros ahora? Porque no nos impresionarían si no fueran algo extraordinario; y si fueran habituales, no serían extraordinarios. Los milagros de Cristo se realizaron en el momento más oportuno para con ellos reunir una comunidad de creyentes y para multiplicarla, y dar origen a una autoridad beneficiosa para las costumbres.

17

Cambio de costumbres
y poder que lo realiza

Es tanta la influencia de las costumbres en el espíritu de los hombres que resulta más fácil reprobar y condenar que renunciar o modificar la parte de mal que hay en ellas.

35. Es tanta la influencia de las costumbres en el espíritu de los hombres que resulta más fácil reprobar y condenar que renunciar o modificar la parte de mal que hay en ellas, generalmente residuos de pasiones avasalladoras. ¿No crees tú que la humanidad ha dada un gran paso adelante, por el hecho de que no sólo unos pocos sabios defienden que la adoración debida a Dios —a quien sólo se pueda captar con la inteligencia— no se debe rendir a ningún cuerpo celeste ni terrestre ni a objeto alguno perceptible por los sentidos corporales, sino que una muchedumbre de hombres y mujeres sin cultura así lo crea y así lo proclame es escasa contribución a los intereses del hombre?

¿No ves que la austeridad llega a reducir la comida diaria a un poco de pan y agua y a prolongar los ayunos no sólo a un día, sino a muchos días seguidos? ¿No ves que la castidad llega a renunciar al matrimonio y a la prole; que la paciencia llega a despreciar cruces y fuegos, que la generosidad distribuye su patrimonio entre los pobres; que el desprecio, en fin, de todo lo de este mundo llega a hacer deseable la muerte misma?

Es cierto que son pocos son los que practican estas cosas, y menos aún los que lo hacen bien y con prudencia; pero los pueblos les prestan oídos y su aprobación y veneración, y terminan por amarlos. Ellos no pueden hacer lo que admiran, pero reconocen que se debe solamente a su debilidad, y a este conocimiento no falta un ascenso del alma hacia Dios y ciertos destellos de virtud. Esto que se anticipa en los vaticinios de los profetas ha sido realizado por la divina Providencia en la vida humana de Cristo y en su doctrina, por el ministerio de los apóstoles, por los desprecios, las cruces, la sangre, la muerte de los mártires; por la vida admirable de los santos y por los milagros, que guardan proporción con virtudes y acciones tan elevadas, obrados según las circunstancias de los tiempos.

Habiendo constatado, pues, tal ayuda de Dios, tal progreso y tales resultados, ¿nos faltará decisión para recogernos en el regazo de su Iglesia, que ha mantenido su autoridad suprema, reconocida por todos los hombres desde su fundación por los apóstoles y a lo largo de los sucesivos episcopados, a pesar de los ataques de los herejes, condenados en parte por el juicio del mismo pueblo, en parte por los concilios competentes y en parte por la virtud espléndida de los milagros?

Negar la importancia primordial de su magisterio es un acto de impiedad suma o de arrogancia temeraria, porque si no hay otro camino que lleve a la sabiduría y a la salvación que la preparación de la razón por medio de la fe, ¿no es una ingratitud para con la asistencia y los socorros divinos resistir con tanto empeño a una autoridad que goza de tanta garantía? Y si la adquisición de cualquier disciplina, por fácil y elemental que sea, exige un profesor o maestro, ¿no será temeridad grande rehusar el estudio de los libros que contienen los divinos misterios y no acudir a sus propios intérpretes y tratar de condenarlos sin conocerlos?

Si no hay otro camino que lleve a la sabiduría y a la salvación que la preparación de la razón por medio de la fe, ¿no es una ingratitud para con la asistencia y los socorros divinos resistir con tanto empeño a una autoridad que goza de tanta garantía?

18

Confianza en los buenos maestros

Ni Dios
es autor
del mal
ni ha tenido
que
arrepentirse
de ninguna
de sus
obras;
ni ha sido
turbado por
la tempestad
de una
emoción
interior.

36. Por consiguiente, si tus propias reflexiones o mis razonamientos producen en ti alguna moción, y si sientes inquietud por ti mismo, desearía que me prestaras atención y que confiaras con fe piadosa, con esperanza alegre y con caridad sencilla en los buenos maestros del cristianismo católico. Y no dejes de rogar a Dios, que sólo por su bondad hemos sido creados, cuya justicia nos castiga y cuya clemencia nos perdona.

Así tendrás siempre fácil ayuda en las lecciones y en las aclaraciones de los maestros más doctos y mejores cristianos para dar con lo que buscas: no te faltarán ni libros ni ideas puras. Abandona en absoluto esos infelices charlatanes –¿cabe un término más suave para ellos?–, que en busca siempre del origen del mal no encuentran sino el mal. Con este problema a menudo despiertan en su auditorio la inquietud; pero les dan tales enseñanzas que mejor les sería permanecer dormidos que despertarse con tales doctrinas. Los sacan del letargo y los precipitan en el frenesí de locura. Entre una y otra enfermedad, si bien ambas son mortíferas, hay gran diferencia: los aletargados llegan a morir sin hacer mal a nadie; el frenético, en cambio, es peligroso para muchos que están sanos, y de manera especial para los que tratan de prestarle ayuda.

Porque ni Dios es autor del mal ni ha tenido que arrepentirse de ninguna de sus obras; ni ha sido turbado por la tempestad de una emoción interior; su reino no está adscrito a ninguna parcela de tierra. No ordena ni aprueba la comisión de ninguna acción vergonzosa o criminal, no miente jamás. Estas y otras afirmaciones parecidas eran las cuestiones que nos producían desasosiego: problemas que, envueltos en la violencia de sus ataques, nos eran presentados como la auténtica doctrina del Antiguo Testamento. Todo ello es falso en absoluto. Admito que sus ataques contra todas estas cosas estén justificados; pero ¿qué es lo que se patentiza en ellos sino que estas acusaciones no alcanzan a la doctrina católica? De esta manera continúo conservando la parte de verdad que aprendí entre ellos, pero lo que he encontrado falso lo rechazo. La Iglesia, por su parte, me enseñó otras muchas doctrinas, a las que ni aspirar pueden esos hombres desfallecidos en sus cuerpos y vulgares de espíritu, a saber: que Dios no es corporal, que nada de Él puede ser percibido por los sentidos, que nada de su naturaleza y sustancia es sensible, mutable, dotado de forma o compuesto. Si admites todas estas cosas —y no se puede pensar otra cosa de la divinidad—, todos sus ardides se deshacen.

Para demostrar cómo es posible que, no siendo Dios quien ha engendrado ni hecho el mal, y que no habiendo naturaleza ni sustancia ninguna que no haya sido creada o producida por Él, sin embargo, nos libra del mal, todo esto está establecido por argumentos de tal valor probatorio que es imposible, particularmente a ti y a los de tus mismas condiciones, dudar de ellos, por poco que a las cualidades intelectuales se unan la piedad y cierta serenidad de espíritu, indispensables para llegar a comprender, siquiera en parte, cosas tan grandes.

No se trata aquí de un rumor indigno de ser atendido ni de no sé qué fábulas de origen persa, que sólo exige se le preste un poco de atención y no pide ningún genio agudo, sino una inteligencia infantil. La verdad se comporta de modo muy distinto de como la sueñan los maniqueos. Pero como esta disertación se ha prolongado mucho más de lo que había pensado, termino este libro. No pierdas de vista al leerlo que no he pretendido refutar con él a los maniqueos ni ocuparme de esas imposturas, así como tampoco he pretendido exponerte altos conceptos de la fe católica, sino que he buscado, en lo que fuera posible, desvanecer la idea falsa sobre los verdaderos cristianos que amasaron contra nosotros con no menos torpeza que malicia, y a la vez despertar en ti inquietud por las cosas grandes y divinas. Este libro queda así concluido. Cuando sea mayor la calma en tu espíritu, acaso emprenda la exposición de estos otros temas.

He buscado, en lo que fuera posible, desvanecer la idea falsa sobre los verdaderos cristianos que amasaron contra nosotros con no menos torpeza que malicia, y a la vez despertar en ti inquietud por las cosas grandes y divinas.

Libro III
Enquiridion
Tratado de la fe,
la esperanza y la caridad

A Lorenzo[1]

---

[1] Obra escrita en el año 421 y dirigida a Lorenzo, persona de gran cultura e interesado en profundizar en la fe.

1

Sabiduría de lo alto

1. No puedo explicarte, amado hijo Lorenzo, lo que me agrada tu erudición y el deseo tan grande que tengo de que seas sabio; no del número de aquellos de quienes está escrito: "¿Qué es del sabio? ¿qué del escriba? ¿qué del escudriñador de este siglo? ¿no ha enloquecido Dios la sabiduría del mundo?" (1ª Co. 1:20), sino del número de aquellos de quienes se dice: "Los muchos sabios son la sal del mundo";[2] y de la manera de ser que desea el apóstol a quienes escribe: "Quiero que seáis sabios en el bien, y simples en el mal" (Ro. 16:19). Pues como ninguno puede existir por sí mismo, de igual modo ninguno puede ser sabio si no lo ilumina aquel de quien se dice: "Toda sabiduría viene del Señor" (Ec. 1:1).

Pues como ninguno puede existir por sí mismo, de igual modo ninguno puede ser sabio si no lo ilumina aquel de quien se dice: "Toda sabiduría viene del Señor"

---

[2] "La sabiduría de los sabios es la salvación del mundo" (*Sabiduría* 6:26. BJ).

2

Sabiduría es igual a ser piadoso

La sabiduría del hombre es la piedad; así se halla escrito en el libro de Job, donde se dice que la misma sabiduría dijo al hombre: "El temor del Señor es la sabiduría".

La sabiduría del hombre es la piedad; así se halla escrito en el libro de Job, donde se dice que la misma sabiduría dijo al hombre: "El temor del Señor es la sabiduría" (Job 28:18). Pero si deseas saber de qué piedad se trata en este lugar, más claramente lo encontrarás en el texto griego, donde se lee *teosebeia*, es decir, culto de Dios. Del mismo modo, la piedad (*pietas*) se expresa en griego por la palabra *eusebia*, con cuyo nombre quiere significarse el culto debido, si bien esto se refiere principalmente a la adoración de Dios. Pero nada hay más apropiado que aquel nombre, con el cual se significó evidentemente el culto divino al declarar en qué consistía la sabiduría para el hombre.

¿Deseas aún algo más breve, al decirme que exponga "brevemente cosas grandes"? ¿O es que pretendes que te explique sucintamente esto mismo y que reúna en un pequeño libro de qué modo debe ser Dios adorado?

3

Adorar a Dios mediante la fe, la esperanza y la caridad

Si te respondiese que Dios debe ser adorado mediante la fe, la esperanza y la caridad, sin duda replicarías que esto es más breve de lo que tú querías y pedirías que te explicara en pocas palabras lo que se relaciona con cada una de estas tres virtudes, es decir, qué se debe creer, qué se debe esperar, qué se debe amar. Una vez hecho esto, se encontrarán ya allí todas las cuestiones que en tu carta me propusiste, que si conservas en tu poder algún ejemplar de la misma, podrás releerla fácilmente, pero si no la conservares, la recordarás con esta indicación mía.

¿Hasta dónde puede llegar la razón sin defensa de la religión, y en qué asuntos que superan la razón hemos de guiarnos por la fe?

4

Planteamiento de la cuestión

¿Qué es lo que principalmente debemos profesar, y qué evitar, debido especialmente a las herejías?

Según me dices, deseas que te escriba un *Enchiridion*, un tratado manual que no se aparte nunca de tus manos y que contenga las cuestiones siguientes: ¿Qué es lo que principalmente debemos profesar, y qué evitar, debido especialmente a las herejías? Hasta dónde puede llegar la razón en defensa de la religión y en qué asuntos, que superan la razón, hemos de guiarnos sólo por la fe. Cuál es el principio y el complemento de la vida cristiana y cuál la síntesis de toda su perfección. Y por último, cuál es el fundamento evidente y característico de la fe católica.

5

Cristo, fundamento propio de la fe

Cuando la mente está informada por los principios de la fe, que obra por el amor, tiende, viviendo bien, llegar hasta la visión, donde se halla la inefable belleza, conocida por los santos y perfectos corazones, cuya plena visión constituye la suprema felicidad. Esto es, sin duda, lo que preguntas cuando escribes "cuál es el principio v el complemento de la vida cristiana": se comienza por la fe y se perfecciona por la visión. Este es también el compendió de toda su perfección.

El fundamento evidente y característico de la fe católica es Cristo, como escribió el apóstol Pablo a los Corintios: "Nadie puede poner otro fundamento que el que está puesto, el cual es Jesucristo" (1ª Co. 3:11). No se debe negar que éste es el fundamento propio de la fe católica, porque pudiera creerse que es común a nosotros y a algunos herejes; pues si se considera diligentemente lo que con Cristo se relaciona, solamente su nombre se encuentra entre algunos herejes que quieren llamarse cristianos, pero que, en realidad no tienen a Cristo entre ellos. El demostrar esto sería en extremo extenso, ya que sería necesario recorrer todas las herejías que existieron, existen o pudieran existir bajo el nombre de cristianos y probar cuán cierto es para cada una que Cristo no está entre ellos. Esta investigación sería asunto de tantos volúmenes, que resultaría interminable.

El fundamento evidente y característico de la fe católica es Cristo, como escribió el apóstol Pablo a los Corintios: "Nadie puede poner otro fundamento que el que está puesto, el cual es Jesucristo".

6

El corazón primero

Cómo se tiene que defender de las calumnias de quienes propugnan doctrinas diversas, es asunto mucho más laborioso; y para adquirir ésta no es suficiente un breve compendio en la mano, sino más bien que el corazón esté inflamado de gran afecto.

Deseas un tratado que "pueda abarcarse con las manos y no que llene los estantes". Volviendo, pues, a las tres cosas, por medio de las cuales dije que debía ser Dios adorado –la fe, la esperanza y la caridad–, es fácil decir lo que se debe creer, esperar y amar. Mas cómo se tiene que defender de las calumnias de quienes propugnan doctrinas diversas, es asunto mucho más laborioso y de más copiosa doctrina; y para adquirir ésta no es suficiente un breve compendio en la mano, sino más bien que el corazón esté inflamado de gran afecto.

7

La fe que ora

2. He aquí el Símbolo[3] y la oración dominical.[4] ¿Qué cosa se oye o se lee más breve que ésta? ¿Qué cosa se puede grabar en la memoria más fácilmente? Hallándose el género humano oprimido por el gran mal del pecado y necesitado de la divina misericordia, el profeta Joel predijo el tiempo de la gracia de Dios con estas palabras: "Y será que todo aquel que invocare el nombre del Señor será salvo" (Jl. 2:32); de aquí la necesidad de la oración. Por otra parte, habiendo recordado el apóstol este testimonio profético para hacer más estimable la gracia misma, añadió a continuación: "¿Cómo, pues invocarán a aquel en el cual no han creído?" (Ro. 10:14) ; de aquí la necesidad del Símbolo. En estas dos cosas, Oración dominical y Símbolo, puedes ver aquellas tres virtudes: la fe cree, la esperanza y la caridad oran; mas estas dos últimas no pueden existir sin la fe; de donde se sigue que la fe también ora. Esta es la razón de que se haya dicho: "¿Cómo pueden invocar a aquel en quien no han creído?"

La fe cree, la esperanza y la caridad oran; mas estas dos últimas no pueden existir sin la fe; de donde se sigue que la fe también ora.

---

[3] Símbolo Apostólico, que dice así:
1. Creo en Dios Padre Todopoderoso, creador del cielo y de la tierra.
2. Creo en Jesucristo, su único Hijo, nuestro Señor, que fue concebido por obra y gracia del Espíritu Santo, nació de María Virgen; padeció bajo el poder de Poncio Pilato, fue crucificado, muerto y sepultado; descendió a los infierno y al tercer día resucitó de entre los muertos; subió a los cielos y está sentado a la diestra de Dios, desde allí ha de venir a juzgar a los vivos y a los muertos;
3. Creo en el Espíritu Santo, la Santa Iglesia católica, la comunión de los santos, el perdón de los pecados, la resurrección de los muertos y la vida eterna.
[4] Conocida como Padrenuestro.

8

Relación entre la fe, la esperanza y la caridad

La fe y la esperanza coinciden en que tanto el objeto de la una como el de la otra es invisible.

¿Puede alguno esperar lo que no cree? No obstante, se puede creer algo que no se espera. Pues ¿qué fiel no cree en las penas de los impíos?, y, sin embargo, no las espera, y quien cree que se ciernen sobre él y trata de evitarlas por un espontáneo movimiento del alma, más bien se dice temerlas que esperarlas. Intentando distinguir estas dos cosas, escribió un poeta: "Sea lícito esperar a quien teme" (Lucano). Otro poeta, aunque más elegante, dijo con menos propiedad: "Si yo puedo esperar dolor tan grande" (Virgilio). Y algunos dramáticos usan también de este ejemplo para indicar la impropiedad del lenguaje, asegurando que escribió "esperar" en lugar de "temer".

Hay, por tanto, fe de cosas buenas y malas, ya que las buenas y las malas son de igual modo creídas, y esto con fe buena, no mala. Existe también la fe sobre cosas pasadas, presentes y futuras; y así creemos que Cristo murió –que pertenece al pasado–, creemos que está sentado a la diestra del Padre –que es presente– y creemos que vendrá a juzgar –que es futuro–. Asimismo hay fe acerca de cosas propias y ajenas. En efecto, todos creemos que hemos empezado a existir en algún momento, y que no hemos existido siempre, y lo mismo de los demás hombres, y así creemos otras muchas cosas; del mismo modo, no sólo creemos acerca de los hombres muchas cosas que se refieren a la religión, sino también acerca de los ángeles.

La esperanza no versa sino sobre cosas buenas y futuras y que se refieren a aquel de quien se afirma que posee la esperanza de ellas. Siendo esto así, del mismo modo que la fe y la esperanza se distinguen por su término, así también, por estas causas, debe mediar entre ellas una distinción racional. La fe y la esperanza coinciden en que tanto el objeto de la una como el de la otra es invisible. Por esto, en la epístola a los Hebreos –de la cual han utilizado como testigo ilustres defensores de la doctrina católica– se denomina la fe "demostración de las cosas que no se ven" (He. 11:1). Con todo, cuando alguno dice que no creyó, esto es, que no dio crédito ni a las palabras, ni a los testigos, ni, finalmente, a ninguna clase de argumentos, sino a la misma evidencia de las cosas presentes, no parece esto de tal modo absurdo que pueda ser reprendido justamente por sus palabras y se le pueda decir: Viste, luego no creíste; no se sigue de aquí, por tanto, que todo lo que se ve, no sea posible creerlo.   No obstante, más bien llamamos fe la que nos enseñan las Escrituras divinas, es decir, la de las cosas que no se ven. Acerca de la esperanza dice también el apóstol: "Mas la esperanza que se ve, no es esperanza; porque lo que alguno ve, ¿a qué esperarlo? Por tanto, si lo que no vemos esperamos, por paciencia esperamos" (Ro. 8:24, 25). Luego cuando alguno cree que ha de poseer bienes futuros, no hace otra cosa que esperarlos.

Viniendo ahora al amor, sin el cual nada aprovecha la fe[5], ¿qué he de decir? La esperanza no puede existir sin el amor; pues, como dice el apóstol Santiago, también los demonios creen y tiemblan (Stg. 2:19), y, no obstante, ni esperan ni aman; sino más bien, lo que nosotros por la fe esperamos y amamos, ellos lo mismo que se hallan. Por esto mismo, el apóstol aprueba y recomienda la fe que obra por el amor (Ga. 5:6), la cual no puede existir sin la esperanza. Por consiguiente, ni el amor existe sin la esperanza ni la esperanza sin el amor, y ninguna de las dos sin la fe.

Ni el amor existe sin la esperanza ni la esperanza sin el amor, y ninguna de las dos sin la fe.

---

[5] Cf. 1ª Co. 13:2: "Si tuviese toda la fe, de tal manera que traspasase los montes, y no tengo amor, nada soy".

I
Dios Padre Todopoderoso

9

Dios Creador

Cuando se investiga lo que se ha de creer, en lo que se refiere a la religión, no es necesario escudriñar la naturaleza de las cosas, de cómo lo hacían aquellos a quienes los griegos llamaban físicos.

Cuando se investiga lo que se ha de creer, en lo que se refiere a la religión, no es necesario escudriñar la naturaleza de las cosas, de cómo lo hacían aquellos a quienes los griegos llamaban físicos; ni es para inquietarse el que un cristiano ignore algo referente a la esencia y número de los elementos, al movimiento, orden y eclipse de los astros, a la configuración del cielo, a los géneros y especies de los animales, árboles, piedras, fuentes, ríos y montes; a las medidas de los lugares y tiempos; que ignore los próximos indicios manifestativos de las tempestades y otras mil cosas acerca de lo que aquéllos descubrieron o creen haber descubierto; porque ni aun ellos mismos, no obstante estar dotados de tan grande ingenio, de ser tan amantes del estudio, de disfrutar de tanto reposo para dedicarse a tales elucubraciones, indagando unas cosas por humana conjetura, otras mediante la experiencia del pasado, a pesar de todo eso, digo que en estas mismas cosas, que se glorían haber descubierto, opinan más bien que conocen. Basta al cristiano creer que la causa de todas las cosas creadas, celestes o terrenas, visibles o invisibles, no es otra que la bondad del Creador, Dios único y verdadero; y que no existe sustancia alguna que no sea Él mismo o creada por Él, y que es también trino: el Padre, el Hijo, engendrado por el Padre, y el Espíritu Santo, que procede de los dos,[6] pero único y el mismo Espíritu del Padre y del Hijo.

---

[6] Por estas y otras afirmaciones semejantes, Agustín nunca ha sido bien recibido por la Iglesia griega, ya que esta Iglesia se paró en la antropología sinergista de la edad anterior, y rechazó decididamente, como herejía Latina, la doctrina de la procesión doble del Espíritu Santo (el *Filioque*) del que Agustín es principalmente responsable.

10

Todas las cosas creadas son buenas

Todas las cosas fueron creadas por esta Trinidad sumamente buena, subsistente e inmutable, y aunque las cosas no son ni suma, ni constante, ni inmutablemente buenas, lo son, no obstante, en particular, y muy buenas consideradas en su conjunto, ya que de ellas resulta la admirable belleza del universo.

Basta al cristiano creer que la causa de todas las cosas creadas, celestes o terrenas, visibles o invisibles, no es otra que la bondad del Creador, Dios único y verdadero.

11

El mal como privación del bien

Todos los defectos de las almas son privaciones de bienes naturales, y estos defectos, cuando son curados, no se trasladan a otros lugares, sino que, no pudiendo subsistir con aquella salud, desaparecen por completo.

Incluso lo que llamamos mal en el mundo, bien ordenado y colocado en su lugar, hace resaltar más eminentemente el bien, de tal modo, que agrada más y es más digno de alabanza si lo comparamos con las cosas malas. Pues Dios omnipotente, como confiesan los mismos infieles, "Señor universal de todas las cosas" (Virgilio), siendo sumamente bueno, no permitiría en modo alguno que existiese algún mal en sus criaturas si no fuera de tal modo bueno y poderoso que pudiese sacar bien del mismo mal.

Pues ¿qué otra cosa es el mal, sino la privación del bien? Del mismo modo que, en los cuerpos de los animales, el estar enfermos o heridos no es otra cosa que estar privados de la salud, y por esto, al aplicarles un remedio, no se intenta que los males existentes en aquellos cuerpos, es decir, las enfermedades y heridas, se trasladen a otra parte, sino destruirlas, ya que ellas no son sustancia, sino alteraciones de la carne, que, siendo sustancia, y, por tanto, algo bueno, recibe estos males, esto es, privaciones del bien que llamamos salud, así también todos los defectos de las almas son privaciones de bienes naturales, y estos defectos, cuando son curados, no se trasladan a otros lugares, sino que, no pudiendo subsistir con aquella salud, desaparecen por completo.

12

La corrupción es propia
de lo creado existente

Siendo el Creador de todas las sustancias sumamente bueno, todas ellas son buenas; mas porque no son absoluta e inalterablemente buenas, como lo es su Creador, en ellas el bien puede admitir aumento y disminución. Pero cualquier menoscabo del bien ya es un mal, si bien, por mucho que disminuya, es necesario que permanezca siempre algo, porque, si dejara de ser sustancia, no existiría ya en modo alguno; pues una sustancia, cualquiera que sea, no puede perder el bien por el cual es sustancia sin que ella misma deje de existir. Con razón es alabada la naturaleza incorrupta, y si es, además, incorruptible, es, sin duda, mucho más digna de alabanza. Cuando una sustancia se corrompe, esta corrupción es un mal, porque la priva de algún bien; pues si esto no fuese así, no la dañaría; es así que la daña, luego la despoja de algún bien.

Mientras una sustancia se corrompe, hay en ella algún bien de que pueda ser privada; mas si, subsistiendo algo del ser, ya no pudiera corromperse, sería por esto naturaleza incorruptible, y habría alcanzado este gran bien por medio de la corrupción; pero si no cesa de corromperse, no está despojada de todo bien, del cual la pueda privar la corrupción. Mas si la corrompiera totalmente, no encerraría ya en sí ningún bien, porque ella misma habría dejado de existir. De donde se sigue que la corrupción no puede destruir todo el bien, si no es aniquilando toda la sustancia. Luego, toda sustancia es un bien: grande, si no puede corromperse; menor, si se corrompe. Pero nadie podrá negar que es un bien, si no es el necio y en absoluto ignorante de esta cuestión; y ni la misma corrupción subsistirá una vez destruida la sustancia, ya que sin ella no puede existir.

Cuando una sustancia se corrompe, esta corrupción es un mal, porque la priva de algún bien; pues si esto no fuese así, no la dañaría; es así que la daña, luego la despoja de algún bien.

13

El mal no existiría sin el bien

El hombre no es malo porque es hombre, ni bueno porque es perverso, sino bueno porque es hombre, y malo por perverso. Toda sustancia, por más que sea viciosa, en cuanto sustancia, es buena; en cuanto viciosa, mala.

Sin el bien no podría existir el mal. El bien que carece de todo mal es el bien absoluto; por el contrario, aquel al que está adherido el mal es un bien corrupto o corruptible; y donde no existe el bien no es posible mal alguno. De aquí se deduce una extraña conclusión: que, siendo toda sustancia, en cuanto tal, un bien, parece que, cuando a la sustancia corrompida se le denomina mala, se afirma que el mal es lo mismo que el bien, y que el mal no existe sino en cuanto existe el bien; pues toda naturaleza es un bien, y no existiría cosa mala alguna si esa misma cosa que es mala no fuese sustancia. De donde se sigue que no se da el mal sin el bien. Y aunque esto parezca absurdo, sin embargo, la conexión de este razonamiento exige necesariamente esta conclusión.

Debemos evitar que recaiga sobre nosotros aquella sentencia profética: "¡Ay de los que a lo malo dicen bueno, y a lo bueno malo; que hacen de la luz tinieblas, y de las tinieblas luz; que ponen lo amargo por dulce, y lo dulce por amargo!" (Is. 5:20). Y, sin embargo, el Señor dice: "El mal hombre de su mal tesoro saca cosas malas" (Mt. 12:35). Y, siendo una sustancia el hombre, ¿qué otra cosa es el *hombre malo*, sino mala naturaleza? Finalmente, si el hombre es algún bien, ya que es sustancia, ¿qué es el hombre malo sino un bien malo? Distinguiendo, sin embargo, estas dos cosas, vemos que no es malo porque es hombre, ni bueno porque es perverso, sino bueno porque es hombre, y malo por perverso. Quien dijere, pues, que es un mal el ser hombre, y un bien el ser perverso, incurre en la sentencia profética mencionada: "¡Ay de los que al mal llaman bien, y al bien mal!"; pues culpa a la obra de Dios, que es el hombre, y alaba el vicio del hombre, que es iniquidad. En conclusión, toda sustancia, por más que sea viciosa, en cuanto sustancia, es buena; en cuanto viciosa, mala.

14

El mal no puede existir sin el bien

Según lo expuesto hasta aquí, no se cumple aquella regla de los dialécticos: No pueden darse cualidades contrarias en una misma cosa y al mismo tiempo; pues vemos que los bienes y los males coexisten. El aire no puede ser a la vez oscuro y transparente; ninguna comida o bebida es, a la vez, dulce y amarga; del mismo modo, un cuerpo no puede ser al mismo tiempo y en el mismo lugar negro y blanco, ni hermoso donde deforme; lo propio sucede en muchas, por no decir en todas, las cosas contrarias. Todos admiten que el bien y el mal son contrarios, y, no obstante, ambos pueden existir simultáneamente en el mismo ser; aún más, el mal no puede existir en modo alguno sin el bien y fuera de él, aunque el bien puede existir sin el mal.

El hombre o el ángel pueden no ser injustos, pero la injusticia no puede existir sino en el hombre o en el ángel; y el hombre y el ángel son buenos en cuanto tales, pero malos en cuanto injustos. Estas dos cosas contrarias de tal modo andan juntas, que de ningún modo podría existir mal alguno sin el bien, al cual puede estar adherido; pues no sólo no encontraría donde fijarse la corrupción, mas ni aun siquiera de donde proceder, si no hubiese algo que sea sujeto de corrupción; y si no fuese un bien, no podría corromperse, dado que la corrupción no es otra cosa que la expulsión del bien.

Por consiguiente, los males han tenido su origen en los bienes, y si no es en algún bien, no existen, pues la naturaleza del mal no tendría de donde originarse. Dado el caso que existiera, en cuanto naturaleza, sería necesariamente buena: incorruptible, gran bien, o corruptible, menor bien al cual, deteriorando la corrupción, pudiera corromperle.

Los males han tenido su origen en los bienes, y si no es en algún bien, no existen, pues la naturaleza del mal no tendría de donde originarse.

15

Sólo de la naturaleza puede salir el bien y el mal

Del mismo modo, así como el árbol malo no puede producir buenos frutos, así tampoco la mala voluntad obras buenas; pero de la naturaleza buena del hombre pueden nacer la buena y mala voluntad; pues no hubo en absoluto otro principio de donde pudiese proceder la mala voluntad.

Cuando decimos que los males proceden de los bienes, no se ha de pensar que esto se opone a la sentencia del Señor: "No puede el árbol bueno producir malos frutos" (Mt. 7:16, 18). No se puede, ciertamente, como asegura la Verdad, recoger uvas de los espinos, porque las uvas no pueden nacer de los espinos; mas de una tierra buena nacen las vides y los espinos. Del mismo modo, así como el árbol malo no puede producir buenos frutos, así tampoco la mala voluntad obras buenas; pero de la naturaleza buena del hombre pueden nacer la buena y mala voluntad; pues no hubo en absoluto otro principio de donde pudiese proceder la mala voluntad, sino de la naturaleza buena del ángel y del hombre. Lo que con toda claridad nos enseña el Señor donde nos habla del árbol y de los frutos; dice así: "Si plantáis un árbol bueno, su fruto será bueno; pero si plantáis un árbol malo, su fruto será malo"; dando a entender con claridad que de un árbol bueno no se pueden recoger malos frutos, o de uno malo, buenos; pero que, sin embargo, de la misma tierra, por la que se refiere a quienes hablaba, pueden crecer cualquier tipo de árbol.

16

No podemos saber todo, pero sí la razón de nuestra felicidad

Siendo esto así, aun cuando nos agrada aquel famoso verso de Virgilio: "Dichoso aquel que pudo conocer las causas de las cosas", no creemos, sin embargo, que el conocer las causas de los grandiosos movimientos de los cuerpos, que se ocultan en los remotísimos senos de la naturaleza, importen para conseguir la felicidad: "De dónde el temblor viene a las tierras; con qué fuerza, rotas sus vallas, los profundos mares se estremecen y después se recogen en sí mismos", y otras cosas del mismo género. Lo que nos importa conocer son las causas de las cosas buenas y malas, y esto en la medida de lo que es dado al hombre conocerlas en esta vida, llena de errores y calamidades, para que pueda librarse más fácilmente de ellos; pues hemos de esforzarnos por conseguir aquella felicidad donde ningún infortunio nos ha de afligir y ninguna alucinación engañar. Si tuviésemos que conocer las causas de los movimientos de los cuerpos, con mayor razón tendríamos que conocer las de nuestra salud. Si por ignorancia de estas causas nos vemos precisados a dirigirnos a los médicos, ¿quién hay que no se dé cuenta con cuánta resignación hemos de ignorar los muchos secretos del cielo y de la tierra que se nos ocultan?

Si tuviésemos que conocer las causas de los movimientos de los cuerpos, con mayor razón tendríamos que conocer las de nuestra salud.

17

La naturaleza ama la verdad y aborrece la mentira

Cuando uno conoce ciertas cosas útiles y otro cosas inútiles y aun nocivas, ¿quién no estimará más al ignorante que al conocedor de tales cosas?

Aunque debemos precavernos de todo error con sumo cuidado, no sólo en los asuntos más importantes, sino también en otros de menor cuantía, y aunque no se pueda errar sino por ignorancia de las cosas, sin embargo, no se sigue de aquí que se equivoque en el momento todo aquel que ignore algo, sino aquel que juzga saber lo que ignora, ya que aprueba lo falso como verdadero, lo que constituye la nota característica del error. No obstante, conviene tener presente sobre lo que trata el error, porque, en una misma cosa, la razón prefiere el que sabe al que ignora, el que no se equivoca al que se equivoca; mas en cosas diversas, esto es, cuando uno conoce ciertas cosas útiles y otro cosas inútiles y aun nocivas, ¿quién no estimará más al ignorante que al conocedor de tales cosas?; pues hay ciertos asuntos que vale más ignorarlos que conocerlos; y para algunos fue útil el error, no digo en el camino de las costumbres, sino en el de un viaje.

A mí mismo me ha sucedido equivocarme en una bifurcación de caminos, y no pasar por donde se había ocultado un grupo de donatistas armados que esperaban mi paso; y así sucedió que llegase a donde me dirigía tras un largo rodeo. Conocidas después sus asechanzas, me alegré de haberme equivocado, dando gracias a Dios. ¿Quién dudará anteponer un viajero que se equivoca de este modo a un salteador que de este modo se equivoca? Y por esta razón quizá, aquel sumo poeta dice de un desgraciado amante: "Cuando te vi, ¡cómo me perdí! ¡Cómo en pos de sí me llevó preso un falso engaño!" (Virgilio); porque hay también error bueno, que no sólo no perjudica en nada al que lo comete, sino que, por el contrario, en algo le es útil.

Pero, considerada más diligentemente la verdad, no siendo el error otra cosa que juzgar lo falso como verdadero y lo verdadero como falso, o tomar lo cierto por incierto, y esto como cierto, ya sea falso o verdadero; y siendo esto tan vergonzoso e indecoroso para el alma como hermoso y conveniente es, lo mismo en el hablar que en el pensar, "si, sí; no, no",[7] por esto mismo es miserable esta vida en que vivimos, ya que en algunas ocasiones es necesario el error para conservarla.

Muy lejos de mí el creer que tal sea aquella vida donde la verdad misma es vida de nuestra alma, donde nadie engaña ni es engañado. Mas en esta vida los hombres engañan y son engañados; y más desgraciados son cuando engañan mintiendo que cuando son engañados creyendo a quienes los engañan. Sin embargo, hasta tal punto llega la naturaleza humana a rehuir la falsedad y se esfuerza en evitar el error, que aun aquellos a quienes agrada engañar no quieren ser engañados; pues se cree libre de todo error el que miente, pensando que induce a error a quien le cree. Ciertamente que no se engaña en aquello que ocultó con mentira, si él conoce la verdad; pero se engaña figurándose que no le daña su mentira, siendo así que todo pecado perjudica más al que lo hace que al que lo padece.

Hasta tal punto llega la naturaleza humana a rehuir la falsedad y se esfuerza en evitar el error, que aun aquellos a quienes agrada engañar no quieren ser engañados.

---

[7] Cf. Mateo 5:37: "Mas sea vuestro hablar: Sí, sí; No, no; porque lo que es más de esto, de mal procede".

18

Mentir es pecado, pero hay casos más graves que otros

En cuanto a mi modo de ver, me parece que toda mentira es pecado, mas importa mucho considerar la intención y materia de la mentira. Porque no peca del mismo modo el que miente con intención de beneficiar que quien obra así con intención de dañar.

Surge aquí una cuestión muy difícil e intrincada, acerca de la cual, cuando surgió la necesidad, ya escribí un extenso tratado: "Si es deber del justo mentir en alguna ocasión".[8] Se atreven algunos a afirmar que, en ciertas circunstancias, hasta es bueno y piadoso perjurar y mentir acerca de cosas que se refieren al culto y a la misma naturaleza de Dios. En cuanto a mi modo de ver, me parece que toda mentira es pecado, mas importa mucho considerar la intención y materia de la mentira. Porque no peca del mismo modo el que miente con intención de beneficiar que quien obra así con intención de dañar; ni quien engañosamente encamina a un viajero por falso camino le perjudica tanto como el que corrompe su camino hacia la vida eterna, engañándole con mentira.

No se ha de tener ciertamente por mentiroso al que dice algo falso creyendo que es verdadero; porque en cuanto de él depende, más que engañar, es engañado. Del mismo modo, no se ha de acusar de mentira, sino de demasiada credulidad, a aquel que tiene por verdaderas cosas falsas, creídas demasiado incautamente, más bien, por el contrario, miente, cuando de él depende, quien afirma una verdad creyendo que es falso lo que afirma, pues en su intención, por no decir lo que siente, no dice verdad, aunque después se ponga de manifiesto ser verdad lo que dice. Y, por tanto, en modo alguno está exento de mentira el que sin darse cuenta dice verdad con la boca, pero que intencionadamente trata de engañar.

Considerada aisladamente la intención del que habla, prescindiendo de la materia, es mejor aquel que sin saber dice algo falso, juzgándolo verdadero, que el que conscientemente tiene ánimo de mentir, ignorando que es verdad lo que afirma. El primero concuerda su palabra con el

---

[8] Agustín escribió dos tratados sobre la mentira, uno primero llamado *Contra mendacio* (año 394), del que no quedó satisfecho, y el segundo, al que aquí se refiere, *Contra mendacium*, motivado por la consulta de Consencio sobre la conducta a seguir con los priscilianistas.

pensamiento; mas en el segundo, cualquiera que sea el resultado de su afirmación, no coincide lo que descubre su lengua con lo que se oculta en su pecho, que es lo característico del mentiroso.

Atendiendo solamente a las cosas sobre las que versa la mentira, ante todo interesa considerar en qué cosa uno es engañado o pretende engañar; porque, aunque es mal menor ser engañado que engañar, por lo que respecta a la voluntad del hombre, sin embargo, es mucho más tolerable mentir en aquellas cosas que no se relacionan con la religión que ser engañado en aquellas otras sin cuya fe o conocimiento Dios no puede ser honrado. Y para ilustrar lo que acabamos de exponer, propongamos un ejemplo: alguno afirma que cierto hombre muerto vive; otro, engañado, llega a creer que Cristo, después de un lapso de tiempo, deberá sufrir de nuevo la muerte. ¿No es incomparablemente preferible mentir del primer modo que ser engañado del segundo? ¿Y no es mucho menor mal inducir a alguno en aquel error que caer él en el otro?

Aunque es mal menor ser engañado que engañar, por lo que respecta a la voluntad del hombre, sin embargo, es mucho más tolerable mentir en aquellas cosas que no se relacionan con la religión que ser engañado en aquellas otras sin cuya fe o conocimiento Dios no puede ser honrado.

19

Hay unos errores más graves que otros

Nos engañamos con grave perjuicio cuando no creemos lo que nos conduce a la vida eterna, o, por el contrario, creemos lo que nos lleva por el camino de la perdición.

En algunas ocasiones nos engañamos con grave perjuicio, en otras con perjuicio menor, en otras con levísimo y aun a veces con algún provecho. Nos engañamos con grave perjuicio cuando no creemos lo que nos conduce a la vida eterna, o, por el contrario, creemos lo que nos lleva por el camino de la perdición. Con menor perjuicio se engaña el que, aprobando lo falso por verdadero, le sobrevienen algunas desgracias temporales, que, sin embargo, la resignación cristiana convierte en utilidad propia; así sucede cuando alguno, teniendo por hombre de bien al malo, se aprovechase éste de su buena reputación para ocasionarle algún perjuicio; mas quien juzga bueno al que es malo y ningún mal recibe de él, no se engaña ni cae sobre él aquella maldición profética: "¡Ay de los que al mal llaman bien!" (Is. 5:20). Esta sentencia se ha de entender como proferida no sobre los hombres, sino sobre las cosas por las cuales los hombres se hacen malos. Por esto, quien al adulterio llama cosa buena, con razón es convencido de error por aquella sentencia profética; mas el que llama bueno a un hombre a quien cree casto, no sabiendo que es adúltero, no se engaña acerca del bien y del mal, sino acerca de los secretos de las costumbres humanas; llamando hombre bueno a quien juzga poseedor de lo que está convencido que es bueno; mas tiene por malo al adúltero y bueno al casto; pero al primero llama bueno por ignorar su adulterio.

Finalmente, si por un error escapa de la muerte, como anteriormente dejé indicado me había acontecido a mí, el error puede ser ocasión de alguna utilidad para el hombre. Mas cuando afirmo que alguno se engaña sin ningún perjuicio y a veces aun con utilidad, no quiero decir que el error en sí mismo no sea un mal, o que sea un bien en alguna ocasión, sino que me refiero al mal que se evita o al bien que se obtiene con el error, esto es, qué es lo que se sigue o no de ese error; porque el error por sí mismo siempre es un mal, grande en cosas grandes y ligero en cosas de menor importancia, sin embargo, siempre es un mal.

Pues ¿quién, si no por error, dirá que no es un mal aprobar lo falso como verdadero o reprobar lo verdadero como falso? Mas una cosa es tener a un hombre por bueno, siendo malo, lo que es propio del error, y otra que de este mal no tenga que sufrir algún perjuicio, si en nada perjudica al hombre malo que es tenido por bueno. Del mismo modo, una cosa es tener por verdadero un camino equivocado, y otra de este mal del error conseguir algún bien, como es poderse librar de las asechanzas de los malos.

Una cosa es tener a un hombre por bueno, siendo malo, lo que es propio del error, y otra que de este mal no tenga que sufrir algún perjuicio, si en nada perjudica al hombre malo que es tenido por bueno.

20

No todo error es pecado

Sobre esta cuestión escribí tres libros para que no me sirviesen de obstáculos las cosas que en los mismos umbrales se me ofrecían. Me era necesario, en verdad, refutar sus argumentaciones, con las que pretendían robustecer la desesperación de encontrar la verdad.

No sé, en verdad, si deben considerarse pecados errores de este género: cuando un hombre piensa bien de otro malo por ignorar si es bueno o malo, o cuando se nos presentan cosas materiales recibidas por los sentidos, juzgándolas como espirituales y recibidas por el espíritu, o viceversa; como sucedió al apóstol Pedro cuando, al ser libertado por el ángel de las cadenas y la cárcel, juzgaba ser una visión (Hch. 12:9).

Esto mismo sucede en las cosas corpóreas, cuando se cree suave lo que es áspero, dulce lo amargo, o que huele bien lo fétido, o que truena cuando pasa un carro, o cuando hay dos personas parecidas y creemos que es uno siendo el otro, como sucede frecuentemente en los gemelos; por lo que dijo el poeta: "Yerro de los padres muy dulce" (Virgilio), y otras cosas semejantes.

Tampoco me he propuesto resolver la intrincadísima cuestión que atormentó a los académicos, hombres agudísimos, de si el sabio debe afirmar algo para no caer en error al aprobar lo falso como verdadero, siendo todas las cosas, según ellos sostienen, ocultas o inciertas. Sobre esta cuestión escribí, en los preliminares de mi conversión, tres libros para que no me sirviesen de obstáculos las cosas que en los mismos umbrales se me ofrecían.[9] Me era necesario, en verdad, refutar sus argumentaciones, con las que pretendían robustecer la desesperación de encontrar la verdad. Aseguran que todo error es pecado, y sostienen que no se puede evitar si no se suspende todo asentimiento. Afirman, pues, que yerra todo aquel que asiente a lo incierto, y discuten, con disputas ciertamente agudísimas, aunque muy atrevidas, que nada hay cierto en las percepciones de los hombres, por la inseparable semejanza con lo falso, aunque lo que se ve sea cierto.

---

[9] Estos son los tres libros *Contra académicos*, los primeros que escribió después de su conversión en el retiro de Casiciaco, antes de ser bautizado, en el otoño del 386.

La indudable verdad de nuestro existir

Nosotros decimos que "el justo vivirá por la fe" (Ro. 1:17), mas sin asentimiento no hay fe, porque sin asentimiento no se puede creer nada. Sin embargo, son verdaderas aquellas cosas que, aunque invisibles, ha de creer quien deseare llegar a la vida feliz, esto es, a la vida eterna. Pero no sé si debo discutir con quienes ignoran no sólo que han de vivir eternamente, sino también si viven al presente; más aún, dicen que ignoran lo que no pueden ignorar, pues nadie puede ignorar que vive puesto que, si no vive, es incapaz aun de ignorar, ya que no sólo el saber, más aun el ignorar es propio del que vive. Dudando de su existencia, creen de este modo evitar el error; no obstante, aun errando, son convencidos de que viven, porque no puede errar quien no vive. Luego así como no sólo es verdad que vivimos, sino absolutamente cierto, del mismo modo existen otras muchas cosas que son verdaderas y ciertas, y el no asentir a ellas más bien se ha de llamar insensatez que sabiduría [10]

Nadie puede ignorar que vive puesto que, si no vive, es incapaz aun de ignorar, ya que no sólo el saber, más aun el ignorar es propio del que vive. Dudando de su existencia, creen de este modo evitar el error; no obstante, aun errando, son convencidos de que viven, porque no puede errar quien no vive.

[10] Consciente de su novedad y evidencia argumental, Agustín recurre a este enunciado en varias de sus obras. Así, por ejemplo: "Si dudas de la verdad, estás cierto de tu duda" (*La verdadera religión*, XXXIX, 73). "Si duda, vive; si duda, recuerda que duda; si duda, entiende que duda; si duda quiere estar cierto; si duda, piensa; si duda, pues, sea de lo que fuere, no puede dudar de todas estas cosas, las cuales, si faltasen, no sería posible ni la misma duda" (*La ciudad de Dios*, XI, 16). "El que duda, vive" (*La Trinidad*, VI, 12, 21). Luego frente al enunciado cartesiano: "Pienso, luego existo", habría que oponerle este de Agustín: "Dudo, luego existo".

21

El error es un mal de esta vida

Estos errores, aunque no sean pecados, han de ser contados, sin embargo, entre las calamidades de esta vida, que está sujeta de tal modo a la vanidad, que se aprueba lo falso como verdadero, y se rechaza lo verdadero como falso, y se consideran las cosas inciertas como ciertas.

Aquellas cosas que nada interesan para la conquista del reino de Dios que se crean o no, que sean o se consideren verdaderas o falsas, errar en estas cosas, esto es, tener una cosa por otra, no se ha de considerar como pecado, y si lo es, es levísimo. Por último, de cualquiera clase, y por grande que sea, no pertenece a aquel camino que nos conduce a Dios, que es la fe en Cristo, que obra por el amor (Ga. 5:6). No se apartaba de este camino "aquel gustosísimo error de los padres" a propósito de los hijos gemelos; no el apóstol Pedro cuando, creyendo ver una visión, de tal modo tenía una cosa por otra, que no distinguía los verdaderos cuerpos, entre quienes se hallaba, de las apariencias de ellos, entre quienes creía encontrarse, hasta tanto que no se apartó de él el ángel por quien había sido puesto en libertad (Hch. 12:9); ni el patriarca Jacob cuando creía devorado por una bestia al hijo que aún vivía (Gn. 37:33).

En estos y similares errores, quedando a salvo la fe que tenemos en Dios, nos engañamos y erramos sin abandonar el camino que a Él nos conduce. Estos errores, aunque no sean pecados, han de ser contados, sin embargo, entre las calamidades de esta vida, que está sujeta de tal modo a la vanidad, que se aprueba lo falso como verdadero, y se rechaza lo verdadero como falso, y se consideran las cosas inciertas como ciertas. Pues por más que estos errores sean por completo ajenos a la fe, verdadero y cierto camino por el que nos dirigimos a la eterna bienaventuranza; sin embargo, no lo son a esta vida miserable en que aún vivimos, porque de ningún modo nos engañaríamos con algún sentido del cuerpo o del alma si ya gozásemos de aquella verdadera y perfecta felicidad.

22

La mentira es pecado

Toda mentira es pecado, ya que el hombre, no sólo cuando conoce lo que es verdadero, sino también cuando se equivoca como hombre, debe decir lo que siente, bien sea eso verdad, bien lo juzgue como tal no siéndolo. Todo el que miente habla con voluntad de engañar, pues dice lo que no siente. Y, ciertamente, las palabras han sido formadas para que por medio de ellas nuestros pensamientos puedan llegar a conocimiento de los demás, no para engañarnos mutuamente; por tanto, el no usar de las palabras para lo que fueron instituidas, sino para la mentira, es lo que constituye el pecado. Ni se ha de pensar que no es pecado la mentira si ésta puede redundar en provecho de alguno.

Podemos también alguna vez aprovechar robando, si el pobre a quien públicamente socorremos con lo robado recibe utilidad, y el rico a quien ocultamente se le quita, no recibe molestia alguna; no obstante, nadie se atreverá a afirmar que tal hurto no es pecado. Del mismo modo, pudiera parecer esto mismo cometiendo adulterio si una mujer, de no acceder a sus deseos, apareciera a punto de morir a causa de su amor, y que, viviendo, habría de purificarse por el arrepentimiento; y nadie afirmará que tal adulterio no es pecado. Sí, pues, con razón nos agrada la castidad, ¿en qué nos desagrada la verdad, para que aun con utilidad ajena creamos que aquélla no se ha de violar por el adulterio, y sí ésta por la mentira?

No se ha de negar que mucho han adelantado los hombres que sólo mienten por la utilidad de otro hombre; mas en tal provecho con razón es alabada la benevolencia, y aun temporalmente remunerada, pero no el engaño, al cual bastante se le concede con que se le disculpe, mas de ningún modo el que se le alabe, principalmente tratándose de los herederos del Nuevo Testamento, a quienes se dice: Sea vuestra palabra: sí, sí; no, no; todo lo que pasa de esto del mal procede (Mt. 5:37). Y como este mal no cesa de deslizarse en la vida humana, aun los mismos coherederos de Cristo se ven obligados a decir: "Perdónanos nuestras deudas" (Mt. 6:12).

Las palabras han sido formadas para que por medio de ellas nuestros pensamientos puedan llegar a conocimiento de los demás, no para engañarnos mutuamente; por tanto, el no usar de las palabras para lo que fueron instituidas, sino para la mentira, es lo que constituye el pecado.

23

El bien procede de Dios

Decimos que la causa de las cosas buenas, que a nosotros se refieren, no es otra que la bondad de Dios.

Expuestas estas cosas según nos ha permitido la brevedad de este tratado, y puesto que nos es necesario conocer las causas de las cosas buenas y malas, cuanto nos interesa saber para el camino que nos conduce al cielo, donde se halla la vida sin muerte, la verdad sin error, la felicidad sin alteración, decimos que la causa de las cosas buenas, que a nosotros se refieren, no es otra que la bondad de Dios; y la de las malas, la voluntad del bien mudable, que se aparta del inmutable bien, primero es la del ángel, la del hombre después.

24

El mal, la ignorancia y el deseo

He aquí, pues, la primera causa del mal en la criatura racional, esto es, de la primera privación del bien; en segundo término se introdujo, contra su voluntad, la ignorancia de las cosas que debía practicar y el deseo de las que debía evitar, cuyas cosas llevan consigo, como compañeros inseparables, el error y el dolor; y cuando estos dos males se perciben como inminentes, el movimiento del ánimo que trata de evitarlos se denomina miedo. Una vez que el alma alcanza lo que desea, aunque sea pernicioso y vano, al no darse cuenta de ello, debido al error, es vencida por el malsano deleite o también excitada por la vana alegría. De esta especie de fuentes de enfermedades, no precisamente fuentes de abundancia, sino de indigencia, nacen todas las miserias de la naturaleza racional.

Una vez que el alma alcanza lo que desea, aunque sea pernicioso y vano, es vencida por el malsano deleite o también excitada por la vana alegría. De esta especie de fuentes de enfermedades nacen todas las miserias de la naturaleza racional.

25

El hombre dotado de libre voluntad

Le dotó del libre albedrío, mas en tal forma que permaneciese bajo su imperio y le pudiera infundir temor con la muerte.

Sin embargo, la naturaleza racional no perdió a causa de estos males el apetito de la felicidad. Estos males son comunes a los hombres y a los ángeles condenados por la justicia del Señor, a causa de su malicia; pero, además, al hombre se le infligió un castigo propio, que es la muerte del cuerpo, pues Dios le había amenazado con la muerte si pecaba (Gn. 2:17); le dotó del libre albedrío, mas en tal forma que permaneciese bajo su imperio y le pudiera infundir temor con la muerte; y lo colocó, como en figura de la vida eterna, en la felicidad del paraíso terrenal, de donde, habiendo observado la justicia, subiese a mejor estado.

26

La humanidad implicada en el primer pecado

Desterrado del paraíso después del pecado, ligó con la pena de muerte y condenación también a su descendencia, que había viciado, al pecar, en sí mismo, como en raíz; de tal modo que todo descendiente que naciese por concupiscencia carnal de él y de su mujer, juntamente condenada y por quien había pecado, y en cuya concupiscencia había sido fijada igual pena de desobediencia, contrajese el pecado original, que le había de conducir por diversos errores y dolores al eterno suplicio, juntamente con los ángeles desertores, corruptores, dominadores y compañeros suyos. Así, "entró en el mundo por un hombre, y por el pecado la muerte, y la muerte pasó a todos los hombres, pues que todos pecaron" (Ro. 5:12). Llamó en este lugar el apóstol mundo a todo el género humano.

Desterrado del paraíso después del pecado, ligó con la pena de muerte y condenación también a su descendencia, que había viciado, al pecar, en sí mismo, como en raíz.

27

Dios sigue sustentando a sus criaturas aunque pecadoras

En cuanto a los hombres, aunque nacen de linaje viciado y condenado, no cesa tampoco de crear los gérmenes, de animar y ordenar sus miembros, de dar vigor a los sentidos a través de los diversos tiempos y espacios y proporcionarles alimentos adecuados. Pues juzgó más conveniente sacar bienes de los males que impedir todos los males.

Esta era, pues, su situación: toda la masa condenada del género humano yacía sumida en toda suerte de males, o, mejor dicho, anegada y se precipitaba de mal en mal, y, unida a los ángeles rebeldes, expiaba su impía deserción con justísimas penas. Todo lo que los malos hacen con gusto, arrastrados por la ciega e indómita concupiscencia, debe atribuirse a la justa indignación de Dios, y del mismo modo, todo aquello que, contra su voluntad, sufren ya por los ocultos o manifiestos castigos de Dios. Con todo, la bondad del Creador no cesa de vivificar y dar fuerza constantemente a los ángeles perversos, pues, si de este concurso se les privara, perecerían. En cuanto a los hombres, aunque nacen de linaje viciado y condenado, no cesa tampoco de crear los gérmenes, de animar y ordenar sus miembros, de dar vigor a los sentidos a través de los diversos tiempos y espacios y proporcionarles alimentos adecuados. Pues juzgó más conveniente sacar bienes de los males que impedir todos los males.

Y si Dios hubiese preferido que no existiera absolutamente reparación alguna para los hombres, como no la hubo para los ángeles, ¿acaso no sería justo que la naturaleza que se había alejado de Dios; que había conculcado y traspasado, usando mal de su poder, el precepto de su Creador —que habría podido guardar facilísimamente–; que, obstinadamente apartada de la luz de su Creador, había profanado en sí misma la imagen divina; que se había sustraído a la saludable servidumbre de sus leyes por el mal uso del libre albedrío, no sería justo, digo, que toda ella fuese abandonada por Él para siempre y, según su merecido, sufriese castigo eterno? Ciertamente hubiese obrado de este modo si atendiese sólo a su justicia y prescindiendo de la misericordia no mostrase con mayor evidencia su gratuita misericordia en la liberación de los indignos.

28

Los ángeles son responsables solamente de sí mismos

Habiendo, pues, abandonado a Dios algunos de los ángeles por impía soberbia, y habiendo sido arrojados de la celeste mansión a la más profunda oscuridad de esta atmósfera, los demás permanecieron con Dios en eterna bienaventuranza y santidad. La razón de esto es que los ángeles no procedían, como los hombres, unos de otros, para que, uno caído hiciese incurrir a los demás, como sucede, por el pecado original, en las cadenas de la descendencia y arrastrase a todos a sufrir los justos castigos; sino que, ensoberbecido con los compañeros de impiedad aquel a quien llamamos diablo y derribado juntamente con ellos por esa misma soberbia, los demás, con piadosa obediencia, permanecieron unidos al Señor recibiendo, además, a, aun que no tuvieron aquéllos, conocimiento cierto, con el cual estuviesen seguros de su eterna estabilidad.

Los ángeles no procedían, como los hombres, unos de otros, para que, uno caído hiciese incurrir a los demás, como sucede, por el pecado original, en las cadenas de la descendencia y arrastrase a todos a sufrir los justos castigos.

29

Los redimidos ocupan
el lugar de los ángeles caídos

El número de ciudadanos de que consta y constará la celestial Jerusalén está en la mente de aquel soberano artífice que llama a las cosas que son como a las que no son, y que las dispone todas con medida, número y peso.

Agrado a Dios, Creador y soberano moderador del universo, que, habiendo perecido una gran multitud de ángeles, apartándose de Él, permaneciesen en perpetua condenación; mas los que habían perseverado fiel, al abandonarlo los otros, gozasen segura de su ciertísima felicidad eterna. Y como la criatura racional, constituida por los hombres, toda ella había perecido por los pecados, tanto original como personales, Dios la reparó en aquella parte en que la sociedad angélica había quedado disminuida por la ruina diabólica, para suplir a los ángeles caídos; esto nos da a entender la promesa del Señor en la que afirma que los santos resucitados serán iguales a los ángeles de Dios (Lc. 20:36). De este modo, la celestial Jerusalén, madre nuestra, ciudad de Dios, no será defraudadora en la innumerable muchedumbre de sus ciudadanos, y aun quizá florecerá con una multitud más abundante. Aunque ciertamente desconocemos el número de los santos y el de los inmundos demonios, cuyo lugar han venido a ocupar los hijos de la santa madre, la Iglesia, que aparecía estéril en la tierra, y que permanecerán eternamente en aquella felicidad de la cual aquéllos cayeron. Por tanto, el número de ciudadanos de que consta y constará la celestial Jerusalén está en la mente de aquel soberano artífice que llama a las cosas que son como a las que no son,[11] y que las dispone todas con medida, número y peso.[12]

---

[11] Cf. Romanos 4:17: "El cual da vida a los muertos, y llama las cosas que no son, como las que son".

[12] "Tú todo lo dispusiste con medida, número y peso" (Sabiduría 11:21).

30

Todo es de gracia

Esta porción del género humano a quien Dios prometió la liberación y el reino eterno, ¿acaso podrá ser reparada por los méritos de sus propias obras? De ningún modo. Pues ¿qué bien puede realizar quien está perdido, a no ser que sea libertado de la perdición? ¿Acaso por el libre albedrío de su voluntad? Tampoco esto es posible, ya que, usando mal el hombre del libre albedrío, se perdió a sí mismo y también su libre albedrío. Pues del mismo modo que quien se suicida se mata cuando aún vive, y al quitarse la vida deja de existir, y después de muerto no puede darse a sí mismo la vida, así también, pecando por el libre albedrío, lo perdió por el triunfo del pecado,[13] puesto que cada cual es esclavo de quien triunfó de él. Esta sentencia es del apóstol Pedro[14] y, siendo verdadera, pregunto: ¿qué libertad puede tener un esclavo del pecado, si no es cuando le deleita el pecar? Pues sólo sirve de grado quien con gusto ejecuta la voluntad de su señor y, según esto, quien es esclavo del pecado es libre para pecar.

De donde se sigue que no será libre para obrar justamente, a no ser que, libertado del pecado, comenzara a ser siervo de la justicia. La verdadera libertad consiste en la alegría del bien obrar, y es también piadosa servidumbre por la obediencia a la ley. Pero ¿de dónde le vendrá al hombre, enajenado y vendido, esta libertad, sino por el rescate de aquel que dijo: "Si el Hijo os libertare, seréis

Del mismo modo que quien se suicida se mata cuando aún vive, y al quitarse la vida deja de existir, y después de muerto no puede darse a sí mismo la vida, así también, pecando por el libre albedrío, lo perdió por el triunfo del pecado, puesto que cada cual es esclavo de quien triunfó de él.

---

[13] Hay que entender el sentido en que Agustín dice que se perdió el libre albedrío, no en el sentido de su libertad, sino de su capacidad para el bien, que es la verdadera libertad. Como dice en otro lugar: "¿Quién de nosotros se atreverá a decir que, por el primer pecado, el hombre perdió el libre albedrío? Ciertamente perdió la libertad por el pecado, mas aquella que poseyó en el paraíso, es decir, la libertad plena de conservar la justicia juntamente con la inmortalidad, porque el libre albedrío, hasta el presente, se encuentra en el pecador, de tal modo que por él principalmente pecan los hombres, al dejarse arrastrar por el deleite" (*Contra dos escritos de Pelagio*, I, c. 2, 5).

[14] "Porque el que es de alguno vencido, es sujeto a la servidumbre del que lo venció" (2ª P. 2:19).

El hombre no es libre para obrar justamente a menos que, libertado del pecado, comience a ser siervo de la justicia.

verdaderamente libres" (Jn. 8:36)? Y antes de que esto empiece a realizarse en el hombre, ¿quién se podrá gloriar del libre albedrío en obra alguna buena, si todavía no es libre para el bien obrar, a no ser que se enorgullezca, hinchado por la soberbia? Y el apóstol la reprime cuando dice: "Porque por gracia sois salvos por la fe" (Ef. 2:8).

31

La fe es don de Dios, así como las obras

Para que nadie se atribuya a sí mismo aun la misma fe, y entienda que le ha sido donada por disposición divina, el mismo apóstol dice en otro lugar que él, para ser fiel, había alcanzado misericordia;[15] prosigue diciendo: "Esto no de vosotros, pues es don de Dios: No por obras, para que nadie se gloríe". Y para que nadie pensase que a los fieles habían de faltarles buenas obras, añade: "Porque somos hechura suya, creados en Cristo Jesús para buenas obras, las cuales Dios preparó para que anduviésemos en ellas" (Ef. 2:8-10). Llegamos, pues, a ser verdaderamente libres cuando Dios nos modela, esto es, forma y crea, no para que seamos hombres, lo cual ya hiciera antes, sino para que seamos hombres buenos, lo cual verifica en el tiempo presente con su gracia: Para que seamos nueva criatura en Cristo Jesús (Gá. 6:15), según está escrito: "Crea en mí, oh Dios, un corazón limpio" (Sal. 51:10). Puesto que su corazón, como miembro del cuerpo humano, ya lo había creado Dios.

Llegamos, pues, a ser verdaderamente libres cuando Dios nos modela, esto es, forma y crea, no para que seamos hombres, lo cual ya hiciera antes, sino para que seamos hombres buenos.

---

[15] Cf. 1ª Corintios 7:25: "Como quien ha alcanzado misericordia del Señor para ser fiel".

32

Dios predispone la voluntad

No basta la sola voluntad del hombre, si no la acompaña la misericordia de Dios; luego tampoco sería suficiente la misericordia de Dios si no la acompañara la voluntad del hombre.

Asimismo, para que nadie se gloríe, no ya de las obras, pero ni aun siquiera del libre albedrío, como si procediese de él el mérito, al cual, como premio debido, se le restituyera la libertad misma del bien obrar, oiga al mismo pregonero de la gracia, que dice: "Dios es el que obra en vosotros el querer como el obrar, según su buena voluntad" (Fil. 2:13). Y del mismo modo en otro lugar: "Por consiguiente, no es del que quiere ni del que corre, sino de Dios, que tiene misericordia" (Ro. 9:16). Es cierto que el hombre, si es de tal edad que ya usa de la razón, no puede creer, ni esperar, ni amar, si no quisiere, ni llegar al premio de la celestial vocación de Dios, si no concurre con su voluntad. ¿Cómo, pues, "no es del que quiere, ni del que corre, sino de Dios, que tiene misericordia", a no ser porque la voluntad misma, como está escrito, es preparada por Dios?

Por el contrario, si se ha dicho: No es del que quiere ni del que corre, sino de Dios, que tiene misericordia, porque esto depende de las dos, a saber, de la voluntad del hombre y de la misericordia divina, de tal modo que entendamos este dicho: "No es del que quiere ni del que corre, sino de Dios, que tiene misericordia", como si se dijese que no basta la sola voluntad del hombre, si no la acompaña la misericordia de Dios; luego tampoco sería suficiente la misericordia de Dios si no la acompañara la voluntad del hombre. Y si, porque la voluntad humana sola no es suficiente, se dijo rectamente: "No del que quiere ni del que corre, sino de Dios, que tiene misericordia", para indicar que no es suficiente la sola voluntad del hombre, ¿por qué, por el contrario, no se dijo rectamente no de Dios, que se compadece, sino del hombre que quiere, puesto que tampoco es obra exclusiva de la misericordia de Dios?

Finalmente, si ningún cristiano se atrevería a decir: no de Dios, que se compadece, sino del hombre que quiere, para no contradecir abiertamente al apóstol, sólo resta entender rectamente la sentencia: "No es del que quiere ni del que corre, sino de Dios, que tiene misericordia", de tal modo que se atribuya a Dios, que prepara la buena voluntad ayudándola y la ayuda una vez preparada.

La buena voluntad del hombre precede a muchos de los dones de Dios, pero no a todos; y entre esos a los que no precede se encuentra ella misma. Ambas cosas se leen en las Sagradas Escrituras: "El Dios de mi misericordia me prevendrá" (Sal. 59:10); y su "misericordia me acompaña todos los días" (Sal. 23:6). Al que no quiere, previene para que quiera; y al que quiere, acompaña para que no quiera en vano. Pues ¿por qué se nos manda rogar por nuestros enemigos (Mt. 5:44), que en verdad no quieren vivir piadosamente, sino para que Dios obre en ellos el querer mismo? Del mismo modo, ¿por qué se nos manda pedir para que recibamos (Mt. 7:7), sino para que haga lo que pedimos, aquel que ha hecho que pidamos? Luego rogamos por nuestros enemigos para que la misericordia de Dios les preceda, como nos precedió a nosotros también; y rogamos por nosotros para que su misericordia nos acompañe.

La buena voluntad del hombre precede a muchos de los dones de Dios, pero no a todos; y entre esos a los que no precede se encuentra ella misma. Al que no quiere, previene para que quiera; y al que quiere acompaña para que no quiera en vano.

II
Jesucristo el Señor

33

La ira de Dios
y el Mediador divino

Todo el género humano estaba encadenado por justa condenación y todos eran hijos de ira, acerca de la cual está escrito: "Porque con tu furor somos consumidos, y con tu ira somos conturbados. Pusiste nuestras maldades delante de ti, Nuestros yerros a la luz de tu rostro. Porque todos nuestros días declinan a causa de tu ira; acabamos nuestros años como un pensamiento" (Sal. 90:7-9); y también Job: El hombre nacido de mujer, corto de días, y harto de sinsabores" (Job 14:1) y, finalmente, dice Jesucristo: "El que cree en el Hijo, tiene vida eterna; mas el que es incrédulo al Hijo, no verá la vida, sino que la ira de Dios está sobre él" (Jn. 3:36); no dice que *vendrá*, sino que *está*, puesto que todo hombre nace con esta ira; y por esto dice el apóstol: "Éramos por naturaleza hijos de ira, también como los demás" (Ef. 2:3).

Viviendo en esta ira a los hombres, por el pecado original, tanto más grave y perniciosamente cuanto mayores y más numerosos eran los pecados personales que habían cometido, les era necesario un mediador; esto es, reconciliador, que aplacase esta ira con la oblación de un sacrificio singular, del cual eran sombra y figura todos los sacrificios de la Ley y de los Profetas. Por lo cual dice el apóstol: "Porque si siendo enemigos, fuimos reconciliado con Dios por la muerte de su Hijo, mucho más, estando reconciliados, seremos salvos por su vida. Luego mucho más ahora, justificados en su sangre, por él seremos salvos de la ira" (Ro. 5:10, 9).

En cuanto a la ira de Dios, no queremos significar perturbación en él, como sucede en el ánimo del hombre airado, sino que la venganza de Dios, siempre justa, recibió, por metáfora, el nombre de ira tomado de las excitaciones del corazón humano. Por consiguiente, el que seamos reconciliados con Dios y recibamos el Espíritu Santo, de modo que de enemigos lleguemos a ser hijos de Dios, "porque todos los que son guiados por el Espíritu de Dios, los tales son hijos de Dios" (Ro. 8:14), esta es gracia de Dios por Jesucristo, Señor nuestro.

Por consiguiente, el que seamos reconciliados con Dios y recibamos el Espíritu Santo es gracia que recibimos de Dios por Jesucristo, Señor nuestro.

34

Un Mediador tan grande

Tomó la naturaleza, libre en absoluto de toda sujeción a pecado, de una virgen, cual convenía que naciese aquel a quien había concebido no la concupiscencia, sino la fe de su madre.

Largo sería decir de este Mediador tantas cosas como merece, por más que el hombre no pueda engrandecerlas dignamente. Porque ¿quién podrá explicar con palabras convenientes que "el Verbo se hizo carne y habitó entre nosotros" (Jn. 1:14), de modo que creamos en el que es único Hijo de Dios omnipotente, nacido del Espíritu Santo y de María Virgen? Pues el Verbo se hizo carne, habiendo tomado carne la Divinidad, pero no transformándose en carne la Divinidad. Además, aquí por *carne* debemos entender todo el hombre, significándose en esta expresión el todo por la parte; como también se dice: "*Ninguna carne* será justificada por las obras de la ley" (Ro. 3:20), esto es, ningún hombre.

No es lícito decir que faltase algo a la naturaleza humana en aquella encarnación, pero sí que tomó la naturaleza, libre en absoluto de toda sujeción a pecado;[16] no como nace de ambos sexos por la concupiscencia de la carne, con obligación de contraer el pecado, cuya culpa se borra por la regeneración; sino de una virgen, cual convenía que naciese aquel a quien había concebido no la concupiscencia, sino la fe de su madre; puesto que si, al nacer Él, se hubiese violado su integridad, ya no habría nacido de una virgen, y entonces sería falso que Él hubiese nacido de María Virgen, como confiesa toda la Iglesia, quien a imitación de la madre de Cristo, siendo virgen, engendra cada día nuevos miembros de Cristo. Puedes leer, si te place, acerca de la virginidad de María, mi carta a Volusiano, varón ilustre, a quien nombro con estima y amor.

---

[16] Cf. Hebreos 4:15: "Porque no tenemos un Pontífice que no se pueda compadecer de nuestras flaquezas; mas tentado en todo según nuestra semejanza, pero sin pecado".

35

Cristo Jesús,
Dios y hombre juntamente

Jesús, Hijo de Dios, es Dios y hombre juntamente. Dios antes de todo tiempo, hombre en el tiempo. Es Dios, porque es Verbo de Dios, pues "el Verbo era Dios" (Jn. 1:1); hombre, porque, en unidad de persona, el Verbo unió a sí un alma racional y un cuerpo. Por lo cual, en cuanto es Dios, Él y el Padre son una sola cosa (Jn. 10:30); mas, en cuanto hombre, el Padre es mayor que Él (Jn. 14:28). Siendo, pues, único Hijo de Dios, no por gracia, sino por naturaleza, para ser también lleno de gracia se hizo hijo del hombre, y de estas dos naturalezas se formó la persona única de Cristo. Porque el tener la naturaleza de Dios no fue por usurpación, porque lo era por naturaleza, esto es, el ser igual de Dios. No obstante, se anonadó a sí mismo, tomando la forma de siervo, no perdiendo o menoscabando la forma de Dios (Fil. 2:6, 7). Y por esto llegó a ser menor, y siguió siendo igual, y las dos naturalezas formaron una sola persona, como está dicho; pero una cosa en cuanto Verbo, otra en cuanto hombre: en cuanto Verbo, es igual al Padre; en cuanto hombre, menor. Pero es un solo Hijo de Dios, y al mismo tiempo hijo del hombre; un solo hijo del hombre, y juntamente Hijo de Dios; no dos Hijos de Dios, Dios y hombre, sino uno sólo: Dios sin principio, hombre en un determinado tiempo, que es nuestro Señor Jesucristo.

> Siendo único Hijo de Dios, no por gracia, sino por naturaleza, para ser también lleno de gracia se hizo hijo del hombre, y de estas dos naturalezas se formó la persona única de Cristo.

36

Cristo, Dios y hombre, es una sola persona

Del mismo modo que el hombre, compuesto de alma racional y cuerpo, es una sola persona, así también Cristo, compuesto del Verbo y del hombre, es una sola persona.

En este misterio resplandece en grado sumo la gracia de Dios. Pues ¿qué mereció la naturaleza humana de Cristo hombre para que fuese elevada de modo tan singular a la unidad de persona del único Hijo de Dios? ¿Qué buena voluntad, qué buenas intenciones, qué obras buenas precedieron, por las cuales mereciese este hombre llegar a ser una sola persona con Dios? ¿Acaso existió antes y le fue concedido este singular beneficio porque singularmente tenía obligado a Dios? Es evidente que, desde que empezó a ser hombre, el hombre no empezó a ser otra cosa que Hijo de Dios; y uno sólo, y por el Verbo, que se hizo carne al incorporar a sí aquel hombre, llegó a ser en realidad Dios; de suerte que, del mismo modo que el hombre, compuesto de alma racional y cuerpo, es una sola persona, así también Cristo, compuesto del Verbo y del hombre, es una sola persona.

La misma gracia que preservó a Cristo de pecado nos salva del pecado

¿De dónde viene tan grande gloria a la naturaleza humana, gratuita, sin duda, por no haber precedido mérito alguno, sino porque aquí es donde resplandece la inestimable y exclusiva gracia de Dios a los que consideran esto cristiana y juiciosamente, para que entiendan los hombres que ellos son justificados de sus pecados por la misma gracia, por la cual Cristo no pudo tener pecado? Por esto mismo el ángel saludó a María, su madre, cuando le anunció que había de verificarse su alumbramiento, diciéndole: "¡Salve, muy favorecida!"; y un poco después: "Has hallado gracia cerca de Dios" (Lc. 1:28, 30). Y estar llena de gracia (*gratia plena*) y haber encontrado gracia delante de Dios se dice de ella por ser madre de su Señor, o mejor, del Señor de todos. Del mismo Jesucristo dice el evangelista Juan que "el Verbo se hizo carne y habitó entre nosotros", y continúa: "y hemos visto su gloria, gloria como del unigénito del Padre, lleno de gracia y de verdad" (Jn.1:14). Las palabras *el Verbo se hizo carne* corresponden a *lleno de gracia*; y estas otras, *gloria del Unigénito del Padre*, a *lleno de verdad*. Porque la Verdad misma –Unigénito Hijo de Dios, no por gracia, sino por naturaleza– asumió por gracia al hombre en una tan estrecha unidad de persona, que Él mismo es al propio tiempo hijo del hombre.

La Verdad misma –Unigénito Hijo de Dios, no por gracia, sino por naturaleza– asumió por gracia al hombre en una tan estrecha unidad de persona, que Él mismo es al propio tiempo hijo del hombre.

37

Concebido
por el Espíritu Santo de Dios

El Espíritu Santo es don de Dios y don igual al que lo da; y por esto es también Dios el Espíritu Santo y no menor que el Padre y el Hijo.

El mismo unigénito Hijo de Dios, Jesucristo, único Señor nuestro, nació del Espíritu Santo y de María virgen. El Espíritu Santo es don de Dios y don igual al que lo da; y por esto es también Dios el Espíritu Santo y no menor que el Padre y el Hijo (*Pater Filioque non minor*). Luego ¿qué otra cosa indica la intervención del Espíritu Santo en el nacimiento de Jesucristo, sino la gracia? Pues habiendo preguntado la Virgen al ángel cómo sucedería lo que le anunciaba, puesto que ella no conocía varón, le respondió el ángel: "El Espíritu Santo vendrá sobre ti, y la virtud del Altísimo te cubrirá con su sombra, y por esto el hijo engendrado por ti será santo, será llamado Hijo de Dios" (Lc. 1:35). La misma respuesta recibió José cuando intentaba repudiarla como sospechosa de adulterio a la que veía embarazada, con estas palabras: "No temas recibir en tu casa a María, tu esposa, pues lo concebido en ella es obra del Espíritu Santo" (Mt. 1:20); esto es, lo que sospechas ser de otro hombre es obra del Espíritu Santo.

38

Nacido del Espíritu no como de padre, mas sí de la virgen como madre

¿Acaso vamos a decir por esto que el Espíritu Santo es padre de Cristo hombre, y del mismo modo, que el Padre engendró al Verbo, el Espíritu Santo habría engendrado al hombre, que, compuesto de estas dos naturalezas, es un solo Cristo, Hijo de Dios Padre, en cuanto Verbo, y del Espíritu Santo, en cuanto hombre, por haberlo engendrado de la Virgen el Espíritu Santo como padre? Mas ¿quien se atreverá a sostener esto? Ni es necesario demostrar cuántos otros absurdos se seguirían, siendo ya esto de tal modo absurdo, que ningún oído cristiano puede soportarlo. Así, pues, según creemos, nuestro Señor Jesucristo, que es Dios de Dios, como hombre nació del Espíritu Santo y de María Virgen, en ambas naturalezas, divina y humana, es el único Hijo de Dios Padre omnipotente, de quien procede el Espíritu Santo.

¿Cómo, pues, decimos que Jesucristo nació del Espíritu Santo, no habiéndole engendrado? ¿Acaso porque lo creó? Porque, sí es cierto que nuestro Señor Jesucristo, en cuanto Dios, creó todas las cosas (Jn. 1:3), mas, en cuanto hombre, Él mismo fue creado, como dice el apóstol: "Nacido de la descendencia de David según la carne" (Ro. 1:3). Pero habiendo tomado parte toda la Trinidad –ya que son inseparables las obras de la Trinidad– en la formación de aquella criatura que la Virgen engendró y dio a luz, por más que únicamente se refiera a la persona del Hijo, ¿por qué en su creación sólo se nombra al Espíritu Santo? ¿Es acaso porque, cuando se nombra a una de las tres personas a propósito de alguna obra, se debe entender que coopera toda la Trinidad? Así es, en verdad, y podría demostrarse con ejemplos; mas no hay por qué detenernos por más tiempo en esto. Pero nos trae inquietos cómo es que se ha dicho que Jesucristo ha nacido del Espíritu Santo, no siendo en modo alguno hijo suyo. Como tampoco es lícito decir que el mundo, por el hecho de haber sido creado por Dios, es hijo suyo o ha nacido de Él, sino que ha sido hecho, creado, producido o formado por Él, o de

Nos trae inquietos cómo es que se ha dicho que Jesucristo ha nacido del Espíritu Santo, no siendo en modo alguno hijo suyo. Como tampoco es lícito decir que el mundo, por el hecho de haber sido creado por Dios, es hijo suyo o ha nacido de Él.

Cuando se afirma que nació del Espíritu Santo y de la virgen María, no siendo hijo del Espíritu Santo y sí de la Virgen, habiendo nacido del uno y de la otra, es difícil explicarlo. No obstante, podemos afirmar que nació del Espíritu Santo, no como de padre, mas sí de la virgen como madre.

cualquier otro modo con el que rectamente podamos expresar esto mismo. Pero aquí, cuando se afirma que nació del Espíritu Santo y de la virgen María, no siendo hijo del Espíritu Santo y sí de la virgen, habiendo nacido del uno y de la otra, es difícil explicarlo. No obstante, podemos afirmar, sin ningún género de duda, que nació del Espíritu Santo, no como de padre, mas sí de la virgen como madre.

39

Nacido del Espíritu, es Hijo de Dios Padre

No se debe conceder que todo lo que procede de alguna cosa nos veamos al punto en la precisión de admitir que es hijo suyo. Pasando en silencio que de un modo nace del hombre su hijo, de otro modo el cabello, el piojo, la lombriz; pasando en silencio, digo, todo esto –puesto que sería hacer una injuria con estas comparaciones a un asunto de tanta excelencia–, nadie, indudablemente, se atreverá a llamar hijos del agua a los fieles que nacen del agua y del Espíritu Santo (Jn. 3:5), sino que son llamados con verdad hijos de Dios, como Padre, y de la Iglesia, como madre. De este mismo modo, Cristo, nacido del Espíritu Santo, es Hijo de Dios Padre, no del Espíritu Santo. Lo arriba expuesto acerca del cabello y de las demás cosas sólo sirve para darnos a entender que no todo lo que procede de otra cosa se ha de llamar hijo suyo. Como tampoco se sigue que todos aquellos que llamamos hijos de alguien necesariamente han debido nacer de él, como sucede con los hijos adoptivos. También se llama hijos del infierno a los malos, no porque hayan nacido de él, sino por estar a él destinados, como se denomina hijos del reino a los que están destinados a él.

Cristo, nacido del Espíritu Santo, es Hijo de Dios Padre, no del Espíritu Santo.

40

El nacimiento de Cristo nos da a conocer la gracia

El hombre sin mérito alguno precedente, en el principio mismo de su existencia, fue unido al Verbo en una tan estrecha unidad de persona, que el mismo que era hijo del hombre fuese a la vez Hijo de Dios, y el mismo que era Hijo de Dios fuese también hijo del hombre.

Pudiendo nacer un ser de otro, sin necesidad de ser hijo suyo, y pudiendo también ser llamado hijo sin haber nacido de aquel de quien es llamado hijo, sin duda que el modo como nació Cristo del Espíritu Santo, sin ser su hijo, y de la Virgen María, como hijo, nos da a conocer la gracia de Dios, por la cual el hombre sin mérito alguno precedente, en el principio mismo de su existencia, fue unido al Verbo en una tan estrecha unidad de persona, que el mismo que era hijo del hombre fuese a la vez Hijo de Dios, y el mismo que era Hijo de Dios fuese también hijo del hombre; y de esta suerte llegase a ser natural, en cierto modo, para aquel hombre, por la asunción de la naturaleza humana, la gracia misma, por la cual no pudiese cometer ningún pecado. Y esta gracia había de ser significada por el Espíritu Santo, porque Él mismo, siendo con toda propiedad Dios, es llamado también don de Dios. Muy larga disertación sería necesaria para hablar suficientemente (si de ello fuéramos capaces) sobre este asunto.

41

En qué sentido Cristo-Dios fue hecho pecado

No habiendo sido engendrado Cristo y concebido por voluntad de concupiscencia carnal, y, por tanto, no habiendo contraído originalmente ningún pecado; unido por gracia también de Dios, íntimamente en unidad de persona, por modo maravilloso e inefable, al Verbo unigénito del Padre, Hijo no por gracia, sino por naturaleza; y, por consiguiente, no siendo Él capaz de pecado, sin embargo, por la semejanza de la carne pecadora en que había nacido, Él mismo fue llamado pecado, que había de sacrificarse para borrar los pecados.[17]

En la antigua Ley, los sacrificios por los pecados eran llamados pecados; verdadero sacrificio fue hecho Cristo, de quien eran figura aquellos antiguos. De ahí que habiendo dicho el apóstol: Por Cristo os rogamos que os reconciliéis con Dios, añade a continuación: "Al que no conoció pecado, hizo pecado por nosotros, para que nosotros fuésemos hechos justicia de Dios en él" (2ª Co. 5:10-21). No dice, como en algunos códices engañosos se lee: "Aquel que no había conocido pecado, cometió pecado por nosotros", como si Jesucristo hubiese pecado por nosotros, sino que dice: A aquel que *no conoció* pecado, esto es, a Cristo, *por nosotros lo hizo pecado Dios*, con quien debíamos de ser reconciliados; es decir, lo hizo sacrificio por los pecados, por medio del cual pudiésemos ser reconciliados con Dios. Así que Él mismo fue hecho pecado para que fuésemos justicia, no nuestra, sino de Dios; y no en nosotros, sino en Él; así como Él mostró haber sido hecho pecado, no suyo, sino nuestro; no en sí, sino en nosotros, por la semejanza de la carne pecadora, en que fue crucificado; para que, libre de toda culpa, de algún modo muriese al pecado, muriendo a la carne, en la que había semejanza de pecado; y no habiendo Él nunca vivido según la antigua costumbre del pecado, significó con su resurrección nuestra nueva vida, que renacía de la antigua muerte, por la que estábamos sumergidos en el pecado.

Hijo no por gracia, sino por naturaleza; y, por consiguiente, no siendo Él capaz de pecado, sin embargo, por la semejanza de la carne pecadora en que había nacido, Él mismo fue llamado pecado, que había de sacrificarse para borrar los pecados.

---

[17] Cf. Romanos 8:3: "Porque lo que era imposible a la ley, por cuanto era débil por la carne, Dios enviando a su Hijo en semejanza de carne de pecado, y a causa del pecado, condenó al pecado en la carne".

42

El bautismo celebra la muerte
y la vida nueva

Esto mismo es lo que celebra en nosotros el bautismo: morir al pecado y renacer a la nueva vida.

Esto mismo es lo que celebra (*celebratur*) en nosotros el gran sacramento del bautismo: que todos los que reciben esta gracia mueran al pecado, como se dice de Él que murió al pecado porque murió a la carne, esto es, a la semejanza del pecado; y que renazcan a la nueva vida del bautismo, como Él resucitando del sepulcro, cualquiera que sea la edad del que le recibiera.

43

Muerte al pecado
en el bautismo

Todos los hombres, desde los párvulos recién nacidos hasta el anciano decrépito, así como a ninguno se ha de apartar del bautismo, así también ninguno hay que no muera en el bautismo al pecado; mas los párvulos sólo mueren al pecado original, los adultos también a todos aquellos que, viviendo mal, añadieron a aquel que contrajeron al nacer.

Ninguno hay que no muera en el bautismo al pecado.

44

Figuras de lenguaje

Se dice frecuentemente que se muere al pecado, siendo así que, sin duda, se muere no a uno sólo, sino a muchos y aun a todos los que por sí mismos cometieron por pensamiento, por palabra u obra; pues también el número plural se suele significar por el singular.

También se dice frecuentemente que se muere al pecado, siendo así que, sin duda, se muere no a uno sólo, sino a muchos y aun a todos los que por sí mismos cometieron por pensamiento, por palabra u obra; pues también el número plural se suele significar por el singular, como dijo el célebre poeta: "Y llenan su vientre de toda suerte de soldado armado" (Virgilio), por más que debieron hacerlo de muchos soldados. Y en nuestras Escrituras también se lee: "Ruega, pues, al Señor que aleje de nosotros la serpiente",[18] no dice las *serpientes*, de que era víctima el pueblo, queriendo significar esto mismo; y otros muchos pasajes semejantes. Mas también el pecado original se indica por el número plural, cuando decimos que los niños son bautizados en remisión de los pecados, pues no decimos en remisión del pecado; hay, por el contrario, aquella otra figura por la cual se significa el número singular por el plural. Como en el Evangelio, muerto Herodes, se dijo: "Muertos son los que procuraban la muerte del niño" (Mt. 2:20); y en el Éxodo: "Se hicieron dioses de oro" (Éx. 32:31), habiendo hecho un solo becerro, al cual aclamaban: "Israel, estos son tus dioses, que te sacaron de la tierra de Egipto" (v. 4), usando también aquí el plural por el singular.

---

[18] Agustín conoce y cita la Septuaginta, en las versiones actuales se utiliza el plural: "Ruega al Señor que quite de nosotros estas serpientes" (Nm. 21:7), pero para el caso es lo mismo.

45

En el primer pecado había muchos contenidos

En aquel único pecado, que entró por un solo hombre en el mundo y pasó a todos los hombres (Ro. 5:12), por el cual aun los párvulos deben ser bautizados, se pueden entender muchos pecados, si ese único lo descomponemos como en cada una de sus partes. Porque allí está la soberbia, puesto que el hombre gustó más de ser dueño de sí mismo que estar bajo el dominio de Dios; el sacrilegio, ya que no creyó a Dios; el homicidio, porque se precipitó en la muerte; la fornicación espiritual, porque la integridad de la mente humana fue violada por la persuasión de la serpiente; el hurto, porque se apropió un alimento que le estaba prohibido; la avaricia, porque apeteció más de lo necesario, y cualquiera otro desorden que con diligente examen puede descubrirse en este único pecado cometido.

En aquel único pecado, que entró por un solo hombre en el mundo y pasó a todos los hombres, se pueden entender muchos pecados, si ese único lo descomponemos como en cada una de sus partes.

46

Los pecados de los antepasados pesan en los hijos

Para esto se renace, para que sean borrados todos los pecados con que uno nace. Y no por otra cosa se ha establecido la regeneración, sino por ser defectuosa la generación.

No sin fundamento se dice que los niños están sujetos también a los pecados, no sólo de los de nuestros primeros padres, sino también a los de aquellos de quienes han nacido. Pues aquel divino decreto: "Visito la iniquidad de los padres sobre los hijos" (Dt. 5:9), comprende ciertamente a los niños antes de que empiecen a pertenecer por la regeneración al Nuevo Testamento. Y este Testamento era anunciado cuando se decía por el profeta Ezequiel que los hijos no habían de cargar sobre sí los pecados de los padres, y que en lo sucesivo sería desmentido en Israel aquel dicho: "Los padres comieron el agraz y los hijos sufren la dentera" (Ez. 18:1-20).

Para esto se renace, para que sean borrados todos los pecados con que uno nace. Pues los pecados que, obrando mal, se cometen después, pueden ser reparados por la penitencia, como vemos que se realiza después del bautismo. Y no por otra cosa se ha establecido la regeneración, sino por ser defectuosa la generación; hasta tal punto, que aun el nacido de matrimonio legítimo se ve obligado a decir: "He aquí, en maldad he sido formado, y en pecado me concibió mi madre" (Sal. 51:5). No dijo en iniquidad o en pecado, aunque también pudiera haber dicho esto rectamente; pero prefirió decir iniquidades y pecados.[19] Porque en aquel solo pecado que se transmitió a todos los hombres, y que es tan grande que alteró por completo la naturaleza humana, convirtiéndola en necesidad de muerte, se encuentran, como dijimos arriba, muchos pecados. Los otros pecados de los antepasados, aunque no pueden alterar de este modo la naturaleza, sujetan, sin embargo, a los hijos a sus consecuencias, a no ser que la inmerecida gracia y misericordia divina vengan en su auxilio.

---

[19] Según traduce la citada versión Septuaginta o LXX.

47

No hay que especular sobre el alcance del pecado hereditario

Acerca de las culpas de los antepasados de quienes uno desciende, desde el mismo Adán hasta su padre inmediato, con razón puede discutirse si el que nace se ve envuelto por los malos actos y multiplicados delitos originales de todos, de tal suerte que, cuanto más tarde nace un hombre, tanto peor es; o si Dios amenaza a los descendientes con los pecados de sus antecesores dentro de la tercera o cuarta generación, porque no extiende su ira más allá por la templanza de su compasión en cuanto a las culpas de sus progenitores, a fin de que aquellos a quienes no se les concede la gracia de la generación no se vean oprimidos por la demasiada carga en su eterna condenación, si hubieren de contraer originalmente los pecados de todos sus progenitores, desde el principio del género humano, y pagar las penas merecidas por ellos; o si es que alguna otra cosa puede o no puede encontrarse acerca de asunto tan importante, después de examinar con más diligencia las sagradas Escrituras, no me atrevo a afirmarlo de manera temera.

Acerca del alcance de las culpas de los antepasados de quienes uno desciende, después de examinar con diligencia las Escrituras, no me atrevo a afirmarlo de manera temeraria.

48

Solamente Cristo
borra el pecado original

Sólo Él
pudo
de tal modo
nacer,
que no tuvo
necesidad
de renacer.

En cuanto a aquel pecado que se cometió en lugar y estado de tanta felicidad, y que es tan grande que todo el género humano fue condenado originalmente y, por decirlo así, en su raíz, no se expía ni se borra sino por el hombre Jesucristo, "único mediador entre Dios y los hombres" (1ª Ti. 2:5), porque sólo Él pudo de tal modo nacer, que no tuvo necesidad de renacer.

49

El bautismo de Juan
no era para regeneración

Los que eran bautizados con el bautismo de Juan, por quien el mismo Cristo fue bautizado, no renacían a nueva vida, sino que por el ministerio del precursor, que decía: "Preparad el camino del Señor" (Mt. 3:13; Lc. 3:4)), se disponían sólo para aquel en el que únicamente podían renacer. Pues el bautismo de Cristo no consiste sólo en el agua, como el de Juan, sino también en el Espíritu Santo (Mr. 1:8), a fin de que todo aquel que cree en Jesucristo sea renovado por aquel mismo Espíritu por quien Él, habiendo sido engendrado, no tuvo necesidad de regeneración. De aquí que aquella voz del Padre: "Te he engendrado hoy" (He. 5:5; Sal. 2:7), no indica el día del tiempo en que Cristo fue bautizado, sino el día de la inmutable eternidad, para dar a entender que aquel hombre estaba unido a la persona del Unigénito. Pues el día que no empieza con el fin del ayer y no termina con el comienzo del mañana es siempre hoy.

Cristo, pues, quiso ser bautizado en agua por Juan, no para borrar alguna iniquidad suya, sino para dar un gran ejemplo de humildad. El bautismo no encontró en Él nada que borrar, como la muerte nada que castigar; de suerte que el diablo, oprimido y vencido por la verdad de la justicia, no por a fuerza del poder, puesto que le había dado muerte injustísimamente sin ninguna culpa, por eso mismo justísimamente perdiese a los que tenía sometidos por la culpa.[20] Así, pues, aceptó lo uno y lo otro, a saber, el bautismo y la muerte, por sabia administración de la economía divina, no por lastimosa necesidad, sino más bien por compasiva voluntad; para que del mismo modo que un solo hombre había introducido el pecado en el mundo, esto es, en todo el género humano, así también uno solo lo destruyese.

> Cristo, pues, quiso ser bautizado en agua por Juan, no para borrar alguna iniquidad suya, sino para dar un gran ejemplo de humildad. El bautismo no encontró en Él nada que borrar, como la muerte nada que castigar.

---

[20] Cf. Hebreos 2:14: "Así que, por cuanto los hijos participaron de carne y sangre, él también participó de lo mismo, para destruir por la muerte al que tenía el imperio de la muerte, a saber, al diablo."

50

Cristo borra el pecado de Adán y el de sus descendientes

Aquel solo pecado que se contrae por el nacimiento, aunque es uno sólo, hace culpables de condenación; mas la gracia justifica de muchos pecados al hombre, que añadió otros muchos propios a aquel que hereda por nacimiento y que es común a todos los hombres.

Mas esto no fue del mismo modo, puesto que el primer hombre introdujo un solo pecado en el mundo; mas este segundo no solamente borró aquel pecado, sino todos los que a éste habían sido añadidos. Por lo cual dice el apóstol: "Mas no como el delito, tal fue el don: porque si por el delito de aquel uno murieron los muchos, mucho más abundó la gracia de Dios a los muchos, y el don por la gracia de un hombre, Jesucristo. Ni tampoco de la manera que por un pecado, así también el don: porque el juicio a la verdad vino de un pecado para condenación, mas la gracia vino de muchos delitos para justificación" (Ro. 5:16-17). Porque, en efecto, aquel solo pecado que se contrae por el nacimiento, aunque es uno sólo, hace culpables de condenación; mas la gracia justifica de muchos pecados al hombre, que añadió otros muchos propios a aquel que hereda por nacimiento y que es común a todos los hombres.

51

Renacer en Cristo para justificación

El apóstol, añadiendo poco después: "Así que, de la manera que por un delito vino la culpa a todos los hombres para condenación, así por una justicia vino la gracia a todos los hombres para justificación de vida" (Ro. 5:18), indica claramente que todo aquel que nace de Adán está sujeto a condenación, y nadie se ve libre de ella si no renaciere en Jesucristo.

Todo aquel que nace de Adán está sujeto a condenación, y nadie se ve libre de ella si no renaciere en Jesucristo.

52

El bautismo, representación de la muerte y vida nueva en Cristo

El bautismo en Cristo no es otra cosa que una representación de su muerte, y su muerte en la cruz no es más que una figura de la remisión del pecado; y así como en Él hubo verdadera muerte, así también en nosotros verdadera remisión de pecados, y como en Él verdadera resurrección, así en nosotros verdadera justificación.

Después de haber hablado de esta pena, introducida por un solo hombre, y de la gracia conquistada por otro, cuanto creyó suficiente para el plan de su epístola, a continuación ensalzó el gran misterio del sagrado bautismo en la cruz de Cristo, a fin de que entendamos que el bautismo en Cristo no es otra cosa que una representación de su muerte, y que su muerte en la cruz no es más que una figura de la remisión del pecado, y que así como en Él hubo verdadera muerte, así también en nosotros verdadera remisión de pecados, y como en Él verdadera resurrección, así en nosotros verdadera justificación. Y así dice: "¿Pues qué diremos? Perseveraremos en pecado para que la gracia crezca?" (Ro. 6:1). Había dicho algo antes: "Pero donde abundó el pecado, sobreabundó la gracia" (Ro. 5:20). Se había propuesto a sí mismo la cuestión de si para conseguir abundancia de gracia se había de permanecer en el pecado. Pero responde: "En ninguna manera. Porque los que somos muertos al pecado, ¿cómo viviremos aún en él?" (Ro. 6:2).

Después, para mostrar que nosotros estamos muertos al pecado, dice: "¿O no sabéis que todos los que somos bautizados en Cristo Jesús, somos bautizados en su muerte?" (Ro. 6:3). Pues si de aquí se nos demuestra que estamos muertos al pecado porque hemos sido bautizados en su muerte, se sigue que también los niños, que son bautizados en Cristo, mueren al pecado por ser bautizados en la muerte del mismo. Sin exceptuar a ninguno, se dijo: "Cuantos somos bautizados en Cristo Jesús somos bautizados en su muerte". Esto se dijo para demostrar que estamos muertos al pecado; mas ¿a qué pecado mueren los párvulos al renacer, sino al que contrajeron al nacer? También a ellos alcanza lo que a continuación dice: "Porque si fuimos plantados juntamente en él a la semejanza de su muerte, así también lo seremos a la de su resurrección: Sabiendo esto, que nuestro viejo hombre juntamente fue crucificado con él, para que el cuerpo del pecado sea deshecho, a fin de que no sirvamos más al pecado. Porque el que es muerto, justificado es del pecado. Y si morimos con Cristo, creemos que también viviremos con él; sabiendo que Cristo, habiendo resucitado de entre los muertos, ya no muere: la muerte no se enseñoreará más de él. Porque el haber muerto, al pecado murió una vez; mas el vivir, a Dios vive. Así también vosotros, pensad que de cierto estáis muertos al pecado, mas vivos a Dios en Cristo Jesús Señor nuestro" (Ro. 6:5-11).

El apóstol había empezado a probar que no debemos seguir en el pecado, para que abunde la gracia; y había dicho: *Los que hemos muerto al pecado, ¿cómo podremos vivir todavía en él?*; y para mostrar que estamos muertos al pecado había añadido: *¿O ignoráis que cuantos hemos sido bautizados en Cristo Jesús fuimos bautizados en su muerte?*; y del mismo modo como empezó, concluyó este pasaje. Y esto nos lo representa tan al vivo con la muerte de Cristo, que llegó a decir que Él mismo había muerto al pecado. Mas ¿a qué pecado sino a la muerte, en la cual se hallaba no el pecado, sino la semejanza del pecado, y por esta razón se le da el nombre de pecado? Por tanto, a todos los bautizados en la muerte de Cristo, en quien son bautizados no sólo los adultos, sino también los párvulos, se les dice: "Así también vosotros, esto es, del mismo modo que Cristo, así también vosotros debéis consideraros como muertos al pecado y que vivís sólo para Dios en Jesucristo".

A todos los bautizados en la muerte de Cristo se les dice: "Así también vosotros, esto es, del mismo modo que Cristo, así también vosotros debéis consideraros como muertos al pecado y que vivís sólo para Dios en Jesucristo".

53

La pasión y triunfo de Cristo, modelos de la vida cristiana

Cuanto se realizó en la cruz de Jesucristo, en su sepultura, en su resurrección al tercer día, en su ascensión al cielo, donde se sentó a la diestra del Padre, todo esto se realizó para que la vida cristiana, que aquí se vive, se conformase con estos acontecimientos.

Cuanto se realizó en la cruz de Jesucristo, en su sepultura, en su resurrección al tercer día, en su ascensión al cielo, donde se sentó a la diestra del Padre, todo esto se realizó para que la vida cristiana, que aquí se vive, se conformase con estos acontecimientos, no sólo místicamente figurados, sino también realizados. Con motivo de su cruz se dijo: " Porque los que son de Cristo, han crucificado la carne con los afectos y concupiscencias" (Ga. 5:24). Con motivo de la sepultura: "Todos los que somos bautizados en Cristo Jesús, somos bautizados en su muerte" (Ro. 6:3).

Sobre la resurrección: "Para que, como Cristo resucitó de entre los muertos por la gloria del Padre, así también nosotros vivamos una vida nueva" (Ro. 6:4). En cuanto a su ascensión al cielo y para sentarse a la diestra del Padre: "Si habéis pues resucitado con Cristo, buscad las cosas de arriba, donde está Cristo sentado a la diestra de Dios. Poned la mira en las cosas de arriba, no en las de la tierra, porque muertos sois, y vuestra vida está escondida con Cristo en Dios" (Co. 3:1-3).

54

El juicio final pertenece al futuro

En cuanto a lo que confesamos como venidero acerca de Cristo, ya que descenderá del cielo a juzgar a los vivos y a los muertos, no tiene correspondencia con la vida que aquí vivimos, pues no se halla entre los sucesos por Él realizados, sino entre los que han de realizarse al fin del mundo. A esto se refiere lo que el apóstol a continuación añadió: "Cuando Cristo, vuestra vida, se manifestare, entonces vosotros también seréis manifestados con él en gloria" (Co. 3:4).

Lo que confesamos como venidero sobre Cristo, ya que descenderá a juzgar a vivos y muertos, no tiene correspondencia con la vida que aquí vivimos, pues no se halla entre los sucesos por Él realizados, sino entre los que han de realizarse al fin del mundo.

55

Juicio para vida y para muerte

Podemos entender por vivos aquellos a quienes en su venida encontrará aquí, aún no muertos, sino que viven en este cuerpo; y por muertos, los que han dejado o dejarán de existir antes que venga al juicio. También podemos entender por vivos los justos, y por muertos los pecadores.

De dos maneras se puede entender que Cristo juzgará a los vivos y a los muertos. Podemos entender por vivos aquellos a quienes en su venida encontrará aquí, aún no muertos, sino que viven en este cuerpo; y por muertos, los que han dejado o dejarán de existir antes que venga al juicio. También podemos entender por vivos los justos, y por muertos los pecadores, puesto que también los justos han de ser juzgados.[21]

El juicio de Dios puede computarse unas veces entre las cosas desagradables, como cuando se dice: "Los que hicieron mal, a resurrección de condenación" (Jn. 5:29); otras, entre las buenas o agradables, según está escrito: "Júzgame conforme a tu justicia, Señor Dios mío; y no se alegren de mí" (Sal. 35:24). Por el juicio de Dios se hace, en efecto, la separación entre los buenos y los malos, para que los que se han de librar del mal, los que no han de perecer con los perversos, los buenos, queden separados a la derecha. Por eso el Salmista exclama: *Júzgame Dios mío*; y como explicando lo que ha dicho, añade: *y sepárame de esta turba impía*.

---

[21] Cf. Romanos 14:10: "Mas tú ¿por qué juzgas a tu hermano? o tú también, ¿por qué menosprecias a tu hermano? porque todos hemos de estar ante el tribunal de Cristo." 2ª Corintios 5:10: "Porque es menester que todos nosotros parezcamos ante el tribunal de Cristo, para que cada uno reciba según lo que hubiere hecho por medio del cuerpo, ora sea bueno o malo."

III
EL ESPÍRITU SANTO Y LA IGLESIA

56

El Espíritu Santo y su templo

Después que hemos confesado a Jesucristo, Hijo de Dios y único Señor nuestro, según corresponde a la brevedad del Símbolo, añadimos que creemos también en el Espíritu Santo, para que se complete aquella Trinidad, que es Dios; a continuación se menciona la santa Iglesia. Por donde se da a entender que la criatura racional, que pertenece a la Jerusalén libre, había de colocarse después de haber mencionado al Creador, esto es, la suma Trinidad. Porque cuanto se ha dicho de Cristo hombre corresponde a la unidad de persona del Unigénito.

Por consiguiente, el recto orden de nuestra confesión exigía que la Iglesia apareciese unida a la Trinidad, como al inquilino su casa, como a Dios su templo y como al fundador su ciudad. Aquí la Iglesia ha de entenderse en toda su universalidad, no sólo aquella que peregrina en la tierra, alabando el nombre de Dios desde la salida del sol hasta su ocaso y cantando un cántico nuevo después de la antigua cautividad, sino también esa otra que siempre ha estado unida a Dios en los cielos desde que fue fundada y que no experimentó el mal de su caída, manteniéndose inmutablemente feliz en los santos ángeles, y que ayuda, como conviene, a la parte que aún peregrina; porque ambas serán una sola Iglesia por la participación de la eternidad, como ya lo son ahora por el vínculo de la caridad, la cual fue toda ella ordenada para adorar al único Dios. De aquí que ni toda ella ni parte alguna de la misma quiere ser honrada en lugar de Dios, ni quiere tampoco adorar como Dios a cosa ninguna que pertenezca al templo de Dios, formado de dioses que crea el Dios increado.

El recto orden de nuestra confesión exigía que la Iglesia apareciese unida a la Trinidad, como al inquilino su casa, como a Dios su templo y como al fundador su ciudad. Aquí la Iglesia ha de entenderse en toda su universalidad, no sólo aquella que peregrina en la tierra, sino también esa otra que siempre ha estado unida a Dios en los cielos desde que fue fundada.

El templo de Dios, que es la Iglesia, es templo de la Trinidad

Dios habita en su templo, no sólo el Espíritu Santo, sino también el Padre y el Hijo, el cual afirmó también de su cuerpo, constituido cabeza de la Iglesia, que está en este mundo, "para que en todo tenga el primado". Así, pues, es templo de Dios, es decir, de toda la suma Trinidad, la santa Iglesia, a saber, toda la Iglesia, la del cielo y la de la tierra.

Por tanto, si el Espíritu Santo fuese criatura y no creador, sin duda sería criatura racional, por ser ésta la más excelente; y siendo así, en la Regla de fe no se colocaría antes de la Iglesia, ya que Él mismo pertenecería a esa parte de la Iglesia que está en los cielos. Y no tendría templo, sino que Él mismo sería también templo. Pero Él posee el templo, acerca del cual dice el apóstol: "¿No sabéis que vuestros cuerpos son templos del Espíritu Santo, que está en vosotros y habéis recibido de Dios?" (1ª Co. 6:19). De los cuales acababa de decir: "¿No sabéis que vuestros cuerpos son miembros de Cristo?" (v. 15). ¿Cómo, pues, podrá no ser Dios quien tiene templo, o cómo puede ser menor que Cristo, a cuyos miembros tiene por templo? Y no es uno su templo y otro el templo de Dios, diciendo el mismo apóstol: "¿No sabéis que sois templos de Dios?" Y para probarlo añadió: "¿Y que el Espíritu de Dios habita en vosotros?" (1ª Co. 3:16). Por tanto, Dios habita en su templo, no sólo el Espíritu Santo, sino también el Padre y el Hijo, el cual afirmó también de su cuerpo, constituido cabeza de la Iglesia, que está en este mundo "para que en todo tenga el primado" (Col. 1:18): "Destruid este templo, y en tres días lo levantaré" (Jn. 2:19). Así, pues, es templo de Dios, es decir, de toda la suma Trinidad, la santa Iglesia, a saber, toda la Iglesia, la del cielo y la de la tierra.

57

La Iglesia celestial
es guardada por Dios

Mas ¿qué podríamos afirmar de aquella que está en el cielo, sino que no hay en ella ninguno que sea malo, y que ninguno cayó ni caerá de allí desde el día en que, como escribe el apóstol Pedro: "Dios no perdonó a los ángeles que habían pecado, sino que habiéndolos despeñado en el infierno con cadenas de oscuridad, los entregó para ser reservados al juicio" (2ª P. 2:4).

En la Iglesia celestial no hay ninguno que sea malo, y ninguno en ella cayó ni caerá.

58

Categorías de ángeles

¿Qué diferencia hay entre aquellos cuatro nombres, en los cuales parece que el apóstol quiso comprender toda aquella sociedad, cuando dice: los tronos, las dominaciones, los principados, las potestades? Díganlo quienes pudieren, con tal que puedan probar lo que dicen; yo confieso que lo ignoro.

¿De qué modo está constituida aquella bienaventurada y celestial sociedad? ¿Qué diferentes categorías hay allí? Porque, aun cuando a todos con nombre general se les llama ángeles (pues eso se nos quiso indicar en la epístola a los Hebreos (1:13), donde leemos: "¿A cuál de los ángeles dijo alguna vez: Siéntate a mi diestra?"); no obstante, sabemos que allí hay también arcángeles. ¿Acaso a estos mismos arcángeles se les llama virtudes,[22] y por eso se dijo: "Alabadle, vosotros todos sus ángeles: Alabadle, vosotros todos sus *ejércitos*" (Sal. 148:2). Como si dijera: Alabadle vosotros, sus ángeles todos; alabadle vosotros, todos sus arcángeles. ¿Qué diferencia hay entre aquellos cuatro nombres, en los cuales parece que el apóstol quiso comprender toda aquella sociedad, cuando dice: los tronos, las dominaciones, los principados, las potestades (Col. 1:16)? Díganlo quienes pudieren, con tal que puedan probar lo que dicen; yo confieso que lo ignoro. Como también ignoro si pertenecen a aquella misma sociedad el sol y la luna y todas las estrellas, por más que a algunos les parezca que tienen cuerpos luminosos, pero sin sentido ni inteligencia.

---

[22] Cf. 1ª Pedro 3:22: "El cual está a la diestra de Dios, habiendo subido al cielo; estando a él sujetos los ángeles, y las potestades, y *virtudes*."

59

No hay que discutir sobre lo que conocemos insuficientemente

Asimismo, ¿quién podrá explicar con qué cuerpos se aparecieron los ángeles a los hombres, para que no sólo pudieran ser vistos, sino también tocados? Por el contrario, ¿cómo presentan no con sustancia sólida, sino por potencia espiritual, ciertas representaciones, no a los ojos corporales, sino a los del espíritu, o cómo hacen entender no por el oído exterior, sino interiormente en el ánimo del hombre, estando ellos allí mismo presentes, según está escrito en el libro de los Profetas: "Y el ángel que hablaba dentro de mí?" (Za. 1:9).[23] Pues no dijo el ángel que me hablaba, sino que hablaba dentro de mí. ¿No aparecen también en los sueños y hablan como suele acontecer en ellos? Y así leemos en el Evangelio: "He aquí que se apareció en sueños un ángel del Señor y le habló" (Mt. 1:20).

Estos modos de obrar parecen indicar que los ángeles no tienen cuerpos que se puedan tocar, dando lugar con esto a una dificilísima cuestión; a saber, cómo entonces los patriarcas les lavaron los pies (Gn. 18:4, 19) y cómo Jacob luchó con el ángel tan real y estrechamente enlazado (Gn. 32:4). Cuando se investigan estas cosas, conjeturando cada uno como puede, no se ejercitan inútilmente los ingenios, si se hace uso de moderada discusión y no cae en el error de creer saber lo que se ignora. Pues ¿qué necesidad hay de afirmar, negar o definir estas y otras cosas semejantes con peligro, cuando se pueden ignorar sin culpa?

> Cuando se investigan estas cosas, conjeturando cada uno como puede, no se ejercitan inútilmente los ingenios, si se hace uso de moderada discusión y no cae en el error de creer saber lo que se ignora. Pues ¿qué necesidad hay de afirmar, negar o definir estas y otras cosas semejantes con peligro, cuando se pueden ignorar sin culpa?

---

[23] Cf.: "Y me dijo el ángel que hablaba *conmigo*" (RV, BJ).

60

Utilidad de conocer
las asechanzas del diablo

Mucho más importante es conocer y distinguir los artificios de Satanás cuando se transfigura en ángel de luz, para que no suceda que, engañándonos, nos seduzca a alguna cosa perniciosa.

Mucho más importante es conocer y distinguir los artificios de Satanás cuando se transfigura en ángel de luz (2ª Co. 11:14), para que no suceda que, engañándonos, nos seduzca a alguna cosa perniciosa. Porque aun cuando a los sentidos del cuerpo engañe, pero no haciendo vacilar a la mente del recto juicio, por el cual se lleva una vida cristiana, no hay ningún peligro en cuanto a la religión. Lo mismo sucede cuando, fingiéndose bueno, hace o dice aquello que harían o dirían los ángeles buenos; pues aun cuando entonces se le tenga por ángel bueno, no es error peligroso o perjudicial para la fe cristiana. Mas cuando, por estas cosas ajenas a su índole, empieza a inducir a sus fines, entonces es necesaria gran diligencia para reconocerle y no ir tras él. Pero ¡qué pocos hombres son capaces de evitar todas sus mortíferas astucias sin la ayuda y protección divina! Y esta misma dificultad es útil, para que nadie tenga confianza en sí mismo o en otro hombre, sino que únicamente en Dios la tengan todos los suyos. Ningún hombre piadoso dudará, en modo alguno, que esto es lo más útil para nosotros.

61

La Iglesia está formada por ángeles y pecadores redimidos

Esta Iglesia de Dios, que está formada por los santos ángeles y virtudes, se nos dará a conocer tal cual es cuando estemos al fin unidos a ella, para poseer juntamente la eterna felicidad. Mas la que peregrina en la tierra nos es más conocida porque estamos en ella y porque está formada de hombres como nosotros. Sólo ésta fue rescatada de todo pecado por la sangre del Mediador, que no tuvo pecado alguno, y así, confiada, exclama: "Si Dios está por nosotros, ¿quién contra nosotros?" (Ro. 8:3).

Dios no perdonó a su propio Hijo, sino que le entregó por todos nosotros. Porque Cristo no murió por los ángeles. Sin embargo, por esto hace relación también a los ángeles todo aquello que contribuye a que los hombres sean restaurados y librados del mal, porque de algún modo los reconcilia con aquéllos, después de las enemistades que los pecados originaron entre los hombres y los santos ángeles, y porque, además, los daños de aquella caída angélica son reparados por esta misma redención de los hombres.

La Iglesia que peregrina en la tierra nos es más conocida, porque estamos en ella y porque está formada de hombres como nosotros. Sólo ésta fue rescatada de todo pecado por la sangre del Mediador, que no tuvo pecado alguno, y así, confiada, exclama: "Si Dios está por nosotros, ¿quién contra nosotros?".

62

Cristo reconcilia y reúne el cielo con la tierra

Lo que perecí allí, entre los ángeles, es suplido de entre los hombres, y las de la tierra, porque los hombres que son predestinados a la vida eterna son regenerados de la antigua corrupción.

Los santos ángeles, instruidos por Dios, por cuya contemplación son eternamente felices, conocen el número suplementario de los hombres que necesita aquella ciudad celestial para su integridad. Es por esto que dice el apóstol: "De reunir todas las cosas en Cristo, en la dispensación del cumplimiento de los tiempos, así las que están en los cielos, como las que están en la tierra" (Ef. 1:10), ya que lo que perecí allí, entre los ángeles, es suplido de entre los hombres, y las de la tierra, porque los hombres que son predestinados a la vida eterna son regenerados de la antigua corrupción. Y de este modo, por aquel único sacrificio, en el cual el Mediador fue inmolado y al cual figuraban las muchas víctimas en la antigua Ley, fueron reconciliadas las cosas celestiales con las terrenas y éstas con aquéllas. Porque, como dice el mismo apóstol, y agradó al Padre que en Él habitase toda plenitud y por Él reconciliar consigo, pacificando por la sangre de su cruz todas las cosas, así las de la tierra como las del cielo (Col. 1:19, 20).

63

Ahora conocemos en parte, luego plenamente

Esta paz, como está escrito, supero a todo entendimiento (Fil. 4:7), y no podemos conocerla sino cuando hayamos llegado a ella. Pues ¿cómo son pacificadas las cosas celestiales si no es con nosotros, es decir, restableciendo la paz con nosotros? Porque allí hay paz perpetua, ya de todas las criaturas racionales entre sí, ya con su Creador. Dicha paz supera, como está escrito, a todo entendimiento, ciertamente al nuestro, pero no al de aquellos que ven continuamente el rostro del Padre. Mas nosotros, por grande que sea nuestra inteligencia, ahora sólo conocemos en parte y vemos como por un espejo y oscuramente; mas cuando seamos iguales a los ángeles de Dios, entonces, del mismo modo que ellos, veremos cara a cara (?ª ('n 13·12); y tendremos tanta paz con ellos como ellos con nosotros, porque los amaremos del mismo modo que ellos nos aman.

Entonces nos será conocida su paz, porque tal y tan grande será la nuestra; ya no superará nuestro entendimiento. Pero la paz que Dios tiene allí con ellos, sin ningún género de duda, lo superará, como también el de aquéllos. Pues toda criatura racional que llega a ser feliz, de Él obtiene la felicidad, no Él de aquélla. Y así se entiende mejor lo que está escrito: "La paz de Dios, que sobrepasa todo entendimiento" (Fil. 4:7); de modo que, al decir *todo*, no quede exceptuado el mismo entendimiento de los santos ángeles, sino sólo el de Dios, ya que su paz no sobrepuja a su entendimiento.

> Allí hay paz perpetua, ya de todas las criaturas racionales entre sí, ya con su Creador. Dicha paz supera, como está escrito, a todo entendimiento, ciertamente al nuestro, pero no al de aquellos que ven continuamente el rostro del Padre.

IV
EL PERDÓN DE LOS PECADOS
Y LA VIDA ETERNA

64

El perdón de los pecados
y la pecabilidad del creyente

Después de mencionar la santa Iglesia, se sigue en el orden del Símbolo la remisión de los pecados, ya que por ella subsiste la Iglesia, que se encuentra en la tierra; por ella no perece lo que se había perdido y fue encontrado.

Pero aun ahora los ángeles están en paz con nosotros, cuando nos son perdonados nuestros pecados. Por esto, después de mencionar la santa Iglesia, se sigue en el orden del Símbolo la remisión de los pecados, ya que por ella subsiste la Iglesia, que se encuentra en la tierra; por ella no perece lo que se había perdido y fue encontrado (Lc. 15:24). Pues a excepción del don del bautismo, que fue concedido para que borrase por la regeneración lo que se había contraído por nacimiento, borra también todos los pecados personales que se hubieren cometido por pensamiento, palabra y obra. Exceptuado, pues, este gran don, por donde empieza la renovación del hombre, y en el cual queda abolido todo resto de culpa heredado o añadido, aun en el resto de la vida, estando ya el hombre en uso de la razón, por mucho que pueda por la virtud y fecundidad de la justicia, no puede vivir sin la remisión de los pecados; porque los hijos de Dios, mientras viven en este mundo, luchan contra la muerte.

Aunque se haya dicho de ellos con toda razón: "Los que son movidos por el Espíritu de Dios, ésos son hijos de Dios" (Ro. 8:14), sin embargo, de tal suerte son excitados por su divino Espíritu y como hijos de Dios caminan hacia El, que también son arrastrados por su propio espíritu, principalmente por el "cuerpo corruptible, que agobia al alma, y esta tienda de tierra abruma el espíritu" (*Sabiduría* 9:15), y como hijos de los hombres se vuelven a sí mismos por ciertos impulsos humanos, y por eso pecan. Se ha de tener muy en cuenta la gravedad del pecado; pues no porque todo crimen es pecado se ha de concluir que todo pecado es crimen. Y así decimos que podemos encontrar la vida de los santos, mientras viven en este mundo, sin crimen; mas, si dijéramos que no tenemos pecado, como dice el gran apóstol Juan, nos engañamos a nosotros mismos, y la verdad no está en nosotros (1ª Jn. 1:8).

Si dijéramos que no tenemos pecado nos engañamos a nosotros mismos, como dice el gran apóstol Juan.

65

Por medio del arrepentimiento la Iglesia perdona los pecados

No han de desesperar de la misericordia de Dios los que hacen penitencia según la proporción de cada uno de los pecados, ni aun de la remisión de los mismos crímenes, por enormes que sean.

No han de desesperar de la misericordia de Dios los que hacen penitencia según la proporción de cada uno de los pecados, ni aun de la remisión de los mismos crímenes, por enormes que sean. Mas cuando se cometiere tal crimen que quien lo cometió merezca, además, ser separado del cuerpo de Cristo, no se ha de mirar tanto en la penitencia la medida del tiempo como la intensidad del dolor, porque Dios no rechaza un corazón contrito y humillado (Sal. 51:17).

Mas estando, por lo general, el dolor del corazón oculto para los demás hombres, y no llegando a conocimiento de los otros por las palabras ni por cualesquiera otras señales, ya que sólo es manifiesto para aquel a quien se dice: "Y mi suspiro no te es oculto" (Sal. 38:9), sabiamente han sido fijados por los pastores de las Iglesias los tiempos de penitencia para que satisfagan a la Iglesia, en la cual son perdonados los pecados, pues fuera de ella no existe este perdón. Porque ella recibió en prenda el Espíritu Santo (2ª Co. 1:22), sin el cual no se perdona ningún pecado, de suerte que a quienes le son perdonados consigan la vida eterna.

66

El perdón de los pecados presentes se hace con miras al juicio futuro

La remisión de los pecados se hace más bien en atención al juicio futuro. Pues en esta vida hasta tal punto prevalece aquel dicho de la Escritura: "Un pesado yugo oprime a los hijos de Adán desde el día que salen del vientre de su madre hasta el día del retorno a la madre de todos" (*Eclesiástico* 40:1), que aun los niños, después del baño de la regeneración, vemos que son atormentados por los dolores de diversas desgracias; para que entendamos que todo cuanto obran los saludables sacramentos, más tienen por fin la esperanza de los bienes futuros que la conservación o logro de los presentes.

También vemos que aquí son tolerados muchos crímenes, que no son castigados con ningún suplicio, sino que más bien sus castigos son reservados para el futuro. Porque no en vano se llama día del juicio a aquel en que vendrá el Juez de vivos y muertos. Como, por el contrario, son castigadas aquí algunas culpas que, no obstante, si son perdonadas, no dañarán en verdad en el siglo futuro. Por eso dice el apóstol acerca de algunas penas temporales que se imponen en esta vida a los pecadores, a aquellos cuyos pecados son remitidos, a fin de que no queden reservados para el futuro: "Que si nos examinásemos a nosotros mismos, cierto no seríamos juzgados. Mas siendo juzgados, somos castigados del Señor, para que no seamos condenados con el mundo" (1ª Co. 11:31-32).

También vemos que aquí son tolerados muchos crímenes, que no son castigados con ningún suplicio, sino que más bien sus castigos son reservados para el futuro. Porque no en vano se llama día del juicio a aquel en que vendrá el Juez de vivos y muertos.

67

La fe que persiste en el pecado es muerta

Aquella fe, que con toda claridad declara el apóstol Pablo, salva. Pero si no sólo no obra bien, sino que hasta obra mal, sin ningún género de duda, según el apóstol Santiago, "está muerta en sí misma".

Creen algunos que aun aquellos que no abandonan el nombre de Cristo, habiendo sido bautizados en la Iglesia, sin haberse separado de ella por algún cisma o herejía, y que viven sumidos en crímenes enormes, que no reparan por la penitencia ni los redimen con limosnas, sino que perseveran en ellos pertinazmente hasta el fin de su vida, se han de salvar a través del fuego; y aun cuando hayan de ser castigados, según la magnitud de sus acciones vergonzosas y enormes crímenes, con un fuego de larga duración, mas no será con un fuego eterno. Pero los que, siendo católicos, admiten esto, a mi modo de ver, se engañan, dejándose llevar por cierta benevolencia humana, ya que, consultada la divina Escritura, responde muy de otro modo. Sobre esta cuestión ya escribí un libro titulado *De la fe y de las obras.* En él demostré, en cuanto fui capaz con la gracia de Dios, que, según las santas Escrituras, aquella fe salva, que con toda claridad declara el apóstol Pablo cuando dice: "Porque en Cristo Jesús ni la circuncisión vale algo, ni la incircuncisión; sino la fe que obra por la caridad" (Gá. 5:6). Pero si no sólo no obra bien, sino que hasta obra mal, sin ningún género de duda, según el apóstol Santiago, "está muerta en sí misma". Y en otro lugar añade: "Si alguno dijere que tiene fe, mas no tiene obras, ¿por ventura podrá salvarle la ley?" (Stg. 2:17, 14).

Por otra parte, si el hombre malvado se salvare por la sola fe, pasando por el fuego, y es necesario interpretar de este modo aquel dicho del apóstol Pablo: "Él, sin embargo, se salvará, pero como quien pasa por el fuego" (1ª Co. 3:15), en este caso podría la fe salvar sin las obras y, por tanto, sería falso lo que asegura su coapóstol Santiago. Aún más, sería falso lo que afirma el mismo Pablo: "No os engañéis: ni los fornicarios, ni los idólatras, ni los adúlteros, ni los afeminados, ni los sodomitas, ni los ladrones, ni los avaros, ni los borrachos, ni los maldicientes, ni los que se apoderan de los bienes de otro poseerán el reino de Dios" (1ª Co. 6:9-10). Si, pues, aun perseverando en estos crímenes, han de salvarse por la sola fe en Cristo, ¿cómo es que no poseerán el reino de Dios?

68

La prueba de fuego de las obras

No pudiendo ser falsos estos testimonios apostólicos tan manifiestos y clarísimos, aquel otro del apóstol que aparece un poco oscuro: "Nadie puede poner otro fundamento que el que está puesto, el cual es Jesucristo. Y si alguno edificare sobre este fundamento oro, plata, piedras preciosas, madera, heno, hojarasca" (1ª Co. 3:11, 12), se ha de entender de tal modo que no esté en contradicción con aquellos tan claros y evidentes; pues se dijo que se salvarán como a través del fuego, porque gracias al fundamento no perecerán. Las maderas, el heno y la paja, no sin motivo, pueden entenderse de los deseos de las cosas temporales, que, aunque lícitamente concedidas, no pueden perderse sin dolor del alma. Mas, cuando este dolor abrasa o purifica, si Cristo de tal modo es el fundamento en el corazón, que ninguna cosa se le anteponga y prefiere el hombre carecer de las cosas que así ama antes que de Cristo, entonces se salva pasando por el fuego. Por el contrario, si en el tiempo de la tentación prefiere poseer tales cosas temporales y mundanas más que a Cristo, no le tiene como fundamento, ya que prefiere estas cosas en su lugar, siendo así que en el edificio nada hay más importante que el fundamento. Así, pues, el fuego de que habla el Apóstol debe entenderse que es de tal naturaleza, que ambos pasen por él, a saber, tanto el que edifica sobre este fundamento oro, plata y piedras preciosas, como el que edifica maderas, heno y paja, porque, después de haber dicho esto, añadió: "La obra de cada uno será manifestada: porque el día la declarará; porque por el fuego será manifestada; y la obra de cada uno cuál sea, el fuego hará la prueba. Si permaneciere la obra de alguno que sobreedificó, recibirá recompensa. Si la obra de alguno fuere quemada, será perdida: él empero será salvo, mas así como por fuego" (1ª Co. 3:13-15). Por consiguiente, no probará el fuego la obra de uno sólo, sino la de los dos.

La tentación de la tribulación es un cierto fuego, del cual en otro lugar está escrito: "El horno prueba los vasos del alfarero; la tentación de la tribulación, a los hombres justos" (Ec. 27:5). Por esta tribulación se verifica a veces

Las maderas, el heno y la paja, no sin motivo, pueden entenderse de los deseos de las cosas temporales, que, aunque lícitamente concedidas, no pueden perderse sin dolor del alma. Por el contrario, si en el tiempo de la tentación prefiere poseer tales cosas temporales y mundanas más que a Cristo, no le tiene como fundamento.

La obra de ése no es consumida, porque no ama esos bienes, cuya pérdida puede atormentarle; mas la de éste es purificada, porque no se pierden sin dolor las cosas poseídas con amor. El cual, si se les hubiese presentado la alternativa, preferiría más bien carecer de las cosas terrenas que de Cristo.

en esta vida lo que dijo el apóstol, como sucede, por ejemplo, en dos fieles, de los cuales uno piensa en las cosas que son de Dios, cómo agradará a Dios, esto es, edifica sobre el fundamento, que es Cristo, oro, plata, piedras preciosas; mas el otro piensa en las cosas del mundo, cómo agradará a su mujer, es a saber, edifica sobre el mismo fundamento maderas, heno, paja. La obra de ése no es consumida, porque no ama esos bienes, cuya pérdida puede atormentarle; mas la de éste es purificada, porque no se pierden sin dolor las cosas poseídas con amor. El cual, si se les hubiese presentado la alternativa, preferiría más bien carecer de las cosas terrenas que de Cristo, y ni por el temor de perderlas le abandonaría, aunque sufra al perderlas. Este tal de cierto se salvará, si bien como quien pasa por el fuego; pues le purifica el sentimiento de las cosas perdidas que había amado, mas no le trastorna ni consume, por estar defendido por la firmeza e incorrupción del fundamento.

69

El fuego purificador en la otra vida

No es increíble que algo semejante suceda después de esta vida, y puede investigarse si es manifiesto o no que algunos fieles se salven a través de un cierto fuego purificador, tanto más tarde o más pronto cuanto más o menos amaron las cosas perecederas; siempre que, sin embargo, no sean de aquellos de quienes está escrito que no poseerán el reino de Dios, a no ser que, convenientemente arrepentidos, les fueren perdonados sus crímenes. He dicho convenientemente para que no sean estériles en limosnas,[24] a las cuales otorga tal gracia la divina Escritura, que el Señor predice que sólo éstas tomará en cuenta a los que están a la derecha, y la falta de ellas a los que están a la izquierda; porque a aquéllos les dirá: "Venid, benditos de mi Padre, tomad posesión del reino"; y a éstos: "Id al fuego eterno" (Mt. 25,34, 41).

No es increíble que algo semejante suceda después de esta vida, y puede investigarse si es manifiesto o no que algunos fieles se salven a través de un cierto fuego purificador, tanto más tarde o más pronto cuanto más o menos amaron las cosas perecederas.

[24] Limosna, en griego *eleemosyne* = compasión, misericordia, transliterado al latín: *eleemosyna* y *elimosyna*.

70

El perdón divino
no da licencia para pecar

Por su compasión perdona los pecados ya cometidos, si no se descuida la proporcionada satisfacción.

Prudentemente se ha de evitar que nadie crea que aquellos horribles crímenes que apartan al que los comete de poseer el reino de Dios, diariamente se pueden cometer y también diariamente redimir por la limosna. Es necesario, pues, mejorar de vida y aplacar a Dios de los pecados pasados por medio de limosnas, no como queriéndolo comprar con el fin de poder cometerlos siempre impunemente. Pues "a ninguno da permiso para pecar" (*Eclesiástico* 15:20), aunque por su compasión perdona los pecados ya cometidos, si no se descuida la proporcionada satisfacción.

71

Por el *Padrenuestro* se borran las faltas leves

Por los pecados cotidianos insignificantes y leves, sin los cuales no se puede vivir esta vida mortal, satisface la diaria oración de los fieles. Propio es de aquellos que han sido reengendrados para un tan buen Padre por el agua y el Espíritu (Jn. 3:5) decir: "Padre nuestro, que estás en los cielos" (Mt. 6:9). Esta oración borra completamente las faltas levísimas y cotidianas; también borra aquellas otras que se cometieron viviendo impíamente y de las cuales, cambiando a mejor vida, se aparta por el arrepentimiento; con tal que así como sinceramente dice el hombre: "Perdónanos nuestras deudas" (v. 12), ya que siempre está necesitado de este perdón, así también con la misma sinceridad diga: "Como nosotros perdonamos a nuestros deudores"; esto es, si se hace lo que se dice, porque también es limosna conceder el perdón a quien lo pide.

También es limosna concede el perdón a quien lo pide.

72

La importancia de la limosna
y su variedad

Da limosna, porque concede misericordia. Pues muchos bienes son concedidos a los hombres, aun contra su voluntad, cuando se atiende a su provecho más que a su gusto; porque son enemigos de sí mismos, siendo más bien amigos suyos aquellos a quienes tienen por enemigos.

Por esto, a todo lo que se hace por útil misericordia se refiere lo que dice el Señor: "Dad limosna; y he aquí todo os será limpio" (Lc. 11:41). Pues no sólo da limosna el que da comida al hambriento, bebida al sediento, vestido al desnudo, posada al peregrino, refugio al que huye; el que visita al enfermo o al encarcelado, el que redime al cautivo, el que ayuda al lisiado, el que guía al ciego, el que consuela al triste, el que cura al enfermo, el que encamina al extraviado, el que da consejo al que pregunta y todo aquello que necesita el indigente, sino también quien perdona al que peca, el que corrige con el azote a aquel sobre quien le ha sido concedido poder, o refrena por medio de una severa educación, pero, sin embargo, perdona de corazón el pecado con el cual fue lastimado y ofendido; o pide que se le perdone, no sólo en aquello que él perdona y pide, sino también en aquello que reprende y castiga con alguna pena medicinal, da limosna, porque concede misericordia. Pues muchos bienes son concedidos a los hombres, aun contra su voluntad, cuando se atiende a su provecho más que a su gusto; porque son enemigos de sí mismos, siendo más bien amigos suyos aquellos a quienes tienen por enemigos; y responden por error con males a los beneficios, siendo así que un cristiano no debe devolver males ni aun por los mismos males. Así, pues, muchas son las especies de limosna que, cuando las hacemos, nos ayudan para que sean perdonados nuestros pecados.

73

Amor al enemigo es nuestro mejor acto de compasión o limosna

Nada hay mejor que aquella limosna por la que perdonamos de corazón al que contra nosotros pecó. No es un signo de elevados sentimientos ser benévolo y liberal para con aquel que no nos ha hecho ningún daño; pero lo es muy grande y propio de una admirable bondad amar aún al mismo enemigo, y a aquel que quiere perjudicarnos y lo hace si puede, querer siempre favorecerle y hacerlo cuando pudiéramos, obedeciendo a Dios, que dice: "Amad a vuestros enemigos, haced bien a los que os aborrecen y orad por los que os persiguen" (Mt. 5:44).

Mas, siendo estas cosas propias de los hijos perfectos de Dios, adonde ciertamente debe aspirar todo fiel y elevar su ánimo, pidiéndoselo al Señor, reflexionando y luchando consigo mismo, sin embargo, por no ser este tan excelente bien propio de tan grande muchedumbre, como creemos que es oída cuando dice en la oración: "Perdónanos nuestras deudas, así como nosotros perdonamos a nuestros deudores", sin duda que las palabras de esta estipulación tienen cumplimiento si el hombre que aún no ha progresado hasta amar a su enemigo, al menos cuando es rogado por el que pecó contra él, le perdone de corazón, porque también él mismo, indudablemente, quiere que se le perdone, cuando ora y dice: "Así como nosotros perdonamos a nuestros deudores"; esto es, perdónanos nuestras deudas a nosotros, que te lo pedimos, así como nosotros perdonamos a nuestros deudores, que nos lo piden.

Nada hay mejor que aquella limosna por la que perdonamos de corazón al que contra nosotros pecó. No es un signo de elevados sentimientos ser benévolo y liberal para con aquel que no nos ha hecho ningún daño; pero lo es muy grande y propio de una admirable bondad amar aún al mismo enemigo, y a aquel que quiere perjudicarnos.

74

Quien perdona es perdonado

Quien no perdona de corazón al que se lo pide con verdadero arrepentimiento de su pecado, en modo alguno crea que Dios le perdonará sus culpas.

A aquel que pide perdón a quien ofendió, si es movido por su propio pecado a pedírselo, no le ha de tener ya como enemigo, de tal suerte que le sea difícil amarle, como lo era cuando conservaba el rencor. Mas quien no perdona de corazón al que se lo pide con verdadero arrepentimiento de su pecado, en modo alguno crea que Dios le perdonará sus culpas, puesto que la verdad no puede mentir; y ¿a quién que oiga o lea el santo Evangelio se le puede ocultar quién fue el que dijo: "Yo soy la verdad" (Jn. 14:6)? El cual, después que hubo enseñado la oración dominical, muy encarecidamente recomendó esta sentencia, que ya se contiene en ella, diciendo: "Porque si vosotros perdonarais a los hombres sus faltas, también os perdonará a vosotros vuestro Padre celestial. Pero si no perdonareis a los hombres, tampoco vuestro Padre os perdonará vuestros pecados" (Mt. 6:14, 15). El que a tan gran trueno no se despierta, no duerme, sino que está muerto; sin embargo, poderoso es Dios aun para resucitar a los muertos.

75

La pureza interior por medio de la fe

Los que viven alocadamente y no procuran enmendar tan mala vida y costumbres, y entre sus mismos crímenes e infamias no cesan de hacer frecuentes limosnas, en vano se lisonjean con aquellas palabras del Señor: "Dad limosna, y todo será limpio en vosotros", pues no entienden el profundo significado de esta sentencia. Mas para que lo entiendan, piensen a quiénes se las dirigió. Leemos en el Evangelio: "Y luego que hubo hablado, le rogó un fariseo que comiese con él: y entrado Jesús, se sentó a la mesa. Y el fariseo, como lo vio, se maravilló de que no se lavó antes de comer. Y el Señor le dijo: Ahora vosotros los fariseos lo de fuera del vaso y del plato limpiáis; mas lo interior de vosotros está lleno de rapiña y de maldad. Necios, ¿el que hizo lo de fuera, no hizo también lo de dentro? Sin embargo, de lo que os resta, dad limosna; y he aquí todo os será limpio" (Lc. 11:37-41). ¿Acaso hemos de entender esto de tal modo que todas las cosas fueren limpias para los fariseos, que no tenían la fe en Cristo, aunque no creyeran en Él, ni renacieran por el agua y el Espíritu, sólo porque dieran limosnas del modo que éstos creen que se deben dar?, pues son inmundos todos aquellos a quienes no purifica la fe en Cristo, como está escrito, "purificando con la fe sus corazones" (Hch. 15:9). Dice el apóstol: "Todas las cosas son limpias a los limpios; mas a los contaminados e infieles nada es limpio: antes su alma y conciencia están contaminadas" (Ti. 1:15). ¿Cómo, pues, habrían de ser limpias todas las las cosas para los fariseos, con tal de dar limosna, si no tenían fe? O ¿cómo habrían de ser fieles si no habían querido creer en Cristo, ni renacer en su gracia? Y, sin embargo, es verdad lo que oyeron: "Dad limosna y todo será puro para vosotros".

Los que viven alocadamente y no procuran enmendar tan mala vida y costumbres, y entre sus mismos crímenes e infamias no cesan de hacer frecuentes limosnas, en vano se lisonjean con aquellas palabras del Señor: "Dad limosna, y todo será limpio en vosotros".

76

La misericordia comienza
por uno mismo

El que quiere ordenadamente dar limosna, debe empezar por dársela a sí mismo. Pues la limosna es una obra de misericordia; y con toda verdad se dijo: "Apiádate de tu alma, procurando agradar a Dios" (*Eclesiástico* 30:24). Para esto renacemos, para agradar a Dios, a quien con razón desagrada el pecado que contrajimos al nacer. Esta es la más excelente limosna que nos hemos dado a nosotros: reconocer que, por la misericordia de Dios compasivo, nos hemos encontrado infelices, al confesar su justo juicio, por el cual hemos sido hechos desgraciados, pues dice el Apóstol: "Por uno solo vino el juicio en la condenación" (Ro. 5:16); y dar gracias a su amor infinito, del cual el predicador mismo de la gracia afirma: "Dios encarece su amor para con nosotros, porque siendo aún pecadores, Cristo murió por nosotros" (Ro. 5:8), para que nosotros, juzgando con sinceridad de nuestra miseria y amando a Dios con el amor que Él mismo nos concedió, vivamos piadosa y rectamente.

Habiendo olvidado los fariseos este juicio y caridad de Dios, pagaban el diezmo, aun de los menores de sus frutos, por las limosnas que hacían; mas, como no empezaban a darla compadeciéndose de sí mismos primero, en realidad no daban limosna. Por este orden, de la caridad se dijo: "Amarás al prójimo como a ti mismo" (Lc. 10:27). Habiéndoles después echado en cara que se lavaban por fuera, y por dentro estaban llenos de rapiña e iniquidad, amonestándoles que purificasen su interior con una limosna, que el hombre debe darse en primer lugar a sí mismo, dijo: "De lo que os resta, dad limosna; y he aquí todo os será limpio" (Lc. 11:41).

Después, para explicar lo que les había aconsejado, lo cual ellos no cuidaban de hacer, para que no juzgasen que ignoraba sus limosnas, añadió: "Pero ¡ay de vosotros, fariseos!"; como si dijese: "Yo ciertamente os amonesté a dar aquella limosna, que puede hacer que todas las cosas sean limpias para vosotros; porque ¡ay de vosotros, fariseos,

---

El que quiere ordenadamente dar limosna, debe empezar por dársela a sí mismo. Pues la limosna es una obra de misericordia; y con toda verdad se dijo: "Apiádate de tu alma, procurando agradar a Dios".

que pagáis el diezmo de la menta, y de la ruda, y de todas las legumbres!; conozco estas vuestras limosnas, y no creáis que yo ahora os amonesto de ellas; mas descuidáis la justicia y el amor de Dios, con cuya limosna os podríais limpiar de toda mancha interior, de modo que tuvieseis limpios también los cuerpos, que laváis"; pues esto quiere decir la palabra *todo*, a saber, lo interior y lo exterior; como en otra parte se lee: "Limpiad las cosas de dentro, y lo de fuera entonces estará limpio" (Mt. 23:26). Pero para que no pareciese que desaprobaba estas limosnas que se hacen con los frutos de la tierra, dijo: Estas cosas debieron hacerse, esto es, el juicio y la caridad de Dios; y no omitir aquéllas (Lc. 11:42), es a saber, las limosnas de los frutos terrenos.

Para que no pareciese que desaprobaba estas limosnas que se hacen con los frutos de la tierra, dijo: Estas cosas debieron hacerse, y no omitir aquéllas.

77

Quien peca aborrece su alma

No se engañen los que con abundantes limosnas, ya de sus frutos terrenos, ya de dinero, creen comprar la impunidad de permanecer en la enormidad de sus crímenes y en la perversidad de sus infamias.

No se engañen los que con abundantes limosnas, ya de sus frutos terrenos, ya de dinero, creen comprar la impunidad de permanecer en la enormidad de sus crímenes y en la perversidad de sus infamias; pues no sólo cometen el crimen, sino que lo aman de tal modo, que escogerían permanecer siempre en él con tal que lo pudiesen hacer impunemente. Mas el que ama la iniquidad, odia su alma;[25] y quien odia su alma, no es para con ella misericordioso, sino cruel; porque amándola según el mundo, la odia según Dios. Pues si alguno quisiera darle la limosna, por la cual todo sería limpio para él, la odiaría según el mundo y la amaría según Dios. Mas nadie da limosna alguna si no recibe de aquel que nada necesita de donde poder darla; por eso se dijo: "El Dios de mi misericordia me prevendrá" (Sal. 59:10).

---

[25] "Al que ama la violencia, su alma aborrece" (Sal. 11:5).

78

Permisión y condescendencia

Qué pecados son graves y cuáles leves, no se ha de pesar según el juicio humano, sino según el divino. Pues vemos que los mismos apóstoles concedieron algunas cosas por tolerancia, cual es aquello que el venerable Pablo dice, dirigiéndose a los cónyuges: "No os neguéis el uno al otro, a no ser por algún tiempo de mutuo consentimiento, para ocuparos en la oración: y volved a juntaros en uno, porque no os tiente Satanás a causa de vuestra incontinencia" (1ª Co. 7:5-6); porque pudiera creerse que no es pecado el uso del matrimonio, no por la procreación de los hijos, que es su fin, sino por el placer carnal, para que la debilidad de los incontinentes evite el mal mortífero de la fornicación, del adulterio o de cualquiera otra inmundicia, que es torpe aun nombrarla, adonde puede arrastrar la luxuria, excitada por Satanás. Pudiera, pues, como dije, creerse que esto no es pecado, si no hubiera añadido: "Mas esto digo por permisión, no por mandamiento". Mas ¿quién podrá decir que no es pecado, cuando confiesa conceder indulgencia con autoridad apostólica a los que lo hacen?

Cosa parecida es lo que dice en otro lugar: "¿Osa alguno de vosotros, teniendo algo con otro, ir a juicio delante de los injustos, y no delante de los santos?", y poco después añade: "Por tanto, si hubiereis de tener juicios de cosas de este siglo, poned para juzgar a los que son de menor estima en la iglesia. Para avergonzaros lo digo. ¿Pues qué, no hay entre vosotros sabio, ni aun uno que pueda juzgar entre sus hermanos; sino que el hermano con el hermano pleitea en juicio, y esto ante los infieles?" Porque aquí también se pudiera creer que tener juicio contra otro no es pecado, a no ser solamente cuando se desea que esto sea juzgado fuera de la Iglesia, si a continuación no añadiera: "Así que, por cierto es ya una falta en vosotros que tengáis pleitos entre vosotros mismos." Y para que nadie se disculpara diciendo que su asunto es justo, pero que es víctima de la injusticia, de la cual querría librarse por sentencia de los jueces, al punto sale al paso a tales pensamientos o pretextos, y

Qué pecados son graves y cuáles leves, no se ha de pesar según el juicio humano, sino según el divino.

Por estos y semejantes pecados, y aun por otros más leves que éstos, que se cometen por ofensas de palabra o de pensamiento, confesando y diciendo el apóstol Santiago: "Todos pecamos en muchas cosas", es necesario que cada día y frecuentemente oremos al Señor.

dice: "¿Por qué no sufrís antes la injuria?, ¿por qué no sufrís antes ser defraudados?" (1ª Co. 6:1-7). Para de este modo volver a aquello que dice el Señor: "Al que quisiere ponerte a pleito y tomarte tu ropa, déjale también la capa" (Mt. 5:40); y en otro lugar: "A cualquiera que te pidiere, da; y al que tomare lo que es tuyo, no vuelvas a pedir" (Lc. 6:30). Así, pues, prohibió a los suyos litigar acerca de las cosas mundanas con otros hombres; y en conformidad con esta doctrina, el apóstol asegura que es pecado. Sin embargo, como permite que se ponga fin a tales juicios entre los hermanos, poniendo por jueces a hermanos, y lo prohíbe rigurosamente fuera de la Iglesia, es manifiesto también aquí que se concede por condescendencia.

Por estos y semejantes pecados, y aun por otros más leves que éstos, que se cometen por ofensas de palabra o de pensamiento, confesando y diciendo el apóstol Santiago: "Todos pecamos en muchas cosas" (Stg. 3:2), es necesario que cada día y frecuentemente oremos al Señor y le digamos: "Perdónanos nuestras deudas"; y que no mintamos en lo que sigue: "así como nosotros perdonamos a nuestros deudores" (Mt. 6:12).

79

Sólo la Escritura puede revelar la gravedad o levedad de los pecados

Algunos pecados se tendrían por levísimos si en las santas Escrituras no se encontrasen como más graves de lo que se cree. Pues ¿quién tendría como reo del infierno al que llama a su hermano *necio* si no lo dijera la Verdad misma? Sin embargo, puso a continuación la medicina, añadiendo el precepto de la reconciliación fraterna; pues a continuación añadió: "Si vas, pues, a presentar tu ofrenda ante el altar y allí te acuerdas que tu hermano tiene alguna queja contra ti, deja allí tu ofrenda ante el altar, ve primero a reconciliarte con tu hermano y luego vuelve a presentar tu ofrenda" (Mt. 5:22-23). O ¿quién apreciaría cuán gran pecado es guardar los días, meses, años y tiempos, como los guardan los que en ciertos días, meses o años quieren o no empezar algo, porque, según las varias enseñanzas de los hombres, consideran los tiempos propicios o funestos, si no pesáramos la magnitud de este mal por el temor que inspira el apóstol, que dice a los tales: "Temo de vosotros, que no haya trabajado en vano en vosotros" (Gá. 4:11)?

Algunos pecados se tendrían por levísimos si en las santas Escrituras no se encontrasen como más graves de lo que se cree.

80

La práctica
vuelve costumbre el pecado

¡Ay de los pecados de los hombres, que nos llenan de horror únicamente cuando son inusuales. Mas los ordinarios, aunque sean tan grandes que cierren el reino de los cielos a quienes los cometen, nos vemos forzados a tolerarlos.

A esto se añade que los pecados, aunque grandes y terribles, cuando llegan a ser costumbre, son tenidos por pequeños y aun se cree que no son pecados; hasta tal punto, que no sólo parece que no deben ser ocultados, sino que aun deben celebrarse y publicarse, cuando, como está escrito, "el pecador se jacta en los deseos de su alma, y el que obra el mal es celebrado". Tal iniquidad en los divinos libros es llamada clamor, como se lee en Isaías, hablando de la viña mala: "Esperaba juicio, y he aquí vileza; justicia, y he aquí clamor" (Is. 5:7); y también en el Génesis: "El clamor de Sodoma y Gomorra aumenta más y mas" (Gn. 18:20). Porque no sólo no se castigaban ya entre ellos aquellas torpezas, sino que se celebraban públicamente como por ley.

En nuestros tiempos, muchos males, aunque no tan grandes, han venido ya a parar en tan manifiesta costumbre, que por ellos no sólo no nos atrevemos a excomulgar a ningún laico, pero ni siquiera a degradar a un clérigo. De ahí que, exponiendo hace algunos años la epístola a los Gálatas, en el lugar donde dice el apóstol: "Temo de vosotros, que no haya trabajado en vano en vosotros" (Gá. 4:11), me vi forzado a exclamar: "¡Ay de los pecados de los hombres, que nos llenan de horror únicamente cuando son inusuales. Mas los ordinarios, para borrar los cuales fue derramada la sangre del Hijo de Dios, aunque sean tan grandes que cierren el reino de los cielos a quienes los cometen, nos vemos forzados muchas veces, presenciándolos, a tolerarlos y, tolerándolos muchas veces, a cometer algunos! ¡Y ojalá, oh Dios, que no cometamos todos aquellos que no podamos impedir!" Mas quizá el inmoderado dolor me impulsó a decir algo inconsideradamente.

81

Ignorancia y debilidad, causas del pecado

Ahora diré lo que ya he dicho muchas veces en otros lugares de mis opúsculos. Por dos causas pecamos: por desconocer aun lo que debemos hacer o por no hacer lo que ya sabemos que debemos hacer; el primero de estos males es propio de la ignorancia; el otro, de la debilidad. Contra estos males, ciertamente, nos conviene luchar, pero con toda seguridad seremos vencidos si no somos ayudados por Dios, para que no sólo conozcamos lo que debemos hacer, sino que también, restablecida nuestra salud, el deleite de la justicia venza en nosotros a los deleites de aquellas cosas que nos hacen pecar a sabiendas, o por el deseo de poseerlas, o por el temor de perderlas; y entonces ya no sólo somos pecadores, como ya lo éramos cuando pecábamos por ignorancia, sino también prevaricadores de la ley, puesto que no hacemos lo que sabemos que se debe hacer o hacemos lo que sabemos que deberíamos evitar. Por lo cual, no sólo hemos de pedir que nos perdone, si hemos pecado, y por esto decimos: "Perdónanos nuestras deudas, así como nosotros perdonamos a nuestros deudores", sino también que nos guíe para que no pequemos, y asimismo decimos: "No nos pongas en tentación"; pues para eso hemos de rogar, digo, a aquel a quien llama el Salmista mi luz y mi salud (Sal. 27:1), para que la claridad expulse a la ignorancia, la salud a la debilidad.

Por dos causas pecamos: por desconocer aun lo que debemos hacer o por no hacer lo que ya sabemos que debemos hacer; el primero de estos males es propio de la ignorancia; el otro, de la debilidad.

82

El arrepentimiento es un don de Dios

No sólo para arrepentirse y hacer penitencia, sino también para que se haga, es necesaria la misericordia de Dios.

La penitencia misma, cuando, según la costumbre de la Iglesia, hay motivo suficiente para que se haga, no siempre se hace debido a la flaqueza; porque el pudor es también temor de desagradar, al deleitarnos más la estima de los hombres que la justicia, por la cual se humilla uno a sí mismo mediante el arrepentimiento. De donde no sólo cuando se hace penitencia, sino también para que se haga, es necesaria la misericordia de Dios. De lo contrario no diría el apóstol: "Si quizá Dios les de que se arrepientan" (2ª Ti. 2:25).[26] Y para que Pedro llorase amargamente, puso inmediatamente antes el evangelista: "El Señor le miró" (Lc. 22:61).

---

[26] Cf. Hechos 11:18: "Entonces, oídas estas cosas, callaron, y glorificaron a Dios, diciendo: De manera que también a los gentiles *ha dado Dios arrepentimiento* para vida."

83

El pecado contra el Espíritu Santo

Todo aquel que, no creyendo que en la Iglesia son perdonados los pecados, desprecia una liberalidad divina tan grande y acaba sus días en esta obstinación de su mente, es reo de aquel irremisible pecado contra el Espíritu Santo, en quien Cristo perdona los pecados. Mas acerca de esta difícil cuestión traté, lo más claramente que pude, en un opúsculo compuesto con este fin.

Todo el que, no creyendo que en la Iglesia son perdonados los pecados, desprecia una liberalidad divina tan grande y acaba sus días en esta obstinación de su mente, es reo del irremisible pecado contra el Espíritu Santo, en quien Cristo perdona los pecados.

V
La resurrección de la carne y la vida eterna

84

La resurrección de la carne

Acerca de la resurrección de la carne, el cristiano en modo alguno puede dudar que ha de resucitar la carne de todos los que han nacido y nacerán y han muerto y morirán.

Acerca de la resurrección de la carne, no de aquélla según la cual algunos resucitaron y de nuevo murieron, sino de la resurrección para la vida eterna, como la del cuerpo de Cristo, no encuentro modo de tratar brevemente, respondiendo a todas las cuestiones que sobre esta materia se suelen promover. Pero el cristiano en modo alguno puede dudar que ha de resucitar la carne de todos los que han nacido y nacerán y han muerto y morirán.

85

La resurrección
de los fetos abortivos

Aquí, en primer lugar, se ofrece la cuestión acerca de los abortos, que ya de algún modo han nacido en los senos de sus madres, pero aún no de tal modo que pudiesen renacer.[27] Si dijéramos que todos han de resucitar, podría tolerarse esta aserción refiriéndonos a los ya formados; pero a los todavía no formados, ¿quién no se sentirá más inclinado a creer que perecerán, como gérmenes que no fueron fecundados?

Pero ¿quién se atreverá a negar, por más que no se atreva tampoco a afirmar, que la resurrección hará que se complete lo que faltó a su disposición corporal? Y de este modo no se echará de menos la perfección, que el embrión habría obtenido con el tiempo, como tampoco tendrá los defectos que le hubiera acarreado el tiempo, de modo que ningún individuo se verá defraudado en aquello conveniente y proporcionado que habría adquirido con la edad, ni tampoco afeado en lo que de adverso y contrario la edad le hubiese ocasionado; sino que se dará estado perfecto a lo que aún no lo era, del mismo modo que será restaurado lo que se había viciado.

Ningún individuo se verá defraudado en aquello conveniente y proporcionado que habría adquirido con la edad, ni tampoco afeado en lo que de adverso y contrario la edad le hubiese ocasionado; sino que se dará estado perfecto a lo que aún no lo era.

---

[27] El tema de los abortos y recién nacidos fue preocupación de los cristianos desde el principio, más todavía en medio de una sociedad acostumbrada al infanticidio. Ya Tertuliano decía en su *Apología contra gentiles* (año 197): "No es lícito matar al infante concebido en el seno materno, cuando todavía la sangre va pasando al ser humano desde la madre. Es un homicidio anticipado impedir nacer, sin que importe se quite la vida luego de nacer o que se destruya al que nace" (IX, 8). Había dudas sobre el momento de la animación del feto, Agustín responde que una vez que ha comenzado a vivir, puede morir también y por tanto pertenece ya a la resurrección.

86

Si el feto muere
es porque tuvo vida

¿Cuándo empieza el hombre a vivir en el seno materno? Desde que empieza el hombre a vivir, en ese mismo momento ya puede morir.

Podía investigarse y disputarse con toda escrupulosidad entre los doctos, y no sé si podrá descubrirse, cuándo empieza el hombre a vivir en el seno materno, y sí hay una vida imperceptible que aún no se manifiesta por la actividad del ser vivo. Porque decir que aún no han vivido los partos cortados y extraídos en trozos del útero materno para que las madres no mueran, si, una vez muertos, no se les saca, parece demasiado atrevimiento. Desde que empieza el hombre a vivir, en ese mismo momento ya puede morir; mas el muerto, en cualquier lugar y tiempo en que le haya sobrevenido la muerte, no puedo alcanzar por qué no ha de pertenecer a la resurrección de los muertos.

87

Los fetos deformes serán restaurados a su belleza natural

De ningún modo se podrá decir de los monstruos que nacen y viven, aunque mueran muy pronto, que han de resucitar con la misma forma, y no más bien reformados y más perfectos. Pues no quiera Dios que aquel monstruo de dos cuerpos que hace poco tiempo nació en Oriente, del cual nos han informado veracísimos testigos que lo vieron, y de quien el presbítero Jerónimo, de santa memoria, escribió; lejos de nosotros, digo, el creer que resucitará tal monstruo con dos cuerpos, y no más bien dos hombres, como sucedería si hubieran nacido gemelos. Y del mismo modo, los demás partos que, por tener algo de más o de menos, o por cierta demasiada fealdad, son llamados monstruos, serán hermoseados con la figura humana por la resurrección; de tal suerte que cada alma posea un solo cuerpo, sin tener ninguna cosa superflua de aquellas cosas con que han nacido, sino que separadamente tendrá cada uno sus propios miembros, con que se complete la integridad del cuerpo humano.

Los partos que, por tener algo de más o de menos, o por cierta demasiada fealdad, son llamados monstruos, serán hermoseados con la figura humana por la resurrección.

88

Toda carne
volverá a su alma original

Ya se deshaga el cuerpo en polvo o ceniza, ya se desvanezca en hálito o vapor, volverá en un instante, en la resurrección, a esa alma que le animó en primer lugar.

No perece para Dios la materia terrestre, de la cual es formada la carne de los hombres, sino que, ya se deshaga en cualquier polvo o ceniza, ya se desvanezca en hálito o vapor, ya se convierta en sustancia de otros cuerpos, ya vuelva a los mismos elementos constitutivos o llegue a ser también alimento de cualquier clase de animales y aun de los hombres. transformándose en carne, volverá en un instante a aquella alma humana que la animó en primer lugar, para que fuese hombre, viviese y se desarrollase.

89

Toda carne
se restaurará con perfección

La materia terrena, que, una vez separada de ella el alma, se convierte en cadáver, no será reconstruida por la resurrección de modo que sea necesario que las partes que desaparecen y se transforman en diversas formas y figuras de otras cosas, vuelvan a ocupar las mismas partes donde hubieran estado, aunque vuelvan al mismo cuerpo de donde desaparecieron. De otro modo, si vuelve a los cabellos lo que de ellos tan frecuentemente se cortó, si a las uñas lo que tantas veces cortándolas se desechó, grande e indecorosa fealdad se ofrecería a la imaginación de los que esto consideran, y por esta razón no creen en la resurrección de la carne. Sino que así como una estatua de metal, que se pudiese fundir por el fuego, o se desmenuzase en polvo, o se convirtiese en una masa informe, si quisiese un artífice restaurarla con la misma materia, nada importaría para su integridad qué parte ocupaba este o aquel miembro de la estatua, con tal que todo aquello de que había estado formada volviese a la estatua restablecida; del mismo modo, Dios, admirable e inefable artista, del todo de que haya estado formada nuestra carne la reconstruirá con admirable e inefable prontitud, y no importará a su restauración el que los cabellos vuelvan a ser cabellos, y las uñas, uñas; o que todo lo que de ellos se haya perdido se transforme en carne y vaya a parar a otras partes del cuerpo, vigilando el Artífice supremo de que no resulte un cuerpo disforme.

Dios, admirable e inefable artista, del todo de que haya estado formada nuestra carne la reconstruirá con admirable e inefable prontitud vigilando que no resulte un cuerpo disforme.

90

En la resurrección no habrá nada discordante

Sí está en el plan del Creador que la cualidad característica de cada uno y la distinguible semejanza se conserven en su figura.

No se sigue que sea la estatura de cada uno de los resucitados por el hecho de haber sido diversa cuando vivían, o que resuciten los delgados con su misma flaqueza, o los gruesos con su misma robustez. Pero sí está en el plan del Creador que la cualidad característica de cada uno y la distinguible semejanza se conserven en su figura, y en cuanto a los demás bienes del cuerpo sean todos iguales, aquella materia se modificará en cada uno de tal suerte que, por una parte, no perezca nada de ella, y por otra, lo que a alguno faltare lo supla aquel que aun de la nada pudo crear lo que quiso. Ahora bien, si en los cuerpos resucitados ha de haber una razonable desigualdad, como la que existe en las voces que forman la armonía de un canto, esto le resultará a cada uno de la materia de su propio cuerpo, lo cual hará digno al hombre de habitar entre los coros angélicos, y nada indecoroso imprimirá en sus sentidos. Nada, ciertamente, habrá allí discordante, sino que todo estará bien, porque, si no fuera conveniente, ni siquiera existiría.

91

La armonía futura entre la carne y el espíritu

Así, pues, los cuerpos de los santos resucitarán sin ningún defecto, sin ninguna fealdad, así como también sin ninguna corrupción, ni pesadez, ni impedimento; y será en ellos tanta su agilidad, cuanta su felicidad. Por esta razón han sido llamados *cuerpos espirituales* (1ª Co. 15:44), aunque, sin duda alguna, han de ser cuerpos, no espíritus. Pues así como ahora se dice que un cuerpo es animado a pesar de ser cuerpo y no alma, así entonces será un cuerpo espiritual, aunque sea cuerpo y no espíritu. Por tanto, por lo que se refiere a la corrupción, que ahora hace pesada al alma (*Sabiduría* 9:15), y a los vicios, por los cuales la carne desea contra el espíritu (Gá. 5:17), entonces no será carne, sino cuerpo, porque también se dice que hay cuerpos celestiales.

Por lo cual ha sido dicho: "La carne y la sangre no pueden heredar el reino de Dios" (1ª Co. 15:50); y después, como explicando esto, añadió: "Ni la corrupción poseerá la incorrupción". Lo que en primer lugar llamó carne y sangre, lo llamó después corrupción; y lo que primeramente reino de Dios, después incorrupción. Mas por lo que se refiere a la sustancia corpórea en sí misma, también entonces será carne. Y por esta razón, aun después de la resurrección, al cuerpo de Cristo se le llamó carne (Lc. 24:39). No obstante, el apóstol dijo también: "Se siembra cuerpo animal y resucitará espiritual"(1ª Co. 15:44); porque habrá entonces tanta concordia entre la carne y el espíritu, que éste dará vida a la carne sujeta sin necesidad de algún sustento, de modo que no se oponga ninguna cosa de nosotros mismos, sino que, así dentro como fuera de nosotros, no tendremos que soportar nada que nos sea enemigo.

Éste dará vida a la carne sujeta sin necesidad de algún sustento.

92

La resurrección corporal
de los condenados

No hay
verdadera
vida si no es
donde se vive
felizmente,
ni verdadera
incorrupción
sino donde la
salud no es
destruida por
ningún dolor;
más allá
donde al
infeliz no se
le permite
morir,
la muerte
no muere,
y en donde el
eterno dolor
no mata,
sino que
atormenta,
la corrupción
misma no
termina.

Todos aquellos que no son librados por el único Mediador entre Dios y los hombres de aquella masa de perdición producida por el primer hombre, resucitarán también, cada uno con su propia carne; pero sólo para ser castigados con el diablo y sus ángeles (Mt. 25:41). Mas ¿qué necesidad tenemos de esforzarnos en investigar si han de resucitar con los vicios y fealdades de sus cuerpos y cualesquiera miembros defectuosos y deformes que tuvieron en vida? Pues no nos debe fatigar la incierta configuración o belleza de aquellos cuya condenación será cierta y segura. Ni nos inquiete de qué modo será su cuerpo incorruptible, pudiendo sufrir; o cómo corruptible, no pudiendo morir. Porque no hay verdadera vida si no es donde se vive felizmente, ni verdadera incorrupción sino donde la salud no es destruida por ningún dolor; más allá donde al infeliz no se le permite morir, la muerte, por decirlo así, no muere, y en donde el eterno dolor no mata, sino que atormenta, la corrupción misma no termina. Esto es lo que en la sagrada Escritura se llama "segunda muerte" (Ap. 2:11; 20:6, 14).

93

Grados de castigo

Sin embargo, ni la primera muerte, que fuerza al alma a abandonar su cuerpo, ni la segunda, que la obliga a permanecer en él, destinado al suplicio, habrían sobrevenido al hombre si ninguno hubiera pecado. La pena más suave será, sin duda, la de aquellos que, fuera del pecado original, ninguno otro cometieron; tratándose de aquellos que cometieron otros pecados, la condenación de cada uno será allí tanto más tolerable cuanto fue aquí menor su iniquidad.

La condenación de cada uno será allí tanto más tolerable cuanto fue aquí menor su iniquidad.

94

Salvos por gracia, condenados por culpa

Nadie se salva a no ser por la inmerecida misericordia, y nadie es condenado sino por merecido juicio.

Cuando los ángeles y los hombres réprobos queden abandonados en eterna condenación, entonces los santos conocerán cuántos bienes les proporcionó la gracia. Entonces se mostrará, por la evidencia de los hechos, lo que en el salmo está escrito: "Cantaré, Señor, tu misericordia y tu justicia" (Sal. 101:1); porque nadie se salva a no ser por la inmerecida misericordia y nadie es condenado sino por merecido juicio.

95

Entonces se conocerá
el designio secreto de la predestinación

Entonces no estará oculto lo que ahora está, como sucede, por ejemplo, de dos niños: el uno debe ser elegido por la misericordia, el otro abandonado por el juicio; en cuyo hecho el elegido conocerá lo que a él se le debía por juicio si no hubiera venido en su ayuda la misericordia; entonces, digo, conocerá por qué aquél más bien que éste fue elegido, teniendo ambos una misma causa; por qué ante algunos hombres no se hicieron los milagros, que, si se hubiesen hecho, habrían hecho penitencia, y fueron realizados ante los otros, que no habían de creer. Pues clarísimamente nos asegura el Señor esto cuando dice: "¡Ay de ti, Corazín! ¡Ay de ti, Bethsaida! porque si en Tiro y en Sidón fueran hechas las maravillas que han sido hechas en vosotras, en algún tiempo se hubieran arrepentido en saco y en ceniza" (Mt. 11:21). Y no se ha de creer que Dios injustamente no los quiso salvar, habiendo podido salvarse si quisieran.

No se ha de creer que Dios injustamente no los quiso salvar, habiendo podido salvarse si quisieran.

Entonces se verá en la clarísima luz de la divina Sabiduría lo que ahora comprende sólo la fe de los fieles, antes de que se pueda saber con claro conocimiento cuán cierta, inmutable y eficacísima es la voluntad de Dios; cuantas cosas podría hacer y no quiere, aunque nada quiere que no pueda; y cuán cierto es lo que se canta en el salmo: "Nuestro Dios está en los cielos: Todo lo que quiso ha hecho" (Sal. 115:3). Y esto no sería verdad si Dios ha querido algo y no lo ha hecho; y lo que sería aún más vergonzoso, si no lo ha hecho porque la voluntad del hombre impidió al Todopoderoso hacer lo que quería. Por consiguiente, nada sucede que no quiera el Omnipotente, o permitiendo que se haga o ejecutándolo Él mismo.

96

Dios todopoderoso permite el mal

No se llama omnipotente por otro motivo sino porque, por una parte, puede todo lo que quiere, y, por otra, ninguna voluntad de la criatura puede impedir la realización de su voluntad omnipotente.

No se ha de dudar que Dios obra bien aun al permitir que se haga todo aquello que se hace mal, pues no lo permite sin justo designio, y bueno es, en efecto, todo lo que es justo. Así, pues, aunque el mal, en cuanto mal, no contiene ningún bien, sin embargo, el que existan no solamente los bienes, sino aun los mismos males, es un bien, ya que, si no fuese un bien el que hubiese también males, de ningún modo el Bien omnipotente permitiría que existieran; pues así como le es fácil hacer lo que quiere, así también el no permitir lo que no quiere. Si no creemos esto, está en peligro el comienzo de nuestro Símbolo, en el cual confesamos creer en Dios Padre omnipotente; pues no se llama omnipotente por otro motivo sino porque, por una parte, puede todo lo que quiere, y, por otra, ninguna voluntad de la criatura puede impedir la realización de su voluntad omnipotente.

97

La voluntad humana
no puede obstaculizar la divina

Según esto, veamos cómo se ha podido decir de Dios lo que con toda verdad dijo el apóstol: "El cual quiere que todos los hombres sean salvos" (1ª Ti. 2:4). Pues no salvándose todos, sino que, al contrario, siendo muchos más los que no se salvan, parece, en efecto, que no se hace todo lo que Dios quiere que se haga, por estorbar la voluntad humana a la divina. Y así, cuando se pregunta la causa por la cual no todos se salvan, se suele responder que porque ellos no quieren. Y esto no puede decirse en verdad de los niños, que no son aún capaces de querer o no querer. Porque si hubiese que atribuir a la voluntad los movimientos infantiles que hacen cuando se les bautiza, resistiéndose cuanto pueden, nos veríamos forzados a decir que los salvamos contra su voluntad. Pero aún más claramente se expresó el Señor en el Evangelio, al recriminar a la ciudad impía, pues leemos: "¡Cuántas veces quise reunir a tus hijos, como la gallina a sus pollos, y no quisiste!" (Mt. 23:37); como si la voluntad de Dios hubiese sido vencida por la de los hombres y el Todopoderoso no hubiese podido hacer lo que quería, por impedírselo los debilísimos hombres no queriendo. ¿Dónde está aquella omnipotencia con la que en el cielo y en la tierra hace todo lo que quiere, si quiso reunir los hijos de Jerusalén y no lo hizo? ¿O es que más bien ella, en verdad, no quiso que sus hijos fuesen reunidos por Él, pero, a pesar de ella, Él reunió de sus hijos los que quiso? Porque en el cielo y en la tierra no sucede que quiere unas cosas y las hace, mas otras quiere y no las hace, sino que hace todo lo que quiere.

Cuando se pregunta la causa por la cual no todos se salvan, se suele responder que porque ellos no quieren. Y esto no puede decirse en verdad.

98

La elección no depende de la previsión de obras futuras

¿Quién sino un necio tendrá como injusto a Dios, sea que castigue justamente al que lo merece, o que conceda misericordia al que no la merece?

¿Quién, por otra parte, tan impíamente delirará, que diga que Dios no puede convertir al bien las malas voluntades de los hombres que quisiere, cuando quisiere y donde quisiere Pero, cuando lo hace, por su misericordia lo hace; cuando no, por juicio no lo hace. Puesto que tiene misericordia de quien quiere, y a quien quiere endurece? (Ro. 9:18). Al decir esto el apóstol ensalzaba la gracia de Dios; y para este mismo fin ya antes había hablado de aquellos dos mellizos en el útero de Rebeca que, no habiendo aún nacido, ni habían hecho aún bien ni mal, "para que el propósito de Dios conforme a la elección, no por las obras sino por el que llama, permaneciese; le fue dicho que el mayor serviría al menor" (Ro. 9:11-12). Para esto tomó también otro testimonio profético: "Amé a Jacob y odié a Esaú" (v. 13, Mal. 1:2, 3). Mas dándose cuenta de cómo estas palabras podrían intranquilizar a aquellos que no pueden penetrar con su inteligencia la sublimidad de la gracia, dijo: "¿Qué diremos, pues? ¿Que hay injusticia en Dios? De ningún modo" (v. 14). Pues parece injusto que sin mérito alguno de buenas o malas obras, ame Dios a uno y odie al otro. Y si en esto quisiera significar las obras futuras buenas de aquél o malas de éste, que Dios ciertamente conocía de antemano, de ningún modo diría no por las obras, sino por sus obras futuras; y del mismo modo resolvería la cuestión, o mejor, no propondría cuestión alguna que fuese necesario resolver. Pero, habiendo respondido de "ninguna manera", esto es, que de ningún modo hay injusticia en Dios, inmediatamente, para demostrar que esto se hacía sin injusticia de parte de Dios, añade: "Pues a Moisés le dijo: Tendré misericordia de quien tuviere misericordia, y compasión, de quien tuviere compasión" (v. 15).

Pues ¿quién sino un necio tendrá como injusto a Dios, sea que castigue justamente al que lo merece, o que conceda misericordia al que no la merece? Finalmente, deduce esta consecuencia: Por consiguiente, "no depende del que quiere ni del que corre, sino de Dios, que tiene misericordia" (v. 16). Así, pues, los dos gemelos, por naturaleza, nacían hijos de ira, no ciertamente por sus obras propias, sino envueltos originalmente por Adán en el vínculo de la condenación.

Pero el que dijo: "Tendré misericordia de quien tuviere misericordia", amó a Jacob por gratuita bondad, mas odió a Esaú por merecido juicio. Y estando los dos sujetos al mismo juicio, el uno conoció en el otro que no podía gloriarse de sus diversos méritos, de que, estando en la misma causa, no incurriese en el mismo suplicio, sino que debía gloriarse de la liberalidad de la divina gracia, porque no es del que quiere ni del que corre, sino de Dios, que tiene misericordia. Así, por altísimo y saludabilísimo misterio todo el exterior y, por decirlo así, la fisonomía de las sagradas Escrituras amonesta, a los que bien lo consideran, que "el que se gloríe, gloríese en el Señor" (1ª Co. 1:31).

Y estando los dos sujetos al mismo juicio, el uno conoció en el otro que no podía gloriarse de sus diversos méritos, de que, estando en la misma causa, no incurriese en el mismo suplicio, sino que debía gloriarse de la liberalidad de la divina gracia.

99

No hay injusticia en Dios

Se compadece, pues, por su gran misericordia y endurece sin ninguna injusticia, para que ni el que es libertado se gloríe de sus méritos, ni el que es condenado se queje sino de los suyos. Solamente la gracia separa a los elegidos de los condenados, a quienes una misma causa, el pecado original, había confundido en una sola masa de perdición.

Habiendo ensalzado el apóstol la misericordia de Dios en aquella sentencia: "Por consiguiente, no depende del que quiere ni del que corre, sino de Dios que tiene misericordia" (v. 16); después, para ensalzar también la justicia (porque con quien no se hace misericordia no se hace injusticia, sino juicio, pues no hay injusticia en Dios), a continuación añadió: "Porque dice la Escritura al Faraón: Precisamente para eso te he levantado, para mostrar en ti mi poder y para dar a conocer mi nombre en toda la tierra" (v. 17). Y dicho esto, refiriéndose a ambas cosas, esto es, a la misericordia y al juicio, concluyó diciendo: "Así que tiene misericordia de quien quiere, y a quien quiere le endurece" (v. 18). Se compadece, pues, por su gran misericordia y endurece sin ninguna injusticia, para que ni el que es libertado se gloríe de sus méritos, ni el que es condenado se queje sino de los suyos. Solamente la gracia separa a los elegidos de los condenados, a quienes una misma causa, el pecado original, había confundido en una sola masa de perdición.

Mas quien al oír esto se dice: "Entonces, ¿por qué inculpa? Porque ¿quién puede resistir a su voluntad?" (v. 19), como creyendo que el malo no debe ser culpado, porque Dios tiene misericordia de quien quiere, y a quien quiere endurece, no nos avergonzaremos de responderle lo que vemos respondió el apóstol: "¡Oh hombre! ¿Quién eres tú para que alterques con Dios? ¿Acaso dice el vaso al alfarero: Por qué me has hecho así? ¿Acaso no puede el alfarero hacer del mismo barro un vaso de honor y otro de ignominia?" (v. 20). Algunos insensatos piensan que el apóstol en este pasaje no encontró respuesta concluyente, y que por falta de razones reprimió la audacia del contradictor. Pero es de gran fuerza esta respuesta: *¡Oh hombre! ¿Quién eres tú?* Y en tan difíciles cuestiones invita al hombre a la consideración de su capacidad con sentencia ciertamente breve, pero que, en realidad, es respuesta concluyente. Porque si, el hombre no comprende estas cosas, ¿quién es él para responder a Dios? Mas si las comprende, con más razón no encontrará qué responder. Pues ve, si lo comprende, condenado a todo el género humano en su misma rebelde raíz por tan justo juicio divino, que, aunque de allí ninguno fuese libertado, nadie podría vituperar la justicia de Dios; y ve también que los que son libertados, de tal modo convino que lo fuesen para que, por el mayor número de los no libertados y abandonados en su condenación, se viese qué había merecido todo el género humano y adónde conducía aún a éstos, a los libertados, el justo juicio de Dios, si no los hubiese socorrido su gratuita misericordia, a fin de que enmudezca toda boca de aquellos que quieran gloriarse de sus méritos,[28] y para que el que se gloríe, gloríese en el Señor (1ª Co. 1:31).

Con los no libertados y abandonados en su condenación ve qué merecía todo el género humano y adónde conducía aún a los libertados el justo juicio de Dios, si no los hubiese socorrido su gratuita misericordia.

---

[28] Cf. Romanos 3:19: "Sabemos que todo lo que la ley dice, a los que están en la ley lo dice, para que toda boca se tape, y que todo el mundo se sujete a Dios."

100

Dios usa bien los males

Por esto mismo que obraron contra su voluntad, se cumplió en ellos su divina voluntad, de manera que por admirable e inefable modo no se realiza fuera de su voluntad aun lo que se realiza contra ella misma.

Estas son "las grandes obras del Señor" (Sal. 11:2), siempre apropiadas a sus fines, y tan sabiamente elegidas, que, habiendo pecado la angélica y humana criatura, esto es, habiendo obrado, no lo que Él quiso, sino lo que ella quiso, Dios ejecutó su designio por medio de la voluntad misma de la criatura por la cual hizo lo que a Él no le agradó; usando bien aun de los males, como sumamente bueno, para condenación de aquellos que predestinó justamente al castigo y para la salvación de los que bondadosamente predestinó a la gracia. Pues cuanto ha dependido de ellos, ejecutaron lo que Dios no quiso; mas por lo que se refiere a la omnipotencia de Dios, en modo alguno pudieron conseguirlo. Y por esto mismo que obraron contra su voluntad, se cumplió en ellos su divina voluntad. Porque grandes son las obras del Señor, siempre apropiadas a sus fines, de manera que por admirable e inefable modo no se realiza fuera de su voluntad aun lo que se realiza contra ella misma; porque no se ejecutaría si no lo permitiera, y lo permite queriendo, no queriendo; y siendo bueno, no permitiría que se obrase el mal si su omnipotencia no pudiese aun del mal hacer bien.

101

Dios cumple su buena voluntad en la mala voluntad humana

Hay ocasiones en que el hombre, con buena voluntad, quiere algo que Dios, con voluntad mucho más excelente y establemente buena, no quiere, ya que la voluntad de Dios nunca puede ser mala. Como cuando un buen hijo quiere que su padre viva, y Dios, con buena voluntad, quiere que muera. Y, al contrario, puede suceder que el hombre quiera con mala intención lo mismo que Dios quiere con intención buena; como cuando un mal hijo quiere que su padre muera, y también Dios quiere esto mismo. Es evidente que aquél quiere lo que no quiere Dios, mas éste quiere lo mismo que Dios; y, sin embargo, la piedad de aquél está más en conformidad con la buena voluntad de Dios, aunque desea cosa distinta, que la impiedad de éste, por más que quiera lo mismo que Dios quiere

Tanto importa considerar qué es lo que conviene al hombre querer y qué a Dios, y a qué fin dirige cada cual su voluntad, para que se deba aprobar o desaprobar. Porque Dios lleva a la práctica algunos designios suyos, ciertamente buenos, valiéndose de las malas voluntades de los impíos; como por medio de la mala voluntad de los judíos la buena voluntad del Padre sacrificó a Cristo por nosotros; y este hecho de tal modo bueno, que el apóstol Pedro, porque no quería que se realizase, fue llamado Satanás (Mt. 16:23) por el mismo que había venido a ser sacrificado. ¡Cuán buenas aparecían las voluntades de los fieles que no querían que el apóstol Pablo prosiguiese su camino a Jerusalén, para que no sufriese allí los males que le había predicho el profeta Agabo! (Hch. 21:10-12) y, si embargo, Dios quería que él sufriese estas cosas en defensa de la predicación de la fe de Cristo, para ejercitar al mártir testigo de esta misma fe. Y esta su buena voluntad no la cumplió por las buenas voluntades de los cristianos, sino por las malas de los judíos; y en más consideración tenía a lo que no querían lo que él quería que a aquellos por quienes fue hecha con gusto su voluntad; porque en realidad hicieron lo mismo, pero él, por medio de ellos, con buena voluntad, mas ellos con voluntad perversa.

Importa considerar qué es lo que conviene al hombre querer y qué a Dios, y a qué fin dirige cada cual su voluntad, para que se deba aprobar o desaprobar. Porque Dios lleva a la práctica algunos designios suyos, ciertamente buenos, valiéndose de las malas voluntades de los impíos.

102

La voluntad de Dios es invencible

Dios omnipotente, ya se compadezca por su misericordia de quien quisiere, ya por su justicia endurezca a quien quisiere; no obra injustamente y no hace sino lo que quiere y obra todo cuanto quiere.

Por poderosas que sean las voluntades de los ángeles y de los hombres, tanto de los buenos como de los malos, ya quieran lo mismo que Dios, ya cosa distinta, la voluntad del Omnipotente es siempre invencible y nunca puede ser mala; porque aun cuando inflige males, es justa, y siendo justa, no puede ser mala.

Así, pues, Dios omnipotente, ya se compadezca por su misericordia de quien quisiere; ya por su justicia endurezca a quien quisiere, no obra injustamente y no hace sino lo que quiere y obra todo cuanto quiere.[29]

---

[29] "Los infieles, es cierto, obran contra la voluntad de Dios al no creer en su Evangelio, mas no por eso la vencen, sino que a sí mismos se privan de un grande y sumo bien, viniendo a caer en graves castigos; y en los suplicios experimentarán el poder de aquel cuya misericordia en medio de los dones despreciaron. La voluntad de Dios es siempre invencible, mas sería vencida si no supiese qué hacer de los menospreciadores o si de algún modo pudiesen eludir lo que acerca de ellos determinó" (Agustín, *Del espíritu y la letra*, c. 33).

103

¿Cómo quiere Dios la salvación de todos?

Por esto, cuando oímos o leemos en las sagradas Escrituras que Dios quiere que *todos* los hombres sean salvos (1ª Ti. 2:4), aunque estamos ciertos de que no todos se salvan, sin embargo, no por eso hemos de menoscabar en algo su voluntad omnipotente, sino entender de tal modo la sentencia del apóstol: *Dios quiere que todos los hombres sean salvos*, como si dijera que ningún hombre llega a ser salvo sino a quien Él quisiere salvar; no en el sentido de que no haya ningún hombre más que al que quisiere salvar, sino que ninguno se salva, excepto aquel a quien Él quisiere; y por eso hemos de pedirle que quiera, porque es necesario que se cumpla, si quisiere. Pues de la oración a Dios trataba el apóstol al decir esto.

De este mismo modo entendemos también lo que está escrito en el Evangelio. "Él es el que ilumina a todo hombre que viene a este mundo" (Jn. 1:9), no en el sentido de que no haya ningún hombre que no sea iluminado, sino porque ninguno es iluminado a no ser por Él.

También puede entenderse el dicho del apóstol: *Dios quiere que todos los hombres sean salvos*, no en el sentido de que no haya ningún hombre a quien Él no quisiere salvar, pues no quiso hacer prodigios entre aquellos de quienes dice que habrían hecho penitencia, si los hubiera hecho; sino que entendamos por todos los hombres todo el género humano distribuido por todos los estados: reyes, particulares, nobles, plebeyos, elevados, humildes, doctos, indoctos, sanos, enfermos, de mucho talento, tardos, necios, ricos, pobres, medianos, hombres, mujeres, recién nacidos, niños, jóvenes, hombres maduros, ancianos; repartidos en todas las lenguas, en todas las costumbres, en todas las artes, en todos los oficios, en la innumerable variedad de voluntades y de conciencias y en cualquiera otra clase de diferencias que puede haber entre los hombres; pues ¿qué clase hay, de todas éstas, de donde Dios no quiera salvar por medio de Jesucristo, su Unigénito, Señor nuestro, a hombres de todos los pueblos y lo haga, ya que, siendo omnipotente, no puede querer en vano cualquiera cosa que quisiere?

Entendamos por todos los hombres todo el género humano distribuido por todos los estados: reyes, particulares, nobles, plebeyos, elevados, humildes, doctos, indoctos, sanos, enfermos, de mucho talento, tardos, necios, ricos, pobres, medianos, hombres, mujeres, recién nacidos, niños, jóvenes, hombres maduros, ancianos; repartidos en todas las lenguas, en todas las costumbres, en todas las artes.

Todos sin distinción de clase, rango o condición

Todos los hombres podemos entenderlo por toda clase de hombres. Y de cualquier otro modo puede entenderse, con tal que, sin embargo, no se nos fuerce a creer que Dios todopoderoso quiso hacer algo y no lo hizo.

Había ordenado el apóstol que se orase por todos los hombres: "Amonesto pues, ante todas cosas, que se hagan rogativas, oraciones, peticiones, hacimientos de gracias, por todos los hombres" (1ª Ti. 2:1), y particularmente había añadido: *por los reyes y por los constituidos en dignidad*, a quienes se podía considerar que sentían aversión a la humildad cristiana, a causa de la gloria y soberbia del mundo. Y así, después de decir: "Porque esto es bueno y agradable delante de Dios nuestro Salvador" (v. 3), esto es, el que se ruegue por los tales hombres, a continuación, para quitar todo motivo de desesperación, añadió: "El cual quiere que todos los hombres sean salvos y vengan al conocimiento de la verdad" (v. 4). Dios, en efecto, tuvo por bien dignarse conceder la salvación de los poderosos por las oraciones de los humildes, como ya lo vemos cumplido. De este mismo modo de hablar usó el Señor en el Evangelio, donde dice a los fariseos: "Pagáis el diezmo de la menta, y de la ruda, y de *toda* legumbre" (Lc. 11:42). Y los fariseos no pagaban el diezmo ni de las legumbres de los otros ni el de *todas* las que había por todas las tierras extrañas. Por consiguiente, del mismo modo que aquí toda legumbre significa todo género de legumbres, así también allí todos los hombres podemos entenderlo por toda clase de hombres. Y de cualquier otro modo puede entenderse, con tal que, sin embargo, no se nos fuerce a creer que Dios todopoderoso quiso hacer algo y no lo hizo; el cual, sin ningún género de duda, si en el cielo y en la tierra, como canta el Salmista, "todo lo que quiso ha hecho" (Sal. 115:3), por lo tanto, no quiso hacer todo lo que no ha hecho.

104

La voluntad de Dios en la previsión del pecado de Adán

Dios habría querido conservar al primer hombre en aquella felicidad en que le había creado y trasladarle, después que hubiese engendrado hijos, a bienes más excelentes en tiempo oportuno, sin interposición de la muerte, donde ya no sólo no pudiera cometer pecado, pero ni aun tener voluntad de pecar, si hubiese previsto que había de tener constante voluntad de permanecer sin pecado, como había sido creado. Mas como preveía que había de usar mal del libre albedrío, es decir, que había de pecar, dirigió más bien su voluntad a hacer bien aun del que obraba mal, y así no quedase anulada la voluntad del Omnipotente por la mala voluntad del hombre, sino que, a pesar de todo, se cumpliese aquélla.

Como preveía que había de usar mal del libre albedrío, dirigió su voluntad a hacer bien aun del que obraba mal, y así no quedase anulada la voluntad del Omnipotente por la mala voluntad del hombre.

105

Posibilidad de pecar o no pecar

Grande bien fue el de la inmortalidad, en la cual podía el hombre no morir, aunque menor que la futura inmortalidad, en la cual no podrá morir.

Convenía que el hombre fuese creado al principio de tal modo que pudiera querer el bien y el mal; y no en balde, si obraba bien; ni impunemente, si mal. Mas después será de tal suerte que no podrá querer el mal; pero no por eso carecerá del libre albedrío, sino que éste será mucho más perfecto cuando no pudiere en absoluto servir al pecado. Y no se ha de inculpar a la voluntad o de que no existe o de que no sea libre, porque de tal modo querremos ser felices, que no sólo no querremos ser desgraciados, sino que de ningún modo podremos quererlo.

Pues así como ahora nuestra alma no puede querer la infelicidad, así entonces no podrá querer la iniquidad. Mas debía seguirse el orden por el que quiso Dios mostrar cuán bueno es el animal racional, que puede no pecar, aunque sea mejor el que no puede pecar; del mismo modo, grande bien fue el de la inmortalidad, en la cual podía el hombre no morir, aunque menor que la futura inmortalidad, en la cual no podrá morir.

106

La gracia era necesaria incluso en estado de inocencia

La naturaleza humana perdió aquella primera inmortalidad por el libre albedrío; mas esta segunda, que habría recibido por mérito si no hubiera pecado, la recibirá por gracia; aunque sin la gracia ni aun en el primer estado habría podido existir mérito alguno. Porque, aunque el pecado dependía solamente del libre albedrío, sin embargo, para conservar la gracia no era suficiente el libre albedrío, si no se le prestaba ayuda por la participación del bien inmutable. Pues así como el morir está en la potestad del hombre, siempre que quiera, pues no hay nadie que no pueda matarse a sí mismo, por ejemplo, por no decir otra cosa, no comiendo; mas, para conservar la vida no basta la voluntad, si faltaren los socorros de los alimentos o de cualesquiera otras defensas; del mismo modo, el hombre en el paraíso podía matarse por su propia voluntad, abandonando la justicia; pero, en cambio, para conservar la vida de la gracia, de poco le valía querer si no le ayudaba aquel que le había creado.

Mas después de aquella caída es mayor la misericordia de Dios, puesto que el mismo libre albedrío, sobre quien reina el pecado juntamente con la muerte, ha de ser libertado de la servidumbre. Y de ningún modo puede libertarse por sí mismo, sino sólo por la gracia de Dios, depositada en la fe de Cristo; de suerte que la voluntad misma, como está escrito, "sea preparada por el Señor",[30] para que, así dispuesta, reciba los demás dones de Dios y por ellos llegue a la vida eterna.

> Sin la gracia ni aun en el primer estado habría podido existir mérito alguno. Porque, aunque el pecado dependía solamente del libre albedrío, sin embargo, para conservar la gracia no era suficiente el libre albedrío, si no se le prestaba ayuda por la participación del bien inmutable.

---

[30] Cf. Proverbios 8:35: "El que me hallare, hallará la vida" (RV)

107

Los méritos humanos
son dones divinos

La gracia, si no es gratuita, no es gracia. Así es preciso entender que aun los mismos buenos méritos del hombre son dones de Dios, y cuando por ellos se concede la vida eterna, ¿qué otra cosa es sino conceder una gracia por otra gracia?

A la vida eterna, que ciertamente es recompensa de las buenas obras, la llama también el apóstol gracia de Dios, cuando dice: "Pues la paga –soldada– del pecado es la muerte; pero la gracia de Dios es la vida eterna en nuestro Señor Jesucristo" (Ro. 6:23). Se paga la soldada, que ha merecido el soldado, no se regala; por eso llamó *soldada* del pecado a la muerte, para demostrar que la muerte no le fue impuesta inmerecidamente, sino que le fue debida. Mas la gracia, si no es gratuita, no es gracia. Y así es preciso entender que aun los mismos buenos méritos del hombre son dones de Dios, y cuando por ellos se concede la vida eterna, ¿qué otra cosa es sino conceder una gracia por otra gracia? Pues el hombre fue creado de tal modo justo, que sin el auxilio divino no podía mantenerse en aquella justicia, pero sí con su albedrío convertirse en perverso.

Cualquiera de las dos cosas que hubiera elegido el hombre, se cumpliría la voluntad de Dios, o por él o en él. Mas, como prefirió hacer su voluntad antes que la de Dios, se cumplió en él la voluntad divina, que de la misma masa de perdición que surgió del linaje de aquél, hizo ya un vaso de honor, ya un vaso de ignominia (Ro. 9:21): de honor, por su misericordia; de ignominia, por su justicia, para que nadie tenga motivo de gloriarse en el hombre y, por lo tanto, en sí mismo.

108

El pecado
hace necesario el Mediador

Ciertamente no seríamos libertados por el único Mediador entre Dios y los hombres, Cristo Jesús (1ª Ti. 2:5), si al mismo tiempo que hombre no fuera también Dios. Cuando Adán fue creado en el estado de justicia no era necesario el Mediador. Mas cuando los pecados apartaron al género humano lejos de Dios, convino que fuésemos reconciliados con Él por un Mediador, el Único que nació, vivió y fue muerto sin pecado hasta resucitar nuestra carne a la vida eterna, para que así la soberbia humana fuese convencida de error y sanada por la humildad divina, y pudiera ver el hombre cuánto se había alejado de su Dios, al ser llamado de nuevo a Él por el misterio de un Dios encarnado, dando de este modo el Hombre Dios ejemplo de obediencia al hombre continuar; para que, al tomar el Unigénito la forma de siervo, sin haber merecido ésta de antemano gracia alguna, se convirtiese en fuente de gracia; para que la resurrección del Redentor fuese una garantía anticipada de la resurrección prometida a los redimidos, y fuese vencido el diablo por la misma naturaleza a la que él se gloriaba de haber engañado; para que, a pesar de esto, no se gloriase el hombre, haciendo renacer en sí de nuevo la soberbia, y para la manifestación, en fin, de cualquiera otra gracia que acerca del gran misterio del Mediador pueda ser descubierta y expresada por los hombres perfectos, o solamente presentida, aunque no pueda ser expresada.

Cuando los pecados apartaron al género humano lejos de Dios, convino que fuésemos reconciliados con Él por un Mediador, el Único que nació, vivió y fue muerto sin pecado hasta resucitar nuestra carne a la vida eterna.

109

El estado intermedio de las almas

Durante el tiempo que media entre la muerte del hombre y la final resurrección, las almas se hallan retenidas en ocultos lugares, según que cada una es digna de reposo o castigo.

Durante el tiempo que media entre la muerte del hombre y la final resurrección, las almas se hallan retenidas en ocultos lugares, según que cada una es digna de reposo o castigo, conforme a la elección que hubiese hecho mientras vivía en la carne.

110

En la tierra adquiere el hombre la razón de su condición futura

No se puede negar que las almas de los difuntos son aliviadas por la piedad de sus parientes vivos, cuando se ofrece por ellas el sacrifico del Mediador o cuando se hacen limosnas en la Iglesia. Pero estas cosas aprovechan a aquellos que, cuando vivían, merecieron que les pudiesen aprovechar después. Pues hay un cierto modo de vivir, ni tan bueno que no eche de menos estas cosas después de la muerte, ni tan malo que no le aprovechen; pero hay tal grado en el bien, que el que lo posee no las echa de menos y, al contrarío, lo hay tal en el mal, que no puede ser ayudado con ellas cuando pasare de esta vida. Por consiguiente, aquí se adquiere el hombre todo el mérito con que pueda ser aliviado u oprimido después de la muerte. Ninguno espere merecer delante de Dios, cuando hubiere muerto, lo que durante la vida despreció.

> Aquí se adquiere el hombre todo el mérito con que pueda ser aliviado u oprimido después de la muerte. Ninguno espere merecer delante de Dios, cuando hubiere muerto, lo que durante la vida despreció.

Estas cosas, que tan frecuentemente practica la Iglesia para socorrer a sus difuntos, no se oponen a aquella sentencia apostólica en que se dice: "Pues todos hemos de comparecer ante el tribunal de Cristo, para que cada uno reciba el pago debido a las buenas o malas acciones que hubiere hecho mientras ha estado revestido de su cuerpo" (Ro. 14:10; 2ª Co. 5:10). Porque también cada uno, mientras vivía en su cuerpo, se ganó el mérito de que estas cosas le pudiesen aprovechar. Pero no a todos son útiles, y ¿por qué no lo son a todos, sino por la diversidad de vida que cada uno tuvo mientras vivía? Así, pues, los sacrificios, ya el del altar, ya el de cualquiera clase de limosnas, que se ofrecen por todos los bautizados difuntos, por los muy buenos, son acciones de gracias; por los no muy malos tienen por objeto aplacar la justicia divina; por los muy malos, aunque no sean de ningún provecho para los difuntos, son de alguna consolación para los vivos. Mas a quienes aprovechan, o les aprovechan para la remisión plena o, por lo menos, para que la condenación se les haga más tolerable.

111

Después del juicio
existirán dos ciudades separadas

Los buenos no podrán tener voluntad de pecar; a los malos les faltará la posibilidad de pecar.

Después de la resurrección, ejecutado y acabado ya el juicio, existirán separadas dos ciudades: la de Cristo y la del diablo; una, la de los buenos; otra, la de los malos; una y otra, sin embargo, estarán formadas de ángeles y de hombres. Aquéllos, los buenos, no podrán tener voluntad de pecar; a los malos les faltará la posibilidad de pecar y toda coyuntura de morir; aquéllos vivirán verdadera y felizmente en vida eterna, éstos infelizmente en eterna muerte, sin posibilidad de morir, ya que la existencia de unos y otros será sin fin. Pero aquéllos, en la bienaventuranza, vivirán unos más excelentemente que otros, y éstos, en la condenación, unos más tolerablemente que otros.

112

La pena de los condenados será eterna

En vano algunos, o por mejor decir, muchísimos, llevados de cierta compasión humana, se conmueven ante la consideración de las penas y de las torturas que sin interrupción y perpetuamente sufrirán los condenados, y creen que no han de ser eternas; no ciertamente porque intenten contradecir a las divinas Escrituras, sino tratando de suavizar por impulso propio las afirmaciones inflexibles inclinándose a opiniones menos rigurosas, pues creen que han sido formuladas con el fin de atemorizar más bien que con el de decir la verdad. Pues dicen: "¿Ha olvidado Dios el tener misericordia? ¿Ha encerrado con ira sus piedades?" (Sal. 77:9).

Ciertamente que en el salmo se lee esto, pero, sin duda alguna, se entiende de aquellos que son llamados vasos de misericordia, porque aun esos mismos son sacados de la miseria, no por sus méritos, sino por la misericordia de Dios. Por el contrario, si creen que esto se refiere a todos, aun con eso no es necesario que opinen que ha de tener fin la condenación de quienes se dijo: "Y éstos irán al castigo eterno"; para que de igual modo no se crea que ha de tener fin alguna vez también la felicidad de aquellos de quienes, por el contrario, se dijo: "Mas los justos irán a la vida eterna" (Mt. 25:46).

Opinen, si les agrada, que las penas de los condenados han de ser mitigadas, hasta cierto punto, después de ciertos intervalos de tiempo; pues aun así puede entenderse que permanece sobre ellos la ira de Dios, esto es, la condenación misma (pues esto quiere decir *ira* de Dios, no *perturbación* del ánimo divino), de manera que en su cólera, es decir, permaneciendo en su ira, sin embargo, no pone límites a sus piedades; no dando fin al eterno suplicio, sino proporcionando o entremezclando entre los tormentos algún descanso. Porque no dice el salmo que pondrá término a su ira o después de ponerle fin, sino permaneciendo en su ira. Pues solamente con que allí hubiese la más pequeña pena que se puede imaginar: el perder el reino de Dios, el vivir desterrado de su

En vano algunos, o por mejor decir, muchísimos, llevados de cierta compasión humana, se conmueven ante la consideración de las penas y de las torturas que sin interrupción y perpetuamente sufrirán los condenados, y creen que no han de ser eternas; no ciertamente porque intenten contradecir a las divinas Escrituras, sino tratando de suavizar las afirmaciones inflexibles.

**Pues sólo
con que allí
hubiese
la más
pequeña
pena
es tan
inmensa que
no se puede
comparar
con ella
ningún otro
sufrimiento.**

ciudad, el estar privado de su vida, el carecer de la gran abundancia de dulzura que Dios tiene reservada para los que le temen, en tan inmensa pena, que, durando eternamente, no se puede comparar con ella ningún otro sufrimiento de los que conocemos, aunque fuesen durables por muchos siglos.

113

Vida y muerte son eternas

Aquella muerte perpetua de los condenados, esto es, el ser privados de la vida de Dios, permanecerá sin fin, y será común a todos, cualesquiera que sean las opiniones que los hombres imaginen según sus afectos humanos, ya cerca de la variedad de las penas, ya acerca del alivio o de la interrupción de los dolores; de la misma manera que será común la vida eterna de todos los santos y brillará armoniosamente, cualquiera que sea la diversidad de los premios.

La muerte perpetua de los condenados, esto es, el ser privados de la vida de Dios, permanecerá sin fin, y será común a todos.

114

La oración
pertenece a la esperanza

Sólo a Dios debemos pedir todo aquello que esperamos para obrar bien y para conseguir el fruto de las buenas obras.

De esta confesión de fe, que se contiene brevemente en el Símbolo, y que, considerada materialmente, es alimento de los párvulos, mas, contemplada y tratada espiritualmente, es alimento de los fuertes, nace la buena esperanza de los fieles, a quien acompaña la santa caridad. Mas de todas las cosas que fielmente han de ser creídas, sólo aquellas que se contienen en la oración dominical pertenecen a la esperanza. Pues, como dice la divina Escritura, "maldito el varón que confía en el hombre" (Jer. 17:5); y según esto, el que la pone en sí mismo, queda sujeto por las cadenas de esta maldición. Por consiguiente, sólo a Dios debemos pedir todo aquello que esperamos para obrar bien y para conseguir el fruto de las buenas obras.

VI
El *Padrenuestro* y la oración

115

Las siete peticiones del *Padrenuestro*

La oración dominical, según el evangelista Mateo, parece que contiene siete peticiones: en las tres primeras se piden los bienes eternos, y en las cuatro restantes, los temporales que son necesarios para conseguir los eternos. Porque todo lo que pedimos en estas tres primeras peticiones: *Santificado sea el tu nombre, venga a nosotros tu reino, hágase tu voluntad, así en la tierra como en el cielo* (que algunos han entendido, correctamente, en el cuerpo y en el espíritu), todas péstas han de ser conservadas, sin duda, por toda la eternidad, las cuales, empezadas aquí se van desarrollando en nosotros tanto cuanto vamos adelantando en el bien; pero una vez alcanzadas perfectamente, lo cual se ha de esperar conseguir en la otra vida, siempre se poseerán.

Mas en cuanto a lo que decimos: *El pan nuestro de cada día dánosle hoy, y perdónanos nuestras deudas, así como nosotros perdonamos a nuestros deudores, y no nos pongas en tentación, mas líbranos del mal*, ¿quién hay que no entienda que todas estas otras cosas se refieren a las necesidades de la vida presente? Y así, en aquella vida eterna donde esperamos vivir por siempre, la santificación del nombre de Dios, su reino y voluntad santísima permanecerán perfecta y eternamente en nuestro espíritu y en nuestro cuerpo. Pero el pan ha sido llamado cotidiano porque aquí es necesario, pues ha de ser concedido al alma y a la carne, ya lo entendamos espiritualmente, ya materialmente, ya de uno y otro modo. Aquí, donde se verifica la perpetración de los pecados, se halla también la remisión, que pedimos, de los mismos; aquí están las tentaciones, que nos solicitan o nos inducen a pecar y, finalmente, el mal del que queremos ser librados; mas allí, en la vida eterna, no existirá ninguna de estas cosas.

116

Concordancia entre los evangelistas Mateo y Lucas

El evangelista Lucas en la oración dominical expresó no siete peticiones, sino cinco; pero no discrepa, ciertamente, de aquél, sino que con su misma brevedad nos advierte de qué modo se han de entender aquellas siete.

Mas el evangelista Lucas en la oración dominical expresó no siete peticiones, sino cinco (Lc. 11:2-4); pero no discrepa, ciertamente, de aquél, sino que con su misma brevedad nos advierte de qué modo se han de entender aquellas siete. Pues el nombre de Dios es santificado en el espíritu, y su reino vendrá en la resurrección de la carne. Y así, queriendo indicar Lucas que la tercera petición es, en cierto modo, repetición de las dos anteriores, omitiéndola lo da a entender más claramente. Después añade otras tres, la del pan cotidiano, la del perdón de los pecados y la de la huida de la tentación. Pero la de aquél puso en último lugar: "Mas líbranos del mal", éste la omitió también, para que entendiésemos que se debía referir a la anterior, en que se habla de la tentación. Por eso dijo: "Mas líbranos del mal", y no "y líbranos", como indicando que todo ello era una sola petición (como es una sola afirmación decir no quieras esto, sino esto otro), para que todos conozcan que son librados del mal en que no son puestos en la tentación.

117

El amor realiza
la fe y la esperanza

Vamos a tratar, finalmente, de la caridad, de la cual dijo el apóstol que era mayor que estas dos, a saber, la fe y la esperanza (1ª Co. 13:13), y cuanto mayor es en alguno, tanto mejor es aquel en quien se halla. Pues cuando se pregunta si algún hombre es bueno, no se inquiere qué cree o espera, sino qué ama. Porque quien rectamente ama, sin duda alguna también cree y espera rectamente; pero el que no ama, en vano cree, aunque sea verdad lo que cree; en vano espera, aunque sea cierto que lo que espera pertenece a la verdadera felicidad, a no ser que crea y espere también que el amor le puede ser concedido por la oración.

Pues aunque sin amor no se puede esperar, puede, sin embargo, suceder que no se ame aquello sin lo cual no se puede llegar a lo que se espera. Es como quien espera la vida eterna (y ¿quién no la ama?) y no ama la Justicia, sin la cual nadie consigue aquélla. Esta es, pues, la fe de Cristo, que encarece el apóstol, que obra animada por la caridad (Gá. 5:6); y lo que aún no ama lo pide para recibirlo, lo busca para encontrarlo y llama para que se le abra (Mt. 7:7). Porque la fe obtiene lo que la ley manda. Porque sin el don de Dios, esto es, sin el Espíritu Santo, por quien el amor es derramado en nuestros corazones (Ro. 5:5), la ley podrá mandar, mas no socorrer, y, además, podrá hacer prevaricador a aquel que no se puede disculpar de ignorancia; se enseñorea, pues, la concupiscencia carnal allí donde no hay amor de Dios.

Quien rectamente ama, sin duda alguna también cree y espera rectamente; pero el que no ama, en vano cree, aunque sea verdad lo que cree; en vano espera, aunque sea cierto que lo que espera pertenece a la verdadera felicidad.

118

Las cuatro edades del hombre

Estas son las vicisitudes por las que ha pasado el pueblo de Dios a través de los períodos del tiempo, como agradó a su divina Sabiduría, que dispone todo con medida, número y peso.

Cuando se vive según la carne en las profundas tinieblas de la ignorancia, no oponiendo ninguna resistencia la razón, entonces el hombre está en el primer estado.

Después, cuando por medio de la ley se ha hecho conocimiento del pecado, si todavía no socorre el divino Espíritu, aquel que quiere vivir según la ley es vencido y peca a sabiendas y, esclavo, sirve al pecado, pues "quien de otro es vencido, queda esclavo del que le venció" (2ª P. 2:19), haciendo el conocimiento del precepto que el pecado produzca toda concupiscencia, poniendo el coronamiento de la prevaricación, para que se cumpla lo que dice el apóstol: "Sobrevino la ley para que abundase el pecado" (Ro. 5:20). Este es el segundo estado del hombre.

Mas, si Dios proveyera que se crea que Él ayuda a cumplir lo que manda, empezando a ser conducido el hombre por el Espíritu de Dios, entonces lucha contra la carne con mayor fuerza de amor (Gá. 5:17); de tal modo que, aunque todavía haya algo en el hombre que se oponga en su interior, por no estar aún completamente sanada su enfermedad, sin embargo, vive en justicia por la fe (Ro. 1:17), en cuanto que no se somete a la mala concupiscencia, saliendo vencedora la delectación de la justicia. Esta es la tercera época, la de la buena esperanza del hombre, en la cual, si con piadosa perseverancia progresa en la virtud, sólo le resta la paz suprema, que después de esta vida se cumplirá en el descanso del espíritu y se perfeccionará después de la resurrección de la carne.

De estos cuatro estados, el primero es anterior a la ley; el segundo, bajo la ley; el tercero, bajo la gracia, y el cuarto, en la paz cumplida y perfecta.

Estas son las vicisitudes por las que ha pasado el pueblo de Dios a través de los períodos del tiempo, como agradó a su divina Sabiduría, que dispone todo con medida, número y peso. Porque existió al principio antes de la ley; a continuación bajo la ley, que le fue dada por medio de Moisés; después bajo la gracia, que fue revelada a la primera venida del Mediador (Jn. 1:17). Pero de esta gracia no carecieron, ciertamente, aquellos a quienes convino ser hechos participantes, aunque por una administración velada y encubierta. Pues ninguno de los antiguos pudo alcanzar la salvación sin la fe de Cristo, y tampoco Él, si no hubiera sido conocido por ellos, hubiese podido sernos profetizado por su medio, unas veces manifiestamente y otras de un modo más oculto.[31]

Pues ninguno de los antiguos pudo alcanzar la salvación sin la fe de Cristo.

---

[31] Agustín trata en diversos lugares el tema de las "edades de la humanidad", esbozado originalmente por Irenro, en respuesta a la objeción pagana sobre la aparición tardía del cristianismo. Ya que es el único camino de salvación, ¿por qué se ofreció tan tarde al género humano? La respuesta dada por los pensadores cristianos es que la historia de la humanidad, a semejanza de la vida personal, tiene su infancia, su adolescencia y su madurez, a la que Dios ha ido acomodando su verdad, hasta la revelación plena y perfecta de Cristo, en el "cumplimiento del tiempo".

119

La gracia libra de la servidumbre

La culpa que el hombre contrajo haciendo es anulada rehaciendo.

En cualquiera de estas cuatro a modo de edades en que encontrara al hombre la gracia de la regeneración, en esa misma edad le son perdonados todos los pecados; y esa obligación de culpa que se contrajo naciendo, es anulada renaciendo. Y tiene tal fuerza lo que dice el Señor: que el Espíritu sopla donde quiere (Jn. 3:8), que algunos no han conocido aquella segunda servidumbre de la ley, sino que con el precepto empiezan a tener el auxilio divino.

120

Los bautizados muertos antes del uso de la razón son protegidos por Cristo

Antes que el hombre sea capaz de ese mandato, es necesario que viva en la carne; mas si ya ha sido lavado por el sacramento de la regeneración, en nada le perjudicará el emigrar entonces de esta vida. "Porque Cristo para esto murió, y resucitó, y volvió a vivir, para ser Señor así de los muertos como de los que viven" (Ro. 14:9). y el reino de la muerte no dominará a aquel por quien murió el que es llamado "libre entre los muertos" (Sal. 88:5).

El reino de la muerte no dominará sobre aquel por quien murió Cristo.

121

El amor es el cumplimiento de la ley

Los hombres en este mundo no conocen los corazones de los demás, mas entonces el Señor "aclarará lo oculto de las tinieblas, y manifestará los intentos de los corazones: y entonces cada uno tendrá de Dios la alabanza".

Todos los preceptos divinos se dirigen a la caridad, de la cual dice el apóstol: "El fin del mandamiento es la caridad nacida de corazón limpio, y de buena conciencia, y de fe no fingida" (1ª Ti. 1:5). Así, pues, el fin de todo precepto es la caridad, esto es, todo precepto se refiere a la caridad. Mas aquello que por temor del castigo o por alguna intención carnal se hace de modo que no se refiera a aquella caridad que derrama el Espíritu Santo en nuestros corazones (Ro. 5:5), aún no se cumple como conviene, por más que parezca que se hace. Esta caridad es el amor de Dios y del prójimo, y en verdad que en estos dos preceptos "está contenida toda la Ley y los Profetas" (Mt. 22:40); y puede añadirse igualmente el Evangelio y los apóstoles, pues ya vimos esa otra sentencia: *El fin del mandamiento es la caridad*, y tenemos esta otra: "Dios es amor" (1ª Jn. 4:16). Así, pues, todo lo que prescribe Dios, como es, por ejemplo, no fornicarás (Éx. 20:14); y aquello que no manda, sino que recomienda sólo como consejo saludable, como es: "bueno es al hombre no tocar mujer" (1ª Co. 7:1), entonces se cumplen rectamente cuando se refieren al amor de Dios y del prójimo por Dios, tanto en este siglo como en el venidero; ahora se dirigen al amor de Dios por la fe, después por la visión; y al del prójimo, aún ahora por la fe.

Los hombres en este mundo no conocen los corazones de los demás, mas entonces el Señor "aclarará lo oculto de las tinieblas, y manifestará los intentos de los corazones: y entonces cada uno tendrá de Dios la alabanza" (1ª Co. 4:5); porque el hombre alabará y amará en el prójimo eso que no estará oculto, porque lo iluminará Dios mismo. La ambición disminuye al aumentar la caridad, hasta que llegue aquí a tal grado de excelencia, que no pueda ser mayor; "nadie tiene amor más grande que el que da la vida por sus amigos" (Jn. 15:13). Mas ¿quién podrá explicar cuán grande será el amor allí donde no existe la codicia a la que vencer refrenándola?, puesto que habrá perfecta salud, cuando la contienda mortal dejará de ser (Ap. 21:4).

122

Conclusión

Pero concluya, por fin, este libro; a tu juicio queda si se le puede dar el nombre de *Enquiridion*. Yo, sin embargo, juzgando que no debía desatender tus buenos deseos en el conocimiento de Cristo, confiando y esperando de ti buenas obras, con la ayuda de nuestro Redentor, y amándote especialísimamente, como a uno de sus miembros, te he dirigido este libro acerca de la fe, de la esperanza y de la caridad, el cual espero te sean tan útil como a mí el escribirlo.

A tu juicio queda si a este libro se le puede dar el nombre de *Enquiridion*, esto es, manual del que busca.

Índice de Conceptos Teológicos

Títulos de la colección Patrística

Obras escogidas de Agustín de Hipona Tomo I
La verdadera religión
La utilidad de creer
El Enquiridion

Obras escogidas de Agustín de Hipona Tomo II
Confesiones

Obras escogidas de Agustín de Hipona Tomo III
La ciudad de Dios

Obras escogidas de Clemente de Alejandría
El Pedagogo

Obras escogidas de Ireneo de Lyon
Contra las herejías
Demostración de la enseñanza apostólica

Obras escogidas de Juan Crisóstomo
La dignidad del ministerio
Sermón del Monte. Salmos de David

Obras escogidas de Justino Mártir
Apologías y su diálogo con el judío Trifón

Obras escogidas de los Padres Apostólicos
Didaché
Cartas de Clemente. Cartas de Ignacio Mártir. Carta y Martirio de Policarpo.
Carta de Bernabé. Carta a Diogneto. Fragmentos de Papías. Pastor de Hermas

Obras escogidas de Orígenes
Tratado de los principios

Obras escogidas de Tertuliano
Apología contra gentiles. Exhortación a los Mártires. Virtud de la Paciencia.
La oración cristiana. La respuesta a los judíos.

Printed in the USA
CPSIA information can be obtained
at www.ICGtesting.com
JSHW062140260624
65433JS00007B/15